Klaus Wicher (Hrsg.)
Altersarmut: Schicksal ohne Ausweg?

Klaus Wicher (Hrsg.)
Altersarmut: Schicksal ohne Ausweg?
Was auf uns zukommt, wenn nichts geändert wird

VSA: Verlag Hamburg

www.vsa-verlag.de

© VSA: Verlag 2017, St. Georgs Kirchhof 6, 20099 Hamburg
Alle Rechte vorbehalten
Umschlaggrafik: Flügelwesen/photocase.de
Druck- und Buchbindearbeiten: Beltz Bad Langensalza GmbH
ISBN 978-3-89965-759-3

Inhalt

Einleitung 7

DIE ZEIT DRÄNGT

Christoph Butterwegge
Hartz IV bis zum Tod? 12
Was bei Armut im Alter droht

Joachim Rock
»Die im Dunkeln sieht man nicht…«: Armutsrisiko Alter 30

Ragnar Hoenig
**Was bringt das neue Rentenkonzept
der Bundessozialministerin?** 47

Cansu Özdemir / Deniz Celik
**Generationengerechtigkeit nur über
die soziale Gerechtigkeit!** 60

WER BESONDERS GEFÄHRDET IST

Katja Karger
**Auf Talfahrt: Warum Frauen von Altersarmut
besonders bedroht sind** 70

Ursula Engelen-Kefer
Armutsfalle Minijobs 79

Christoph Ehlscheid / Dirk Neumann
Armutsrisiko Erwerbsminderung 87

Ingrid Breckner / Simon Güntner
**Wenn Handlungsspielräume enger werden:
Individuelle Erfahrungen mit Altersarmut
in einer reichen Stadt** 101

EIN SCHICKSAL OHNE AUSWEG? MITNICHTEN!

Klaus Michaelis
Ein Konzept zur wirksamen Bekämpfung von Altersarmut 124

Annelie Buntenbach
Das DGB-Rentenkonzept: Altersarmut ist vermeidbar 137

Berthold Bose
Arbeitsmarkt – Politik mit Chancen 149

Klaus Wicher / Jan-Martin Bettich
Der Hamburger Senat ist zur Hilfe verpflichtet 162

Joachim Bischoff
Soziale Ungleichheit zurückdrängen – aber wie? 175

Die Autorinnen und Autoren 195

Einleitung

»Der Ruhestand ist das einzige Lebensalter,
in dem alle Menschen gleich sind – bis auf die Höhe der Rente.«
Ernst Reinhardt

Die Rente muss zum Leben und zur Teilhabe an der Gesellschaft reichen – das ist eine Grundforderung, die von Gewerkschaften, Kirchen, Wohlfahrts- und Sozialverbänden eingefordert wird. Die Politik muss Konzepte und Lösungsmöglichkeiten dazu entwickeln bzw. die von relevanten Kräften bereits gemachten Vorschläge aufgreifen und umsetzen.

Christoph Butterwegge zeigt in seinem Beitrag in diesem Buch auf: »Ältere bilden hierzulande seit geraumer Zeit diejenige Bevölkerungsgruppe, deren Armutsrisiko stärker wächst als das jeder anderen. Wenn die politisch Verantwortlichen nicht bald wirksame Gegenmaßnahmen ergreifen, werden Millionen Menschen in Zukunft selbst nach einem jahrzehntelangen Berufsleben keine auskömmliche Rente erhalten, sondern zumindest ›aufstockend‹ die mit dem Arbeitslosengeld II (»Hartz IV«) vergleichbare Grundsicherung im Alter beziehen müssen.« Damit beschreibt er die grundsätzliche Problematik für viele Menschen, auf die es zu antworten gilt und auf die Antworten in der vorliegenden Veröffentlichung gegeben werden.

Die Alterssicherung in Deutschland muss gestärkt werden, um den sozialen Abstieg sowie Armut im Alter zu verhindern. Annelie Buntenbach (DGB) betont in ihrem Beitrag in diesem Band zu Recht: »Dreh- und Angelpunkt ist die gesetzliche Rentenversicherung und damit das Rentenniveau. Der Sinkflug des gesetzlichen Rentenniveaus muss sofort gestoppt werden.« Das Rentenniveau muss also deutlich angehoben werden.

Die Zahl der von Altersarmut betroffenen Menschen steigt jedes Jahr kontinuierlich an – bundesweit und besonders auch in Hamburg. Immer mehr Rentnerinnen und Rentner sind schon jetzt ganz unten angekommen. Heute müssen bereits rund 550.000 Menschen in Deutschland ihre Rente auf das Niveau von Hartz IV aufstocken und diese Zahl wird in den nächsten Jahren weiter dramatisch ansteigen. In Hamburg ist das Problem besonders gravierend. Von 13.000 im Jahre 2005 ist die Zahl der »Aufstocker im Rentenalter« heute bereits auf rund 25.000 angestiegen, hat sich also fast verdoppelt. Das entspricht einer Quote von

7,3%. Damit ist Hamburg Spitzenreiter im Vergleich mit allen anderen Bundesländern. Besonders dramatisch ist, dass mit über 60% Frauen davon betroffen sind.

Auf dem Arbeitsmarkt hat es gravierende Veränderungen in der Arbeitsmarktpolitik gegeben. Wir haben eine große Zahl prekärer Beschäftigungsverhältnisse sowie Beitragsausfälle durch Langzeitarbeitslosigkeit und vermehrte Familienarbeit mit zu geringem Rentenanspruch, bei einem kontinuierlich sinkenden Rentenniveau.

Die Zahl der Minijobs ist stark angestiegen; in zwei Drittel dieser Jobs sind Frauen beschäftigt. Vom Niedriglohnsektor sind viele Arbeitnehmerinnen und Arbeitnehmer betroffen. Die von der rot-grünen Regierung unter dem damaligen Kanzler Gerhard Schröder gestellten Weichen hinsichtlich der Arbeitsmarktreformen erweisen sich als Hauptprobleme, mit denen wir uns heute auseinandersetzen müssen. Daraus erwächst gegenwärtig und in Zukunft ein Großteil der Altersarmut. Denn unser momentanes Sicherungssystem basiert darauf, dass, wer ein ordentliches Einkommen hat, auch eine ordentliche Rente bekommen wird.

Das zweite große Problem unserer heutigen Gesellschaft ist das kontinuierlich sinkende Rentenniveau. Letztlich steht das Rentenniveau für Vertrauen in die gesetzliche Rente. Dies darf nicht außer Acht gelassen werden, wenn der weit verbreiteten Angst vor Armut im Alter begegnet werden soll. Das lebensstandardsichernde Rentenniveau lag vor der Rentenreform 2001 bei 53%. Das aktuelle Rentenniveau ist im Jahr 2017 bereits bei 47,7% angekommen und wird in den nächsten Jahren weiter bis auf 43% absinken.

Hier bedarf es dringend einer Kehrtwende, die jetzt eingeleitet werden muss. Was kann nun getan werden, um einerseits steigende Altersarmut zu verhindern und andererseits Menschen aus der Altersarmut zu befreien? Es muss unmittelbar bei den jeweiligen Ursachen angesetzt werden, damit Maßnahmen Wirkung zeigen können.

Dafür gibt es grundsätzlich drei Ansatzmöglichkeiten, um der Altersarmut wirksam zu begegnen:
1. Die Gehälter im Arbeitsleben müssen so auskömmlich sein, dass davon eine gute gesetzliche Rente aufgebaut werden kann.
2. Das Rentenniveau muss bei mindestens 50% stabilisiert und wieder auf das lebensstandardsichernde Niveau von 53% angehoben werden.
3. Die Ausgleichselemente für beitragsfreie bzw. -geminderte Zeiten müssen wieder eingeführt werden.

Einleitung

Ein wesentlicher Einschnitt war die Abwendung vom Konzept der lebensstandardsichernden Rente durch die gesetzliche Rente in den Jahren der rot-grünen Regierung zu Beginn des Jahrhunderts. Es folgte die gesetzlich vorgegebene Absenkung des Rentenniveaus verbunden mit der Einführung privater Vorsorge, für die die Riester-Rente ein prominentes Beispiel ist.

In diesem Buch zeigen wir Möglichkeiten auf, wie einer steigenden Altersarmut entgegengewirkt werden kann. Die Konzepte des DGB (Annelie Buntenbach) und des Sozialverbandes SoVD (Klaus Michaelis) weisen diesbezüglich erfolgversprechende Wege auf. Vertiefend setzen sich die Autorinnen und Autoren mit spezifischen Einzelproblemen auseinander und zeigen dabei auf, wie beispielsweise ErwerbsminderungsrentnerInnen geholfen werden kann. Eine Auseinandersetzung mit Vorschlägen der Bundesarbeitsministerin Andrea Nahles findet sich im Beitrag von Ragnar Hoenig.

Im Beitrag von Klaus Wicher und Jan-Martin Bettich wird exemplarisch aufgezeigt, wie ein Bundesland (in diesem Fall Hamburg) mit seinen Mitteln die Lage der Menschen verbessern könnte, deren Teilhabe an der Gesellschaft nicht gesichert bzw. nicht mehr möglich ist. Eine exemplarische Expertenbefragung von Menschen in Altersarmut (Ingrid Breckner/Simon Güntner) macht deutlich, wie und wo Ausgrenzungen stattfinden und wie undenkbar eine Umkehr aus eigener Kraft ist.

Biografische Risikodimensionen und Risikofaktoren sind bekannt[1] und könnten als Ansatz von der Politik antizipiert werden, um erfolgversprechend Altersarmut entgegenzusteuern. Hierzu gehören »deutlich verkürzte und/oder perforierte Versicherungsbiografien«, »unstete Familien- bzw.- Partnerschaftsbiografien«, »gesundheitliche Probleme« sowie unzureichende oder gescheiterte »individuelle Vorsorgestrategien«. Die Fortentwicklung der gesetzlichen Rentenversicherung zu einer Erwerbstätigenversicherung benötigt ein eigenes Buch und kann daher in dieser Veröffentlichung nicht angemessen behandelt werden.[2]
Klaus Wicher

---

[1] Brettschneider, Antonio/Klammer, Ute 2016: Lebenswege in die Altersarmut. Biografische Analysen und sozialpolitische Perspektiven, Berlin, S. 330f.

[2] Erwerbstätigenversicherung: »Rente mit Zukunft«. Broschüre des Sozialverbandes Deutschland, Berlin, o.J.

Die Zeit drängt

Christoph Butterwegge
Hartz IV bis zum Tod?
Was bei Armut im Alter droht

Ältere bilden hierzulande seit geraumer Zeit diejenige Bevölkerungsgruppe, deren Armutsrisiko stärker wächst als das jeder anderen. Wenn die politisch Verantwortlichen nicht bald wirksame Gegenmaßnahmen ergreifen, werden Millionen Menschen in Zukunft selbst nach einem jahrzehntelangen Berufsleben keine auskömmliche Rente erhalten, sondern zumindest »aufstockend« die mit dem Arbeitslosengeld II (»Hartz IV«) vergleichbare Grundsicherung im Alter beziehen müssen. Während nicht weniger als drei Viertel der Bevölkerung in repräsentativen Umfragen die Befürchtung äußern, dass ihnen Altersarmut droht, begegnen die etablierten Parteien und die regierenden PolitikerInnen dieser zentralen Herausforderung der Sozialpolitik noch immer mit einem erschreckend hohen Maß an Gleichgültigkeit bzw. Desinteresse. Dies zeigen ihre verharmlosenden und die soziale Lage der Betroffenen beschönigenden Erklärungen, mehr noch ihre demonstrative Untätigkeit, was Gegenmaßnahmen betrifft.

Um das sich künftig wahrscheinlich drastisch verschärfende Problem der Armut im Alter, seine Ursachen und Folgen für die Betroffenen wie die Gesellschaft insgesamt zu analysieren, sollte man *drei* Ebenen betrachten: Auf der *institutionellen* Ebene haben Strukturveränderungen des Sozialstaates im Allgemeinen und Reformen des Alterssicherungssystems im Besonderen das Armutsrisiko von RuheständlerInnen zuletzt deutlich erhöht. Auf der *diskursiven* Ebene wird der demografische Wandel bevorzugt als Erklärung von und zugleich als Rechtfertigung für jene Reformmaßnahmen missbraucht, die Altersarmut in Zukunft wahrscheinlich vermehrt auftreten lassen. Auf der *strukturellen* bzw. *materiellen* Ebene schließlich dürften die Auswirkungen des Sozialabbaus im Alter besonders drastisch spürbar werden, denn von Leistungseinschnitten existenziell Betroffene sind weniger als Jüngere in der Lage, Einschränkungen ihres Lebensstandards durch Ausweitung ihrer Erwerbstätigkeit und/oder ihrer sozialen Netzwerke zu kompensieren (Butterwegge 2012: 13ff.).

1. Anstieg der (Alters-)Armut durch Abbau des Sozialstaates

Die steigende Altersarmut ist das Ergebnis der Krisenhaftigkeit des Gegenwartskapitalismus, der sich inzwischen seit Jahrzehnten verfestigenden Massenerwerbslosigkeit, eines deregulierten Arbeitsmarktes, der dadurch geförderten Prekarisierung vieler Beschäftigungsverhältnisse sowie von Reformen des Sozialstaates im Allgemeinen und der Alterssicherung im Besonderen.

Schon das am 1. Januar 1992 in Kraft getretene *Gesetz zur Reform der Gesetzlichen Rentenversicherung* brachte für die Versicherten spürbare Verschlechterungen mit sich. Die gesetzliche Altersvorsorge für Millionen von Menschen wurde nicht mehr verbessert, sondern ihr Leistungsniveau herabgedrückt. Beispielsweise ging man von der brutto- zur nettolohnbezogenen Anpassung der Renten über, verkürzte die Höchstdauer der Anrechnung von Ausbildungszeiten, ließ die Rente nach Mindestentgeltpunkten auslaufen, hob die Altersgrenzen für den Renteneintritt von Frauen schrittweise von 60 auf 65 Jahre an und führte Abschläge von 0,3% pro Monat bei vorzeitigem Rentenbezug ein, die bis zum Tod wirksam sind.

Die rot-grünen Rentenreformen: Altersarmut per Gesetz
Um die Jahrtausendwende setzte sich mit dem Neoliberalismus auch hierzulande eine Wirtschaftstheorie, Sozialphilosophie und politische Zivilreligion durch, die in allen Lebensbereichen marktradikale Lösungen präferierte, den Wohlfahrtsstaat als bürokratischen Moloch dämonisierte sowie mit Begriffen wie »Privatinitiative«, »Eigenverantwortung« und »Selbstvorsorge« das Modell einer kapitalgedeckten Altersvorsorge propagierte. Der neoliberale Zeitgeist, die Wirtschaftseliten und die etablierten Parteien meinten es nicht gut mit den SeniorInnen. Die sozialen Sicherungssysteme wurden zunehmend Markt-, also Leistungs- und Konkurrenzgesetzen unterworfen.

Typisch für eine »marktgesteuerte Alterssicherung«, wie sie das gesellschaftspolitische Großprojekt des Neoliberalismus implizierte (Christen 2008: 181ff.), war die nach dem früheren IG-Metall-Funktionär Walter Riester benannte Rentenreform. Riester, Arbeits- und Sozialminister im ersten Kabinett von Gerhard Schröder, begründete die Notwendigkeit einer radikalen Strukturreform damit, dass man den drohenden Anstieg des Rentenversicherungsbeitrags als Kernelement der »Lohnnebenkosten« in Deutschland verhindern müsse, sowie mit im Gefolge des demografischen Wandels absehbaren Kostensteigerungen.

Da die Stabilisierung der gesetzlichen Personalzusatzkosten, präziser: der (die Unternehmensgewinne schmälernden) Arbeitgeberbeiträge zur Sozialversicherung, im Mittelpunkt des Reformprozesses stand, fixierte man Grenzen für den Beitragssatz. Warum dieser 20% im Jahr 2020 und 22% im Jahr 2030 nicht überschreiten darf, wenn die Gesellschaft bis dahin so stark altert, wie demografische Horrorszenarien suggerierten, welche die rot-grünen »Modernisierer« lancierten, um den Druck auf Belegschaften, Betriebsräte und Gewerkschaften zu erhöhen, gleichzeitig die Arbeitsproduktivität und das Bruttoinlandsprodukt bis dahin aber vermutlich erheblich stärker steigen, als die Bevölkerungszahl und das Erwerbstätigenpotenzial abnehmen dürften, erschließt sich nur im Rahmen der neoliberalen Standortlogik.

Mit der »Riester-Reform« war ein doppelter Paradigmenwechsel in der Sozialpolitik verbunden: Zum einen stand nicht mehr das für den Wohlfahrtsstaat nach 1945 jahrzehntelang konstitutive Ziel der Lebensstandardsicherung, sondern die angeblich über die Leistungsfähigkeit des »Wirtschaftsstandortes« und damit die Zukunft Deutschlands entscheidende Beitragssatzstabilität im Mittelpunkt der Alterssicherungspolitik. Für prekär Beschäftigte, GeringverdienerInnen, Langzeitarbeitslose bzw. Mehrfacharbeitslose und ArbeitnehmerInnen mit lückenhaftem Erwerbsverlauf, die sich keine private Altersvorsorge leisten (können), ergab sich aus dem von 53% vor Steuern um die Jahrtausendwende bis zum Jahr 2030 sukzessive auf 43% vor Steuern sinkenden Rentenniveau ein hohes Armutsrisiko im Ruhestand. Dieses wurde von den Betreibern und Befürwortern der Riester-Reform billigend in Kauf genommen, um mittels der wachsenden Angst eines Großteils der Bevölkerung vor Altersarmut Versicherungskonzernen, Banken und Finanzdienstleistern ein neues Geschäftsfeld zu erschließen, ihnen die Zahlung von mehr Provisionen an Vermittler zu ermöglichen und ihren Eigentümern höhere Profite zu verschaffen.

Zum anderen brach nach der Pflegeversicherung nun auch ein »klassischer« Versicherungszweig mit dem Prinzip der paritätischen Finanzierung. Da sich die Arbeitgeber nicht an den Kosten der privaten Altersvorsorge beteiligen mussten, fungierte diese in Riesters Konzept keineswegs als Ergänzung der Gesetzlichen Rentenversicherung, vielmehr als teurer Ersatz für die kollektive, sozialpartnerschaftlich organisierte Alterssicherung, der drastische Leistungskürzungen einschloss (Steffen 2000: 95f.). Trotz der gesetzlichen Niveausicherungsklausel, die eine Bundesregierung zum Eingreifen anhält, wenn ein Rentenniveau von 46% des Durchschnittseinkommens vor Steuern im Jahr 2020 bzw. von 43% im Jahr 2030 unterschritten wird, nähert sich die Standardrente dem Fürsorgeniveau immer mehr an. Versicherungskonzerne, Großbanken und Fondsgesellschaften machten sowohl durch Lobbyarbeit im politisch-administrativen Raum als auch durch professionelle Medienkampagnen einerseits Stimmung gegen das umlagefinanzierte Rentensystem und propagierten andererseits die kapitalfundierte Altersvorsorge als einzig mögliche Antwort auf die vermeintlich krisenhafte demografische Entwicklung (vgl. dazu: Wehlau 2009; Christen 2011).

Die rot-grüne Rentenreform 2001 lief auf eine (Teil-)Privatisierung der Altersvorsorge hinaus und führte zu einer weiteren Entlastung der Arbeitgeber sowie zur Einschränkung der Leistungen für die Betroffenen. RentnerInnen und Schwerstbehinderte über 18 Jahren mit zu geringen Einkommen erhielten zwar einen Anspruch auf eine gegenüber dem Regelsatz der Sozialhilfe pauschal um 15% für einmalige Leistungen aufgestockte Sicherungsleistung, ohne dass ein Unterhaltsrückgriff auf Kinder und Eltern stattfand, sofern deren Jahreseinkommen 100.000 Euro nicht überstieg. Das die Riester-Reform flankierende *Gesetz über eine bedarfsorientierte Grundsicherung im Alter und bei Erwerbsminderung* ersparte AntragstellerInnen aber weder eine diskriminierend wirkende Bedürftigkeitsprüfung, noch fiel die bürokratische Doppelzuständigkeit von Rentenversicherungsträger und Kommune weg. Zum 1. Januar 2005 wurde das Grundsicherungsrecht ins »Sozialgesetzbuch (SGB) XII – Sozialhilfe« überführt, was seine Ausgliederung aus der GRV noch deutlicher hervortreten ließ. Viel sinnvoller wäre eine Regelung *innerhalb* des lohn- und beitragsbezogenen Systems selbst gewesen.

Bei der Riester-Rente handelte es sich nicht zuletzt um eine öffentliche Anschubfinanzierung für die Börse und eine direkte Förderung der Profite auf den Finanzmärkten tätiger Unternehmen und Organisationen (Christen/Michel/Rätz 2003: 63). Es war auch kein Zufall, dass die Einführung der Riester-Rente auf dem Höhepunkt einer Hausse des Aktienmarktes, d.h. eines länger andauernden Börsenbooms erfolgte, der die Idee, das Umlageverfahren durch den Aufbau eines Kapitalstocks zu schwächen, der Öffentlichkeit plausibel und vielen GRV-Versicherten attraktiv erscheinen ließ.

Nach dem Riester-Modell gar nicht gefördert werden jene, die einer zusätzlichen Altersvorsorge am meisten bedurft hätten: SozialhilfebezieherInnen. Leer gingen auch Erwerbslose und ArbeitnehmerInnen aus, die zu geringe Entgeltersatzleistungen bekommen bzw. nicht genug verdienen, um die von den großen Banken, Versicherungen und Fondsgesellschaften mit erheblichem Werbeaufwand angepriesenen Produkte bezahlen zu können. Hingegen profitieren Besserverdiende davon, dass sie solche Aufwendungen für ihre Altersvorsorge bei der Einkommensteuer absetzen können. »Der steuerliche Sonderausgabenabzug begünstigt vor allem hohe Einkommensgruppen, da mit zunehmendem Einkommen auch der staatliche Förderanteil steigt (bis zu den gesetzlich festgelegten Höchstbeträgen).« (Pilz 2009: 223)

Christian Christen, Tobias Michel und Werner Rätz sehen in der Abkehr vom Umlageverfahren, wie sie die Riestersche Rentenreform darstellte, nur Nachteile: »Kapitalgedeckte Systeme sind teurer, verteilungspolitisch ungerechter und funktionieren für die Masse der Bevölkerung nicht wie versprochen.« (Christen/Michel/Rätz 2003: 45) Die private Altersvorsorge ist keineswegs »demografieresistent«, sondern unterliegt ähnlichen Risiken wie ein Umlagesystem, ist jedoch zusätzlich den Turbulenzen der Finanzmärkte ausgesetzt.

Rentenkürzung durch Lebensarbeitszeitverlängerung
Die nach der Bundestagswahl 2005 gebildete zweite Große Koalition machte gleich zu Beginn deutlich, dass mit Rentenerhöhungen vorläufig nicht zu rechnen sei, sondern erneut fälschlicherweise als »Nullrunden« bezeichnete Aussetzungen der jährlichen Rentenanpassung anstünden. Zwar schloss der Koalitionsvertrag (nominale) Rentenkürzungen für die ganze Legislaturperiode aus, sah aber zwecks Gewährleistung der Beitragssatzstabilität die Möglichkeit, »nicht realisierte Dämpfungen von Rentenanpassungen nachzuholen«, sowie die »schrittweise, langfristige Anhebung des gesetzlichen Renteneintrittsalters« vor. (CDU Deutschlands u.a. 2005: 96)

Während mit einem »Nachholfaktor« im Rentenrecht erreicht werden sollte, dass Kürzungen, auf die zunächst verzichtet wurde, in Erhöhungsphasen letztlich doch noch – weniger spektakulär – wirksam werden, wollten CDU, CSU und SPD die Lebensarbeitszeit unter Hinweis auf den demografischen Wandel verlängern und 2007 die gesetzliche Grundlage für eine 2012 beginnende und für den ersten Jahrgang spätestens 2035 abgeschlossene Anhebung der Regelaltersgrenze von 65 auf 67 Jahre schaffen.

Dem damaligen Arbeits- und Sozialminister Franz Müntefering folgend, beschloss die Bundesregierung am 1. Februar 2006, das gesetzliche Renteneintrittsalter schneller anzuheben, als es die sogenannte Rürup-Kommission empfohlen und die Große Koalition vereinbart hatte: Nunmehr erhöht sich die Regelaltersgrenze im Jahr 2012 für den Geburtsjahrgang 1947 um einen und für Folgejahrgänge jedes Jahr um einen weiteren Monat, bis der Jahrgang 1958 im Alter von 66 Jahren eine abschlagsfreie Rente ab 2024 bezieht; für die Folgejahrgänge beschleunigt sich die Anhebung der Altersgrenze um jeweils zwei Monate pro Jahr, bis der Jahrgang 1964 bereits 2029 erst mit 67 Jahren in Rente gehen kann.

Die 1916, nicht etwa zufällig mitten im Ersten Weltkrieg erfolgte Senkung des gesetzlichen Rentenzugangsalters von 70 auf 65 Jahre war eine soziale und kulturelle Errungenschaft von historischem Rang. Dass die Regelaltersgrenze gegenwärtig wieder schrittweise auf 67 Jahre ansteigt, ist ein gravierender Rückschritt, der umso weniger plausibel ist, als der gesellschaftliche Reichtum noch nie ähnlich hoch war wie heute und in den nächsten Jahrzehnten weiter zunehmen dürfte.

Da selbst viele Großunternehmen höchstens auf der Vorstandsetage noch Personen über 50 beschäftigen, führt das *RV-Altersgrenzenanpassungsgesetz* zu weiteren Rentenkürzungen, zwingt sie doch mehr ArbeitnehmerInnen, vor Erreichen der Regelaltersgrenze – und das heißt: mit entsprechenden Abschlägen – in den Ruhestand zu gehen. Mit besonderer Härte trifft die Heraufsetzung der Altersgrenze (unter)durchschnittlich Verdienende: »Infolge der in Deutschland sehr unterschiedlichen Lebenserwartung der verschiedenen Einkommenskohorten, mit Differenzen von bis zu neun Jahren, sind die Rentenbezugszeiten für Einkommensschwache nur etwa halb so lang wie für die obere Einkommenskohorte.« (Welzk 2006: 714)

Die von der CDU/CSU/FDP-Regierung am 1. Januar 2012 eingeleitete Anhebung des gesetzlichen Rentenzugangsalters bedeutet unter dem Strich eine weitere Kürzung der Altersrenten, und zwar nicht bloß für Menschen, die vorzeitig aus dem Berufsleben ausscheiden und deshalb Abschläge bzw. höhere Abschläge als bislang hinnehmen müssen. Selbst wenn – wie im günstigsten Fall – durch die Verlängerung der Lebensarbeitszeit zwei zusätzliche Entgeltpunkte anfallen, sinkt unabhängig davon, ob es genug Stellen für ältere ArbeitnehmerInnen sowie adäquate Maßnahmen der Gesundheitsförderung und der beruflichen Weiterbildung gibt, die eine Annäherung des faktischen Renteneintrittsalters an die Regelaltersgrenze erlauben würden, mit der Rentenbezugsdauer für einen Ruheständler – auf die verbleibende Lebenszeit berechnet – die Gesamtsumme seiner Altersbezüge.

Vor allem in Verbindung mit den Hartz-Gesetzen wurde hierdurch eine Rückkehr der für weitgehend überwunden gehaltenen Altersarmut in die Mitte der Gesellschaft wahrscheinlich (Ebert/Kistler/Staudinger 2007: 31). Nach dem Auslaufen der sogenannten 58er-Regelung, die dafür sorgte, dass ältere Langzeitarbeitslose dem Arbeitsmarkt nicht mehr zur Verfügung stehen mussten, um Transferleistungen beziehen zu können, wurden die Betroffenen mit 63 Jahren zwangsverrentet, was ihre dürftigen Rentenansprüche weiter verringerte. Wer von den Betroffenen eine sogenannte Riester-Rente abgeschlossen hat, kann darauf nicht zurückgreifen, weil sie auf die Grundsicherung im Alter angerechnet wird.

CDU, CSU und SPD hielten unbeirrt an der Generallinie ihrer rot-grünen Vorgängerregierung fest, die Finanzierungsgrundlagen des Sozialversicherungssystems durch materielle Zugeständnisse gegenüber den Arbeitgebern zu untergraben, worunter schließlich seine Akzeptanz bei den ArbeitnehmerInnen leidet, was es wiederum »anfälliger« für Reformmaßnahmen macht. Winfried Schmähl, der fürchtet, dass die Altersrenten in ihrem Realwert wie in Relation zum allgemeinen Einkommensniveau weiter zurückbleiben, nannte in diesem Zusammenhang den Beschluss der Großen Koalition zur Beibehaltung der abgabenfreien Entgeltumwandlung. SPD und Bündnis 90/Die Grünen hatten den Versicherten zwecks Anschubfinanzierung für die kapitalgedeckte Altersvorsorge bis zum 31. Dezember 2008 befristet das Recht eingeräumt, Teile ihres Lohns in Ansprüche auf betriebliche Altersrenten umzuwandeln, ohne dass Steuern und Sozialabgaben dafür anfielen. Davon profitieren die Arbeitgeber, während die Einnahmenbasis der Rentenversicherungsträger unterminiert und der Leistungsanspruch aller Versicherten reduziert wird: »Nicht nur, dass für diese Entgeltbestandteile keine GRV-Ansprüche erworben werden, ein Anstieg der Entgeltumwandlung mindert zudem auch die Entwicklung der für die Rentenanpassung maßgeblichen Entgelte und reduziert damit auch den Rentenanpassungssatz (sofern es überhaupt eine Anpassung gibt). Dies trifft alle Versicherten, gegenwärtige und künftige Rentner, unabhängig davon, ob sie die Entgeltumwandlung nutzen konnten oder nicht.« (Schmähl 2008: 41f.)

2. Rechtfertigung von Rentenkürzungen und steigenden Armutsrisiken im Alter durch den Demografie-Diskurs

Mit den Plänen zum »Um«- bzw. Abbau des Sozialstaates, also Konzepten der sogenannten Hartz- bzw. der sogenannten Rürup-Kommission und Schröders »Agenda 2010«, häuften sich die Bemühungen, bis dahin in der Gesellschaft allgemein gültige Gerechtigkeitsvorstellungen grundlegend zu verändern, weil Reformen wie die genannten sonst kaum Verwirklichungschancen hätten. Der dominierende Gerechtigkeitsbegriff wurde in dreifacher Hinsicht modifiziert bzw. deformiert, wodurch sich sein Inhalt von der *Bedarfs-* zur *Leistungs*gerechtigkeit, von der *Verteilungs-* zur *Beteiligungs*gerechtigkeit, von der *ausgleichenden* zur *Tausch*gerechtigkeit, von der *gemeinschaftlichen* zur versicherungsmathematischen *Risiko*gerechtigkeit und von der *sozialen* zur *Generationen*gerechtigkeit verschob (Butterwegge 2016a: 140ff.). Nicht mehr der Produktionsbereich oder die damit verbundenen Eigentums-, Macht- und Herrschaftsverhältnisse, sondern der Reproduktionsbereich und die damit verbundenen Familien- bzw. Generationenbeziehungen stehen seither im Zentrum der öffentlichen Aufmerksamkeit.

Der demografische Wandel, also die kollektive Alterung unserer Gesellschaft und die jüngst von der vermehrten Fluchtmigration konterkarierte Tendenz zu einem – vermutlich sehr moderaten – Bevölkerungsrückgang, wird instrumentalisiert, um die Privatisierung der Altersvorsorge zu fördern. Von scheinbar ähnlichen Kategorien wie Geschlecht oder Abstammung bzw. Herkunft unterscheidet sich das Alter dadurch, dass man zwar altert, aber in der Regel nicht das Geschlecht wechselt und die ethnische Abstammung bzw. Herkunft für immer festliegt. Wenn man Jüngere rechtlich, ökonomisch und/oder sozialpolitisch gegenüber Älteren schlechterstellt, gleichen sich die Nachteile im Verlauf eines Lebens wieder aus: »Jedes Sicherungssystem, das einen Unterschied aufgrund des Alters des Menschen macht und sie nach moralischen Kriterien scheinbar ungleich behandelt, verfährt im Zeitablauf durchaus moralisch. Denn alle Menschen werden über ihren Lebenszyklus hinweg gleich behandelt.« (Christen/Michel/Rätz 2003: 42)

Meist wird die demografische Entwicklung bewusst dramatisiert, legitimiert sie auf diese Art doch Schritte und Maßnahmen zur Umverteilung des gesellschaftlichen Reichtums von unten nach oben. »Generationengerechtigkeit« degeneriert in diesem Kontext zu einem politischen Kampfbegriff. Das verkrampft wirkende Bemühen um mehr Generationengerechtigkeit, der noch nie so viel Beachtung wie heute zuteil wurde, überdeckt die in *sämtlichen* Altersgruppen, der ganzen Gesellschaft und der übrigen Welt drastisch wachsende soziale Ungleichheit. »Man gewinnt vielfach den Eindruck, dass die Fokussierung der Diskussion auf die Verteilung zwischen Kohorten ablenken soll von Fragen der Verteilung innerhalb von Kohorten.« (Schmähl 2004: 51)

Als »gierige Generation«, meinte der Publizist Bernd W. Klöckner, lebten die Alten auf Kosten der Jungen. Er sprach in diesem Zusammenhang von »Ruhestandsluxus« und beklagte das Selbstbewusstsein sowie die große Reiselust deutscher RentnerInnen: »Ob Mallorca, Gran Canaria oder Costa del Sol: die Masse der heute Alten hat offensichtlich keinerlei Grund zu klagen.« (Klöckner 2013: 107f.) Das auch in vielen Massenmedien gezeichnete Bild einer *inter*generationalen Kluft zwischen Arm und Reich hält der empirischen Überprüfung allerdings nicht stand: Auf der Ebene bedarfsgewichteter Haushaltseinkommen weisen Rentnerhaushalte eine viel geringere Wohlstandsposition auf als Arbeitnehmerhaushalte, was die Hypothese der mangelnden Generationengerechtigkeit jedenfalls zulasten der mittleren Jahrgänge widerlegt (Bäcker/Koch 2003: 113).

Eine »statische Betrachtungsweise«, die Veränderungen der Demografie von der wissenschaftlich-technischen Innovation und Wachstumsprozessen der Ökonomie ablöst, ignoriert für das Resultat zentrale Zusammenhänge: »Die Leistungsfähigkeit eines heutigen Beschäftigten wird auch für das Jahr 2050 unterstellt.« (Bosbach 2004: 101) Außerdem wird der »Verschlechterung« des sogenannten Alten- oder Altersslastquotienten (Anteil der von den mittleren Jahrgängen zu versorgenden Menschen, die nicht mehr erwerbstätig sein können) keineswegs, wie es intellektuelle Redlichkeit gebote, die sie bei einer sinkenden Geburtenrate begleitende »Verbesserung« des sogenannten Jugendquotienten (Anteil der von den mittleren Jahrgängen zu versorgenden Menschen, die noch nicht erwerbstätig sind) gegenübergestellt. Sich daraus ergebende Einsparungen bei Kindergärten, Schulen, Hochschulen und Jugendhilfe müssten jedoch gleichfalls in Rechnung gestellt werden, will man die Belastung der erwerbstätigen Generation ermitteln. Für mehr RentnerInnen kann diese aufkommen, ohne finanzielle Einbußen zu erleiden, wenn Lohn oder Gehalt stärker als die daraus resultierende Belastung steigt. Entscheidend dafür, ob die Möglichkeit zur Kompensation der »Altenlast« besteht, ist die Höhe der Arbeitsproduktivität. Wenn man bedenkt, dass sich bei einem Produktivitätsanstieg von nur 1,5 % pro Jahr und Vollbeschäftigung das Realeinkommen bis 2060 mehr als verdoppeln würde, kann von einer Überforderung der Gesellschaft durch den demografischen Wandel überhaupt keine Rede sein: »Die Versorgungsleistungen können (...) aus dem Produktivitätswachstum bestritten werden, ohne dass die zu Versorgenden oder die Erwerbstätigen den Gürtel enger schnallen müssen.« (Hein/Mülhaupt/Truger 2004: 296)

Zuerst wurde den Menschen hierzulande Angst vor einer »Greisenrepublik« gemacht, in der sie die finanzielle Last der Altersrenten nicht mehr tragen könnten, anschließend die Angst vor einem Fachkräftemangel, dem Wegfall unzähliger Arbeitsplätze durch Digitalisierungsprozesse und dadurch bedingte Wohlstandseinbußen geschürt. Welche enorme Wirkungsmacht die Demografie als Mittel der sozialpolitischen Demagogie in weiten Kreisen der Öffentlichkeit entfaltete – und wohl auch künftig entfalten wird –, zeigt die Tatsache, dass der Einstieg in die Anhebung des gesetzlichen Renteneintrittsalters von CDU/CSU und FDP über Bündnis 90/Die Grünen bis zur SPD und von der FAZ bis zur taz begrüßt wurde, wiewohl teilweise mit der Einschränkung, man solle damit noch so lange warten, bis die Mehrheit der 60- bis 64-Jährigen einer sozialversicherungspflichtigen Beschäftigung nachgingen.

3. (Re-)Seniorisierung der Armut und Reaktionen darauf

Aufgrund der »Modernisierung«, Reformierung bzw. Restrukturierung des Wohlfahrtsstaates vollzog sich in der Bundesrepublik während der 1980er-Jahre eine soziale Spaltung zwischen Beschäftigten und Erwerbslosen, deren Resultat als »neue Armut« bezeichnet wurde (siehe Balsen u.a. 1984). Der Braunschweiger Politikwissenschaftler Klaus Lompe wies damals auf die Tendenz einer gleichzeitigen »Verjüngung« der Betroffenen hin: »War die Population der alten Armut in der Regel dadurch gekennzeichnet, daß sie arbeitsunfähig, krank und/oder alt war, so ist die der *neuen* Armut heute vor allem arbeitsfähig, arbeitslos und zum großen Teil jung.« (Lompe 1987: 2; Hervorh. im Original) Kurz danach sprach der Frankfurter Ökonom Richard Hauser von einer »Infantilisierung der Armut«, weil Kinder und Jugendliche die RentnerInnen als meistbetroffene Gruppe ablösten (Hauser 1989: 126).

Gegenwärtig ist eine (Re-)Seniorisierung der Armut zu beobachten, die sich in Zukunft verstärkt fortsetzen dürfte: Aufgrund der starken Zunahme diskontinuierlicher Erwerbsbiografien und prekärer Beschäftigungsverhältnisse, von Ehescheidungen und zahlreicher Kürzungen im Sozialbereich verschiebt sich die Struktur der Armutspopulation wieder in Richtung der Älteren. Schließlich gehören RentnerInnen neben den (Langzeit- bzw. Dauer-)Erwerbslosen, Alleinerziehenden, Behinderten und Kranken sowie Familien und ihren Kindern zu den Hauptleidtragenden jener Reformen, die das System der sozialen Sicherung zwar nicht zerstört, aber seine Wirksamkeit untergraben haben.

**Verharmlosung statt Verhinderung der Altersarmut
durch die politisch Verantwortlichen**
Altersarmut ist längst eine bedrückende Zeiterscheinung, wie jeder weiß, der alte Menschen frühmorgens Zeitungen austragen, öffentliche Toiletten putzen oder Regale im Supermarkt einräumen sieht. Gleichwohl haben bisher alle Bundesregierungen die (Alters-)Armut in Deutschland geleugnet oder verharmlost (vgl. hierzu: Butterwegge 2016b; Lorke 2015; Stratmann 2015), sie jedenfalls nicht energisch bekämpft. Selbst als die Re-Seniorisierung der Armut unübersehbar und empirisch belegt war, leugneten die politisch Verantwortlichen diesen Trend noch immer. So erklärte die von CDU, CSU und FDP gebildete Bundesregierung am 29. Juni 2011 beschwichtigend: »Altersarmut ist heute kein verbreitetes Phänomen. Wer im Alter bedürftig ist, dem sichert die Grundsicherung im Alter den Lebensunterhalt. Zudem ist der Bezug von Leistungen der Grundsicherung im Alter nicht mit Altersarmut gleichzusetzen.«[1] Dabei war die »Armutsrisikoquote« der Über-64-Jährigen, d.h. jener Anteil dieser Altersgruppe, der über weniger als 60% des äquivalenzgewichteten Medianeinkommens verfügte, wie das Arbeits- und Sozialmini-

---

[1] Antwort der Bundesregierung auf die Große Anfrage der Abgeordneten Katrin Göring-Eckardt, Dr. Wolfgang Strengmann-Kuhn, Fritz Kuhn, weiterer Abgeordneter und der Fraktion BÜNDNIS 90/DIE GRÜNEN – Drucksache 17/3139 – Altersarmut in Deutschland, BT-Drs. 17/6317 v. 29.6.2011, S. 2.

Hartz IV bis zum Tod?

sterium einräumte, 2009 mit 13,6% so hoch wie seit Mitte der 1990er Jahre nicht mehr.[2]

Altersarmut wird von den etablierten Parteien, ihren Spitzenfunktionären und den regierenden Politikern häufig als eine höchstens in ferner Zukunft drohende Gefahr heruntergespielt: »Die Einkommens- und Vermögenssituation der Älteren von heute ist überdurchschnittlich gut«, hieß es beispielsweise im 4. Armuts- und Reichtumsbericht, den die Bundesregierung im März 2013 vorlegte (BMAS 2013: XXXVIII). Es wurde darauf hingewiesen, dass am 31. Dezember 2011 »nur« 436.210 Personen über 64 Jahren die Grundsicherung im Alter bezogen, was einem Anteilswert von rund 2,6% der Bevölkerung in dieser Altersgruppe entsprach, wohingegen der Anteil von EmpfängerInnen von Mindestsicherungsleistungen aller Altersgruppen an der Gesamtbevölkerung bei 8,9% lag. Dies mache deutlich, »dass Bedürftigkeit im Alter heute kein Problem darstellt.« (ebd.)

Hierbei verkannte die Bundesregierung, dass die Dunkelziffer, d.h. der Anteil jener Menschen, die – ihnen eigentlich zustehende – Sozialleistungen wie die Grundsicherung nicht beantragen, weil sie keine Informationen darüber haben, weil sie zu stolz sind, weil sie sich schämen, weil sie den bürokratischen Aufwand scheuen oder weil sie fälschlicherweise den Unterhaltsrückgriff auf ihre Kinder und Enkel fürchten, unter den SeniorInnen besonders hoch ist. Man musste deshalb von weit mehr als einer Million RuheständlerInnen ausgehen, die auf oder unter dem Hartz-IV-Niveau (seinerzeit im Bundesdurchschnitt knapp über 700 Euro pro Monat) lebten. Am 31. Dezember 2015 waren es bereits 100.000 Personen mehr, die Grundsicherung im Alter bezogen. Seit der Einführung dieser Transferleistung am 1. Januar 2003 hat sich die Zahl der BezieherInnen sogar mehr als verdoppelt. Mehr als 940.000 Menschen über 64 Jahren haben einen Minijob, mit dessen Lohn von maximal 450 Euro im Monat die meisten ihre kleine Rente aufstocken dürften; fast 175.000 davon sind 75 Jahre oder älter. Man fragt sich, was diese SeniorInnen eigentlich machen, wenn sie pflegebedürftig werden und nicht mehr arbeiten können und/oder als Hochbetagte mehr Geld für medizinische (Spezial-)Behandlungen sowie Medikamente, Heil- und Hilfsmittel brauchen.

---

[2] Vgl. ebd., S. 10.

CDU, CSU und SPD schlossen am 16. Dezember 2013 einen »Deutschlands Zukunft gestalten« überschriebenen Koalitionsvertrag, in dem das Wort »Altersarmut« nur ein Mal vorkam: Kurz vor dem Ende der Präambel umriss die Zwischenüberschrift »Altersarmut verhindern – Lebensleistung würdigen« das Ziel der Rentenpolitik dieser Regierungskoalition (CDU Deutschlands u.a. 2013: 9). Darunter hieß es, die sozialen Sicherungssysteme, auf die sich die Menschen in unserem Land verlassen können müssten, schützten vor Armut und seien Ausdruck des Zusammenhalts unserer Gesellschaft. Beide Formulierungen legten den Schluss nahe, dass Altersarmut in Deutschland (noch) nicht existiert, denn von der Notwendigkeit ihrer Bekämpfung, Verringerung oder Beseitigung war nirgends die Rede.

Zwar gab es ab 1. Juli 2014 erstmals seit 1972 wieder zusätzliche Leistungen für ältere Menschen, die aber weder allen RentnerInnen und RentenanwärterInnen noch vorrangig den bedürftigsten SeniorInnen zugutekommen. Während die sogenannte Mütterrente und die »Rente ab 63« mit hohen Kosten für Beitrags- und später auch für SteuerzahlerInnen sowie mit allgemein sinkenden Rentensteigerungen verbunden sind, halten sich die Leistungsverbesserungen für Hilfebedürftige sehr in Grenzen. RentnerInnen mit vor 1992 geborenen Kindern sowie Arbeitnehmer mit 45 Beitragsjahren, die vorzeitig in den Ruhestand wechseln wollen – hauptsächlich Facharbeiter in Großbetrieben und Angestellte des öffentlichen Dienstes –, profitierten von den Reformmaßnahmen der Großen Koalition, wohingegen Menschen, die zur selben Zeit wegen gesundheitlicher oder psychischer Beeinträchtigungen vorzeitig in Rente gehen müssen, von CDU, CSU und SPD eher stiefmütterlich behandelt und mit einem Almosen abgespeist wurden.

Um der sich ausbreitenden Altersarmut entgegenzuwirken, fehlte den Regierungsmaßnahmen die nötige Zielgenauigkeit. Die soziale Ungleichheit im Alter nimmt künftig vermutlich auch deshalb zu, weil ohnehin Bessergestellte durch die abschlagsfreie Rente ab 63 noch stärker privilegiert wurden und ausgerechnet jene Frauen von der Mütterrente nicht oder nur unterdurchschnittlich profitieren, die großzügigerer Regelungen am dringendsten bedürften, weil sie Grundsicherungsbezieherinnen sind, denen der Rentenzuschlag in Höhe eines Entgeltpunktes auf ihre Transferleistung angerechnet bzw. gleich wieder abgezogen wird.

Beschwichtigend heißt es im 5. Armuts- und Reichtumsbericht, den die CDU/CSU/SPD-Regierung im April 2017 verabschiedete: »Die Alters-

Hartz IV bis zum Tod? 25

gruppe der Ab-65-Jährigen ist durchschnittlich weniger von Armutsgefährdung betroffen als die Gesamtbevölkerung. Die Armutsrisikoquote und der Anteil der von erheblicher materieller Deprivation Betroffenen im Alter ab 65 Jahren ist deutlich niedriger als in der Gesamtbevölkerung.« (BMAS 2017: 440) Eine altersgruppen- und geschlechterspezifische Datenauswertung ergäbe jedoch, dass die Armutsbetroffenheit alleinlebender Greisinnen weit über dem Bevölkerungsdurchschnitt liegt.

Auch die Massenmedien haben das Problem zunehmender Armut im Alter trotz warnender Stimmen von WissenschaftlerInnen lange ignoriert oder sogar negiert. Seit geraumer Zeit häufen sich jedoch die Medienberichte, in denen es um den Rückgang des Rentenniveaus geht, welcher sich in niedrigeren Altersrenten für Beschäftigte manifestiert, die in den Ruhestand gehen. Die meisten mit dem Thema »Altersarmut« befassten Redakteure sehen darin eine »tickende soziale Zeitbombe«, über die sie auf der Grundlage entsprechender Modellrechnungen berichten. Prognosen, welche die Zahl und/oder den Anteil der ArbeitnehmerInnen beziffern, die nach jahrzehntelanger Beitragszahlung eine Altersrente unterhalb des Grundsicherungsniveaus zu erwarten haben, kranken jedoch daran, dass sie die künftige Entwicklung des Lohn- und Gehaltsniveaus ebenso wenig berücksichtigen (können) wie die künftige Entwicklung der staatlichen Transferleistung.

**Abwertung der SeniorInnen statt
Anerkennung ihrer Lebensleistung**
Heinz-Herbert Noll und Stefan Weick halten das Niveau der Altersarmut vor allem in Westdeutschland schon heute für »beachtlich«, zumal es seit 2007 steige. Sie sprechen aus diesem Grund von einer möglichen »Trendwende« und erwarten besonders in Ostdeutschland, wo die gesetzliche Altersrente für die große Mehrheit der Seniorenhaushalte die einzige Einkommensquelle darstellt, künftig noch höhere Armutsrisiken (Noll/Weick 2011: 75). Carolin Butterwegge und Dirk Hansen (2012: 129) wiederum vermuten, »dass trotz einer steigenden Erwerbsbeteiligung von Frauen insbesondere die *weibliche* Altersarmut künftig zu den größten sozialpolitischen Herausforderungen zählen wird.«

Die soziale Polarisierung wird im Seniorenbereich vermutlich besonders ausgeprägt sein, weil sich der Übergang vom Bismarck'schen Sozialversicherungs- zum Fürsorge-, Almosen- und Suppenküchenstaat hier noch erheblich stärker als bei Jüngeren bemerkbar macht. Perspektivisch droht das Gemeinwesen in einen Wohlfahrtsmarkt und einen Wohltätigkeitsstaat zu zerfallen: Auf dem Wohlfahrtsmarkt kaufen sich BürgerInnen, die es sich finanziell leisten können, soziale Sicherheit (z.b. »Riester-Produkte« und Lebensversicherungen der Assekuranz). Dagegen stellt der »postmoderne« Sozialstaat nur noch euphemistisch »Grundsicherung« genannte Minimalleistungen bereit, die Menschen vor dem Verhungern und Erfrieren bewahren, gibt sie ansonsten jedoch der Obhut karitativer Organisationen und privater WohltäterInnen anheim.

Man muss kein Prophet sein, um eine deutlich erhöhte Altersarmut voraussehen zu können: Wenn es aufgrund prekärer Beschäftigungsverhältnisse immer schwieriger wird, ausreichende Rentenanwartschaften zu erwerben, und das Sicherungsniveau vor Steuern politisch gewollt über Jahrzehnte hinweg sinkt, gibt es zwangsläufig mehr Altersarmut. »Die Renten werden an Kaufkraft verlieren und noch weniger vor Altersarmut schützen als bisher.« (Birkwald 2014: 13)

Altersarmut ist kein unsozialer Kollateralschaden der Globalisierung, vielmehr politisch erzeugt und insofern funktional, als sie hauptsächlich Opfer von Maßnahmen zur Deregulierung des Arbeitsmarktes bzw. zur Restrukturierung des Sozialstaates und solche Menschen trifft, die für den Wirtschaftsstandort »nutzlos«, weil angeblich unproduktiv bzw. wirtschaftlichen Verwertungsinteressen nicht oder nur schwer zu unterwerfen sind. Außerdem wirkt Altersarmut gleichermaßen als Drohkulisse, Druckmittel und Disziplinierungsinstrument, das Millionen jüngere Menschen nötigt, härter zu arbeiten und einen wachsenden Teil ihres mühselig verdienten Geldes auf den Finanzmärkten in der Hoffnung anzulegen, durch private Vorsorge einen weniger entbehrungsreichen Lebensabend verbringen zu können.

Wettbewerb sowie Wahlfreiheit (für von Klienten zu »Kunden« avancierte SozialstaatsbürgerInnen) beherrschen die Wohlfahrtsstaatskonzeption des Neoliberalismus, und sein Leitbild zielt auf die Verbesserung der Konkurrenzfähigkeit des jeweiligen Wirtschaftsstandortes. Ältere haben in diesem Konzept keine positive Funktion, werden vielmehr als »Kostenfaktoren auf zwei Beinen« betrachtet und im »aktivierenden«, d.h. Hilfebedürftige nicht ohne entsprechende Gegenleistung alimentierenden Sozialstaat entsprechend behandelt. Was für Langzeitarbeitslose eine Zumutung ist, weil man ihnen unterstellt, »passiv« zu sein – denn sonst müssten bzw. könnten sie ja nicht »aktiviert« werden –, bedeutet für Ältere, von diesem Prozess ausgeschlossen, »entbehrlich« bzw.

Hartz IV bis zum Tod?

»überflüssig«, weil gar nicht mehr »aktivierbar« zu sein. Während die Anzahl der armen SeniorInnen vermutlich weiter steigen wird, nimmt ihre gesellschaftliche Wertschätzung eher ab. Durch die (Teil-)Privatisierung der Alterssicherung werden KleinstrentnerInnen aus »würdigen Armen«, als die sie bisher immer galten, tendenziell zu »unwürdigen Armen«, denen man mit der Begründung die Schuld an ihrer Misere zuschieben kann, dass sie eben nicht selbst vorgesorgt hätten.

Dabei ist Armut für alte Menschen besonders deprimierend, diskriminierend und demoralisierend, weil ihnen die Würde genommen und der Lohn für ihre Lebensleistung vorenthalten wird. Gerade bei SeniorInnen, denen im Unterschied zu jungen Menschen keine Hoffnung auf ein durch Aufnahme von Erwerbstätigkeit (wieder) steigendes Einkommen bleibt, wird das im Art. 1 Satz 1 GG zur Fundamentalnorm unserer Verfassung erhobene Gebot, die Würde des Menschen zu wahren, durch ein Leben in Armut missachtet, ohne dass diese Form »struktureller Gewalt« (Johan Galtung) bisher von der Öffentlichkeit als solche erkannt, geschweige denn von einer Bundesregierung ernsthaft bekämpft worden ist (Butterwegge 2016c: 11f.).

Soll die bestehende Altersarmut verringert und die Entstehung weiterer sozialer Ungleichheit verhindert werden, ist ein neuerlicher Paradigmenwechsel nötig. Die sich künftig verstärkende Re-Seniorisierung der Armut muss mit einer Renaissance des Solidarprinzips und des Sozialstaatsgebots im Allgemeinen, einer Revitalisierung der Beschäftigungs- und Alterssicherungspolitik im Besonderen, einer Rekonstruktion des Normalarbeitsverhältnisses (nicht allein für Männer) und einer Rehabilitation der Lohnersatzfunktion wie des Prinzips der Lebensstandardsicherung beantwortet werden. Dies kann am ehesten durch eine Weiterentwicklung der Gesetzlichen Renten- zu einer solidarischen Bürger- bzw. Erwerbstätigenversicherung, in die eine bedarfsgerechte, armutsfeste und repressionsfreie Grundsicherung integriert ist (Butterwegge 2014: 387ff.), geschehen. Andernfalls droht Millionen von Menschen, die in Deutschland arbeiten und in die Gesetzliche Rentenversicherung einzahlen, nach der Beendigung ihres Erwerbslebens der Bezug von Grundsicherung im Alter (derzeit 800 Euro monatlich für den Regelbedarf plus Miet- und Heizkosten), d.h. letztlich Hartz IV bis zum Tod und manchmal auch darüber hinaus, denn die Zahl der Sozialbegräbnisse und der ordnungsbehördlich veranlassten Bestattungen steigt vor allem in stark von Armut betroffenen Regionen wie Berlin und dem Ruhrgebiet.

Literatur

Bäcker, Gerhard/Koch, Angelika (2003): Die Jungen als Verlierer? – Alterssicherung und Generationengerechtigkeit, in: WSI-Mitteilungen 2, S. 111-117.
Balsen, Werner u.a. (1984): Die neue Armut. Ausgrenzung von Arbeitslosen aus der Arbeitslosenunterstützung, Köln.
Birkwald, Matthias W. (2014): Neue Renten, ohne Niveau, in: Blätter für deutsche und internationale Politik 6, S. 13-16.
BMAS (Bundesministerium für Arbeit und Soziales) (Hrsg.) (2013): Lebenslagen in Deutschland. Der 4. Armuts- und Reichtumsbericht der Bundesregierung, Bd. 1: Bericht, Bonn.
BMAS (Bundesministerium für Arbeit und Soziales) (Hrsg.) (2017): Lebenslagen in Deutschland. Der Fünfte Armuts- und Reichtumsbericht der Bundesregierung, Bericht, April.
Bosbach, Gerd (2004): Demografische Entwicklung – nicht dramatisieren!, in: Gewerkschaftliche Monatshefte 2, S. 96-103.
Butterwegge, Carolin/Hansen, Dirk (2012): Altersarmut ist überwiegend weiblich. Frauen als Hauptleidtragende des Sozialabbaus, in: Christoph Butterwegge/Gerd Bosbach/Matthias W. Birkwald (Hrsg.), Armut im Alter. Probleme und Perspektiven der sozialen Sicherung, Frankfurt a.M./New York, S. 111-129.
Butterwegge, Christoph (2012): Die Entwicklung des Sozialstaates. Reformen der Alterssicherung und die (Re-)Seniorisierung der Armut, in: ders./Gerd Bosbach/Matthias W. Birkwald (Hrsg.), Armut im Alter. Probleme und Perspektiven der sozialen Sicherung, Frankfurt a.M./New York, S. 13-41.
Butterwegge, Christoph (2014): Krise und Zukunft des Sozialstaates, 5. Aufl., Wiesbaden.
Butterwegge, Christoph (2016a): Rechtfertigung, Maßnahmen und Folgen einer neoliberalen (Sozial-)Politik, in: ders./Bettina Lösch/Ralf Ptak, Kritik des Neoliberalismus, 3. Aufl., Wiesbaden, S. 123-200.
Butterwegge, Christoph (2016b): Armut in einem reichen Land. Wie das Problem verharmlost und verdrängt wird, 4. Aufl., Frankfurt a.M./New York.
Butterwegge, Christoph (2016c): Reichtumsförderung statt Armutsbekämpfung. Eine sozial- und steuerpolitische Halbzeitbilanz der Großen Koalition, Wiesbaden.
CDU/CSU-Landesleitung/SPD (Hrsg.) (2013): Deutschlands Zukunft gestalten. Koalitionsvertrag zwischen CDU, CSU und SPD, 18. Legislaturperiode, Rheinbach.
CDU/CSU-Landesleitung/SPD (Hrsg.) (2005): Gemeinsam für Deutschland. Mit Mut und Menschlichkeit. Koalitionsvertrag von CDU, CSU und SPD, Rheinbach.
Christen, Christian (2008): Marktgesteuerte Alterssicherung. Von der Entwicklung zur Implementierung eines neoliberalen Reformprojekts, in: Christoph Butterwegge/Bettina Lösch/Ralf Ptak (Hrsg.), Neoliberalismus. Analysen und Alternativen. Mit einem Vorwort von Annelie Buntenbach, Wiesbaden, S. 181-199.
Christen, Christian (2011): Politische Ökonomie der Alterssicherung. Kritik der Reformdebatte um Generationengerechtigkeit, Demographie und kapitalgedeckte Finanzierung, Marburg.

Hartz IV bis zum Tod?

Christen, Christian/Michel, Tobias/Rätz, Werner (2003): Sozialstaat. Wie die Sicherungssysteme funktionieren und wer von den »Reformen« profitiert, Hamburg.

Ebert, Andreas/Kistler, Ernst/Staudinger, Thomas (2007): Rente mit 67 – Probleme am Arbeitsmarkt, in: Aus Politik und Zeitgeschichte. Beilage zur Wochenzeitung *Das Parlament* 4-5, S. 25-31.

Hauser, Richard (1989): Entwicklungstendenzen der Armut in der Bundesrepublik Deutschland, in: Diether Döring/Richard Hauser (Hrsg.), Politische Kultur und Sozialpolitik. Ein Vergleich der Vereinigten Staaten und der Bundesrepublik Deutschland unter besonderer Berücksichtigung des Armutsproblems, Frankfurt a.M./New York, S. 117-147.

Hein, Eckhard/Mülhaupt, Bernd/Truger, Achim (2004): WSI-Standortbericht 2004: Demographische Entwicklung – ein Standortproblem?, in: WSI-Mitteilungen 6, S. 291-305.

Klöckner, Bernd W. (2003): Die gierige Generation. Wie die Alten auf Kosten der Jungen abkassieren, Frankfurt a.M.

Lompe, Klaus (1987): Einleitung, in: ders. (Hrsg.), Die Realität der neuen Armut. Analysen der Beziehungen zwischen Arbeitslosigkeit und Armut in einer Problemregion, Regensburg, S. 1-8.

Lorke, Christoph (2015): Armut im geteilten Deutschland. Die Wahrnehmung sozialer Randlagen in der Bundesrepublik und der DDR, Frankfurt a.M./New York.

Noll, Heinz-Herbert/Weick, Stefan (2011): Wiederkehr der Altersarmut in Deutschland? – Empirische Analysen zu Einkommen und Lebensstandard im Rentenalter, in: Lutz Leisering (Hrsg.), Die Alten der Welt. Neue Wege der Alterssicherung im globalen Norden und Süden, Frankfurt a.M./New York, S. 45-76.

Pilz, Frank (2009): Der Sozialstaat. Ausbau – Kontroversen – Umbau, Bonn (Schriftenreihe der Bundeszentrale für politische Bildung, Bd. 761).

Schmähl, Winfried (2004): »Generationengerechtigkeit« und Alterssicherung. Oder: Wie ein vieldeutiges Konzept einseitig instrumentalisiert wird, in: Kai Burmeister/Björn Böhning (Hrsg.), Generationen und Gerechtigkeit, Hamburg, S. 45-61.

Schmähl, Winfried (2008): Die Gefahr steigender Altersarmut in Deutschland – Gründe und Vorschläge zur Armutsvermeidung, in: Antje Richter/Iris Bunzendahl/Thomas Altgeld (Hrsg.), Dünne Rente – dicke Probleme. Alter, Armut und Gesundheit – Neue Herausforderungen für Armutsprävention und Gesundheitsförderung, Frankfurt a.M., S. 37-58.

Steffen, Johannes (2000): Der Renten-Klau. Behauptungen und Tatsachen zur rot-grünen Rentenpolitik, Hamburg.

Stratmann, Simon (2015): Armutspolitik in Deutschland – Konzepte und Konflikte im Parteienwettbewerb. Studie zur Parteiprogrammatik seit den 1980er Jahren, Berlin/Opladen/Toronto.

Wehlau, Diana (2009): Lobbyismus und Rentenreform. Der Einfluss der Finanzdienstleistungsbranche auf die Teil-Privatisierung der Alterssicherung, Wiesbaden.

Welzk, Stefan (2006): Die »Alterskatastrophe« und der Absturz der Renten, in: Blätter für deutsche und internationale Politik 6, S. 707-721.

Joachim Rock[1]
»Die im Dunkeln sieht man nicht...«: Armutsrisiko Alter

»Die im Dunkeln sieht man nicht«, so wird gerne aus Brechts Dreigroschenoper zitiert. Um die öffentliche Unwissenheit und die zum Teil bestehende Ignoranz gegenüber Armutslagen zu beschreiben, taugt dieses Zitat nur zum Teil, denn viele Armutslagen sind keineswegs im »Dunkeln« verborgen, sondern sichtbar, ohne wahrgenommen zu werden. In diesen Fällen passt ein anderes deutsches Sprichwort: »Wenn das Aug nicht sehen will, dann helfen weder Licht noch Brill«. Das zunehmende Risiko, im Alter dauerhaft arm zu sein, zählt leider zu den politischen Herausforderungen, die von vielen Augen nicht gesehen werden wollen (vgl. Butterwegge 2016; Schneider 2017).

Folgt man Regierungsberichten ebenso wie gewichtigen Stimmen in den Medien, dann ist Altersarmut kein Problem. Der im April 2017 vorgelegte Fünfte Armuts- und Reichtumsbericht der Bundesregierung etwa befindet: »Den maßgeblichen Kennziffern zufolge stellt Armut im Alter heutzutage für die große Mehrheit der Senioren kein drängendes Problem dar. Weder die Armutsrisikoquote noch die amtlich registrierte Bedürftigkeit sind im Vergleich zu anderen Altersgruppen auffällig.« (BMAS 2017: 113) Auffällig ist aber auch, dass das Bundesministerium für Arbeit und Soziales (BMAS) allein im ersten Satz dieses Befundes gleich vier Relativierungen vornimmt: die Aussage, Altersarmut sei kein Problem, gelte nämlich 1. bei Beschränkung auf »maßgebliche Kennziffern«, dazu auch 2. nur »heutzutage« und das auch nur für 3. eine »große Mehrheit der Senioren«, für die Altersarmut zwar vielleicht schon ein Problem, aber doch 4. »kein drängendes« sei. Die Vorsicht ist berechtigt, denn tatsächlich ist Armut auch heute schon ein Schicksal, von dem Rentner und im Einzelfall auch Pensionäre überdurchschnittlich betroffen sind. Während die amtliche, nach dem sogenannten Mikrozensus durch das Statistische Bundesamt berechnete Armutsbetroffenheit im Jahr 2015 bei

---

[1] Zur ausführlichen Auseinandersetzung des Autors mit der Armutsdiskussion in Deutschland: siehe Rock 2017.

»Die im Dunkeln sieht man nicht...«: Armutsrisiko Alter

15,7% lag, lag sie bei der genannten Gruppe bereits bei 15,9%. Alarmierend ist dabei auch der drastische Anstieg der so gemessenen Altersarmut, von 10,7% 2005 auf eben jene 15,9% im Jahr 2015. Betrachtet man die Zahl der Menschen, die auf Leistungen der Grundsicherung im Alter und bei Erwerbsminderung angewiesen ist, wird die besorgniserregende Entwicklung noch deutlicher: Waren zum Jahresende 2003 noch 438.831 Menschen auf die Grundsicherungsleistungen angewiesen, waren es zum Jahresende 2015 bereits 1.038.994 Menschen. In diesem Zeitraum hat sich die Zahl der erwerbsgeminderten Grundsicherungsempfänger von 181.097 im Jahr 2003 auf 503.070 nahezu verdreifacht, während sich die Zahl der Grundsicherungsempfänger oberhalb der Regelaltersgrenze mehr als verdoppelt hat, von 257.734 in 2003 auf 535.924 in 2015.[2] Die Tendenz der vergangenen Jahre weist damit einen besorgniserregenden Trend aus. Und der ist nicht nur in der Statistik deutlich sichtbar, wenn man ihn denn sehen will.

Zum Beispiel Marlies S.[3] Sie ist im Alter auf Grundsicherung angewiesen. Diese ist nicht nur knapp bemessen, sie reicht für viele grundlegende Bedürfnisse schlicht nicht aus. Um ihr Einkommen etwas aufzubessern, sammelt sie Flaschen – wie viele einkommensarme Menschen, gerade auch viele der älteren unter ihnen. Flaschensammeln ist ein Knochenjob, den niemand gerne macht. Marlies S. erst recht nicht. Um auch nur zwei Euro Pfand einzulösen, muss sie 25 Flaschen sammeln. Schon eine kleine 0,33-Liter-Flasche wiegt über 300 Gramm, größere sind entsprechend schwerer. Mindestens acht Kilogramm muss die 76-Jährige damit – alles unter den Blicken der Passanten oder der genervten Kundinnen und Kunden bei der Abgabe im Laden – im Stadtgebiet einsammeln und zurück in den Supermarkt tragen, um etwa zwei Euro zu erlösen. Reich wird davon niemand. Selbst wer täglich sammeln geht und dabei erhebliche körperliche Anstrengungen unternimmt, kommt im Monat auf kaum mehr als hundert Euro. Trotzdem sind Flaschensammler inzwischen ein selbstverständlicher Teil des Stadtbildes, gar eine »urbane Sozialfigur« (Moser 2014). Geld ist dabei ein Motiv, aber nicht das einzige. Häufig wollen die Menschen damit auch die Isolation ihrer kleinen Wohnungen überwinden und am öffentlichen Leben teilhaben. Mangel an

---

[2] Quelle jeweils: Statistisches Bundesamt (zuletzt 2016), GENESIS-Online.
[3] Das Beispiel wird zitiert aus Landsberg 2016, der Name der Rentnerin wurde geändert.

Geld und Sorge um soziale Teilhabe betreffen gerade ältere Menschen außerhalb des Erwerbslebens. Das erklärt, warum die Flaschensammler auffällig oft im Rentenalter sind. Und es ist ein sichtbarer Beleg dafür, dass die Kombination von Mangel an Geld und Teilhabemöglichkeiten eine große Zahl von Menschen betrifft. Altersarmut ist kein künftiges, sondern ein gegenwärtiges, sichtbares und trotzdem geleugnetes Problem in Deutschland.

Die Gesetzliche Rente: das Sichere, das verunsichert wird

Die Gesetzliche Rentenversicherung ist die wichtigste, leistungsfähigste und mit Abstand verbreitetste Säule im System der Alterssicherung in Deutschland. Nach dem 2016 vorgelegten Alterssicherungsbericht der Bundesregierung beziehen in Deutschland 90% aller 65-jährigen und älteren Männer und Frauen Leistungen der Rentenversicherung, durchschnittlich 960 Euro brutto bzw. 861 Euro netto (BMAS 2016: 79). Sehr unterschiedlich ist dabei die Verteilung zwischen Ost und West: Während in den »alten« Bundesländern 87% der Älteren Ansprüche an die Rentenversicherung haben, sind es in den »neuen« Ländern 99%. Unterschiedlich ist auch der durchschnittliche Anspruch, der in den »alten« Ländern 926 Euro brutto bzw. 830 Euro netto ausmacht, in den neuen Ländern 1.087 Euro brutto bzw. 975 Euro netto. Ursächlich dafür ist u.a., dass betriebliche Vorsorgeleistungen in Ostdeutschland historisch erst nach der Wiedervereinigung in Betracht kamen und der Anteil der Bezieher davon deshalb dort nur bei 3% liegt, gegenüber 15% in den westdeutschen Bundesländern. Ursächlich ist auch, dass die Erwerbstätigkeit von Frauen in Ostdeutschland deutlich höher lag, woraus ein größerer Anteil von Frauen im Alter mit Ansprüchen an die Rentenversicherung (99% in Ostdeutschland, 87% in Westdeutschland) und höhere Ansprüche (644 Euro brutto/577 Euro netto im Westen, 940 Euro brutto bzw. 844 Euro netto in Ostdeutschland) resultieren (BMAS 2016: 79).

Gerade von jenen, die regelmäßig die private Vorsorge empfehlen und die Gesetzliche Rentenversicherung als wenig leistungsfähig verschmähen, kommen derzeit ungewohnte Töne: Angesichts der öffentlichen Diskussion um Ungleichheit und Forderungen nach einer solidarischeren Verteilung reagieren sie mit Lobliedern auf die Rentenversicherung.

»Die im Dunkeln sieht man nicht...«: Armutsrisiko Alter

Diese sind – bezogen auf die Leistungsfähigkeit des Umlageprinzips – berechtigt. Dass es 2016 die größte Rentenerhöhung seit 23 Jahren gab – 4,25% mehr Rente in Westdeutschland, 5,95% mehr Rente in Ostdeutschland – ist auch neben der positiven wirtschaftlichen Entwicklung auch einem statistischen Sondereffekt zu verdanken. Es ist aber auch ein Beleg für die grundsätzlich große Leistungsfähigkeit des häufig geschmähten Umlagesystems. Das zeigt sich auch an der »Rendite« der Rentenversicherung. Wer etwa von Anfang 1971 bis Ende 2015 Beiträge gezahlt hat, erhält im Durchschnitt Leistungen mit einer Rendite von etwa 3%[4] zurück – ein Wert, für den man am Finanzmarkt schon ein recht risikoreiches Produkt hätte wählen müssen.

Hinzu kommt, dass die Rentenversicherung zahlreiche Leistungen – wie bei der Rehabilitation oder der Hinterbliebenenversorgung – bietet, die bei privaten Rentenversicherungen regelmäßig teuer zusätzlich versichert werden müssen. Dass die positive Entwicklung keine »Eintagsfliege« ist, belegt der aktuelle Rentenversicherungsbericht der Bundesregierung. Nach diesem ist davon auszugehen, dass die Renten bis 2030 um etwa 35% steigen, im Durchschnitt um 2,1% im Jahr. Das Leistungsniveau der Rentenversicherung – das nicht den Wert der Rente gegenüber dem vorherigen Einkommen beschreibt, sondern abstrakt das Verhältnis der Rente eines Standardrentners (eines Rentners, der 45 Jahre lang von einem durchschnittlichen Einkommen Beiträge gezahlt hat) zum Durchschnittseinkommen der Erwerbstätigen bezeichnet – wird dabei dennoch von etwa 48% im Jahr 2016 auf etwa 47% im Jahr 2024 und im Jahr 2030 auf etwa 44,5% sinken. Das Mindestsicherungsniveau darf dabei bis 2030 in keinem Fall unter 43% fallen, das hat der Gesetzgeber mit der sogenannten Mindestsicherungsklausel in § 154 Abs. 3 des SGB VI festgelegt.

Die Rentenversicherung ist und bleibt deshalb leistungsfähig. Sie leistet das jedoch nicht dank der Unterstützung des Umlageprinzips durch den Gesetzgeber, sondern trotz seiner Eingriffe in das Leistungsrecht der Gesetzlichen Rentenversicherung und seiner Bemühungen, die im Vergleich teurere und aufwändigere private Vorsorge zulasten der Rentenversicherung zu stärken. Damit hat der Gesetzgeber aber

---

[4] Vgl. www.deutsche-rentenversicherung.de/Allgemein/de/Inhalt/5_Services/rententipp/2016_07_19_rendite_in_rentenversicherung_deutlich_positiv.html, Stand: 15.1.2017.

auch seinen Teil dazu beigetragen, dass das Armutsrisiko älterer Menschen schon jetzt stetig steigt und in den kommenden Jahren dramatische Ausmaße annehmen wird.

Blicken wir zurück: Das Rentenniveau vor Steuern (weil die Renten nicht mehr steuerfrei gezahlt werden, sondern in wachsendem Maße »nachgelagert« besteuert werden und dafür die Beitragsanteile entsprechend steuerfrei gestellt werden, lässt sich kein allgemeines Rentenniveau mehr bestimmen) lag 1990 noch bei 55,1% und ist damit bis 2016 um über 7 Prozentpunkte verringert worden. Das hat erhebliche Auswirkungen, wie sie der Berliner Rentenexperte Johannes Steffen berechnet (Steffen 2016) hat: Nach seinen Berechnungen musste derjenige, der im Jahr 2000 eine Rente in Höhe des Grundsicherungsniveaus erhalten und damit gerade so unabhängig von Sozialhilfe leben wollte, bis dahin 24,3 Entgeltpunkte in der Rentenversicherung erworben haben. Ein Entgeltpunkt ist dabei der Gegenwert, der einem Beitragszahler mit durchschnittlichem Einkommen für ein Jahr Beitragszahlung in der Rentenversicherung gutgeschrieben wird. Entsprechend erwirbt, wer nur vom halben Durchschnittsverdienst Beiträge gezahlt hat, nur einen halben Entgeltpunkt.

Wer 2016 mit dem gleichen Anspruch in Rente gehen wollte, der musste schon 30,3 Entgeltpunkte vorweisen, als Durchschnittsverdiener also ganze sechs Jahre länger eingezahlt haben als sein Vorgänger im Jahr 2000. Das liegt daran, dass der Grundsicherungsbedarf in dem Zeitraum um 45% stieg, der Rentenwert aber nur um 16,3%. Die bittere Konsequenz: Angesichts der hohen Zahl atypischer Beschäftigungsverhältnisse und niedriger Löhne sowie eines stetig sinkenden Rentenniveaus wird es zunehmend schwieriger, die notwendigen Vorleistungen zu erbringen und damit Altersarmut zu vermeiden.

Der Sozialexperte Gerhard Bäcker hat auf ähnlichem Wege und auf der Grundlage der aktuellen Schätzungen der Bundesregierung zur Beitragsentwicklung errechnet (Bäcker 2016), dass im Jahr 2045 selbst für jemanden, der immer Beiträge in Höhe des Durchschnittseinkommens gezahlt hat, 32,8 Jahre Beitragszahlungen vorliegen müssen, um wenigstens eine Rente auf Grundsicherungsniveau zu bekommen. Wer dagegen immer nur die Hälfte davon einzahlen konnte, der müsste schon 65,6 Jahre gearbeitet haben. Wer das nicht schafft und wer nicht zusätzlich auf andere Einkommen oder Vermögen – etwa aus der betrieblichen oder privaten Vorsorge, dem Gesparten oder dem Geld des Partners –

»Die im Dunkeln sieht man nicht...«: Armutsrisiko Alter

zurückgreifen kann, dem droht im Alter Armut. Nach dem Alterssicherungsbericht 2016 (BMAS 2016: 83) sind es in Deutschland insgesamt allein 60% der Menschen über 65 Jahren, die nur Ansprüche auf Leistungen der Rentenversicherung haben, 48% der Männer und 69% der Frauen. Die drohende Altersarmut ist statistisch leider nur zu gut belegt, denn weil Ansprüche im Alter entscheidend von den Vorleistungen abhängen, die bis zum Eintritt in den Ruhestand angesammelt wurden, ist die Entwicklung im Voraus kalkulierbar. Während die Menschen, die jetzt schon im Ruhestand sind, während ihres Erwerbslebens auf vergleichsweise stabile Erwerbsverhältnisse und Versicherungsbedingungen zurückgreifen konnten, gehen in Zukunft Generationen in Rente, für die beides nicht mehr gilt. Erwerbsbiografien sind heutzutage noch weniger geradlinig, sie sind häufiger von prekärer oder atypischer Beschäftigung geprägt.

Gleichzeitig setzt die Alterssicherung aber genau die weniger werdenden stabilen Beschäftigungsverhältnisse im Erwerbsleben als Norm voraus, um den notwendigen Dreiklang aus möglichst kontinuierlicher sozialversicherungspflichtiger Beschäftigung, zusätzlicher betrieblicher und weiterer privater Vorsorge erzielen zu können. Während es im Erwerbsleben immer schwieriger wird, Alterssicherung zu betreiben, wird der Umfang an notwendiger Vorsorge zur Vermeidung von Altersarmut stetig erhöht. Für das Armutsrisiko gilt deshalb die Faustformel: »Arbeitsmarkt x Rentenreform = Altersarmut« (Bogedan/Rasner 2008). Wir wissen deshalb: Altersarmut droht künftig immer mehr älteren Menschen.

Diese Entwicklung war kein Zufall, sondern Ergebnis der politisch betriebenen Abkehr vom Ziel der Lebensstandardsicherung in der Gesetzlichen Rentenversicherung: Das 1989 verabschiedete, aber erst 1992 in Kraft getretene Rentenreformgesetz war der Einstieg in den Ausstieg aus der Lebensstandardsicherung. Mit der 1992 eingeführten Nettolohnanpassung wurde der Anstieg der Beiträge gemildert, indem geringere Erhöhungen der Beiträge durch geringere Leistungserhöhungen erkauft wurden.

Zudem wurde die Altersgrenze auf 65 Jahre erhöht und Abschläge für einen vorzeitigen Renteneintritt eingeführt. Mit dem Altersvermögensgesetz und dem Altersvermögensanpassungsgesetz wurde 2001 eine neue kapitalgedeckte Altersvorsorge entwickelt (Riester-Rente), die einen Teil der bisher umlagefinanzierten Leistungen ablösen sollte und privatisierte. Mit der Jahrtausendwende kam es darüber hinaus zu einer ganzen Reihe von Rentenreformschritten[5] und damit einhergehend zu Leistungsverschlechterungen. Im Ergebnis befindet sich das Rentenniveau seitdem im nahezu ungebrochenen Sinkflug. Dieser wird sich künftig fortsetzen. So sank das Sicherungsniveau vor Steuern (die wegen der schrittweisen Einführung der nachgelagerten Besteuerung nicht mehr pauschal berechnet werden können) in der Rentenversicherung von 52,6% im Jahr 2001 auf 47,1% im Jahr 2015. Bis zum Jahr 2030 wird dieses Rentenniveau auf 44,5%, gegebenenfalls aber auch auf bis zu 43%, dem derzeitigen Mindestsicherungsniveau, abgesunken sein. Dieses Mindestniveau als Standardrente erhält aber auch nur derjenige, der 45 Versicherungsjahre – die sogenannte Standardrente, die heute längst kein Standard mehr ist – in seiner »Rentenbiografie« vorweisen kann. Die Steuerpflicht für die übrig bleibenden Leistungen durch die nachgelagerte Besteuerung schmälert die individuellen Erträge zusätzlich. Mit dem Alterseinkünftegesetz 2005 wurde der schrittweise Übergang zur nachgelagerten Besteuerung beschlossen: Bis 2025 werden die Beiträge zur Rentenversicherung schrittweise steuerfrei gestellt, umgekehrt werden die ausgezahlten Renten künftig anteilig immer stärker besteuert, bis sie ab 2040 dann vollständig zu versteuern sind.

Wie gravierend allein die 2003 und 2005 eingeführten Nachhaltigkeits- und Riester-Faktoren auf die Ansprüche wirken, hat die Bundesregierung zum Jahresende 2015 auf eine Frage des Rentenexperten der LINKEN, Matthias W. Birkwald, errechnet:[6] Seit 2003 sind die Rentenerhöhungen in der Gesamtbetrachtung 4,4 Prozentpunkte hinter der Lohnentwicklung zurückgeblieben. Bis 2029 werden es zusätzlich nochmal weitere acht Prozentpunkte sein. Für einen Durchschnittsverdiener mit 45 Beitragsjahren entspräche das einem Wertverlust von 2.939 Euro im Jahr. Auch das trägt dazu bei, Altersarmut zu produzieren und zu provozieren.

Leidtragende dieser Entwicklung sind Menschen wie Karl P. Er ist 74 Jahre alt. Bis zu seinem 71. Lebensjahr hat er gearbeitet, selbständig, als Handwerker. Reichtümer konnte er damit nicht erwerben, auch für

---

[5] Alterseinkünftegesetz (2004), RV-Nachhaltigkeitsgesetz (2004), RV-Altersgrenzenanpassungsgesetz (2007), Leistungskürzungen bei den Versicherungsbeiträgen für ALG-II-Leistungsbezieher (2006), Ausbau der Riester-Förderung durch die Kinderzulage und die Einführung der beitragsfreien Entgeltumwandlung (2007).
[6] BT-DRS 18/1489, S. 18.

»Die im Dunkeln sieht man nicht...«: Armutsrisiko Alter

die Alterssicherung konnte er nur eingeschränkt Vorsorge leisten. Sein monatlicher Rentenanspruch beträgt 416 Euro, für seine bescheidene Ein-Zimmer-Wohnung im wohlhabenden München zahlt er warm 400 Euro Miete. Ohne ergänzende Grundsicherungsleistungen käme er nicht über die Runden. Die Unterstützung muss er sich gut einteilen. Da er nicht über große Ersparnisse verfügt, ist die Reparatur einer kaputten Herdplatte oder gar eines kaputten Kühlschranks kaum zu finanzieren. Der alte Röhrenfernseher – einer der wenigen Unterhaltungsmöglichkeiten, seit sich Karl P. aus Scham über seine Armut aus früheren sozialen Bezügen zurückgezogen hat – droht, demnächst den Dienst zu versagen. Mehrere Medikamente, die Herr P. benötigt, die aber längst nicht mehr von der Kasse übernommen werden, beanspruchen monatlich ohnehin schon einen relevanten Teil seines kleinen Einkommens. Trotz aller Sparsamkeit reicht es am Monatsende regelmäßig nur für Kartoffeln, Reis und Brot, was er vom Vortag beim Discounter kauft. Wenn er dazu einige abgelaufene Lebensmittel bei der örtlichen Tafel bekommt, schätzt er sich glücklich. In der Vergangenheit wurden es jedoch immer mehr Menschen, die dort nach Unterstützung suchten, während die Lebensmittelvorräte der Tafeln aufgrund der immer effizienteren Logistik der Supermärkte zuletzt abnahmen. Und kommt Herr P. heute auch noch gerade so über die Runden, so gibt es neben den sinkenden Alterssicherungsleistungen bereits andere Entwicklungen, die seine Armutslage noch verschärfen können.

Armut, Alter und Gesundheit

Alter und Krankheit sind nicht zwangsläufig verbunden. »Mehr gesunde Jahre in einem längeren Leben« (Rosenbrock 2013) erleben schon heute viele Ältere. Immer mehr älteren Menschen bleibt das jedoch gleichzeitig verwehrt. Ältere Menschen, die arm sind, erkranken häufig deutlich schwerer und leben deutlich kürzer als ältere Menschen mit gesichertem Einkommen. »Im Vordergrund stehen dabei Herz-Kreislaufkrankheiten, Stoffwechselkrankheiten, Muskel- und Skelettkrankheiten sowie bösartige Neubildungen. Charakteristisch ist dabei das gleichzeitige Vorliegen mehrerer Gesundheitsstörungen oder Krankheiten (Multimorbidität).« (Grosse Frie u.a.: 29) Viele Heil- und Hilfsmittel, aber vor allem auch viele Arzneimittel sind dabei nur gegen Zuzahlungen erhältlich oder – wie die nichtverschreibungspflichtigen Arzneimittel – ohnehin vollständig selbst zu zahlen. Bei vielen älteren Menschen kommen dabei leicht 50, 60 und mehr Euro monatlich zusammen: Beträge, die sie eben nicht nebenher finanzieren können, selbst wenn sie alle zur Verfügung stehenden Sozialleistungen in Anspruch nehmen (was oft genug wegen bürokratischen oder räumlichen Barrieren nicht möglich ist). Dabei bilden materielle Defizite nur einen Teil des Problems. Psychosoziale Faktoren, wie soziale Isolation, durch Einkommensarmut erzeugter Stress, mangelndes Selbstwertgefühl und anderes mehr tragen ebenfalls dazu bei, dass die Gesundheitsrisiken älterer Menschen besonders hoch sind. Nicht selten entwickelt sich dabei ein Teufelskreis aus gesundheitlichen Problemen, sozialer Isolation und mangelnder gesundheitlicher Versorgung, die dann in Erkrankungen wie »offenen Beinen« (ulcus cruris) oder Unterschenkel-Geschwüren münden, die zu erheblichen Schmerzen beim Gehen und Stehen führen, die Mobilität der Menschen einschränken und dadurch zusätzlich den Radius der Betroffenen einschränken.

Armut im Alter, Wohnungsnot und soziale Isolation

Ältere Menschen mit geringen Einkommen sind von der wachsenden Wohnungsnot, gerade in urbanen Regionen, besonders stark betroffen. In ihrer Lebenssituation befinden sie sich im Zangengriff von rasch steigenden Miet- und Nebenkosten und einem gleichzeitig stetig sinkenden Rentenniveau. Ein Wohnungswechsel innerhalb der Nachbarschaft scheitert häufig an den überproportional gestiegenen Mietkosten bei Neuverträgen, die eine große, aber nur zum kleinen Teil genutzte Wohnung mit Altmietvertrag immer noch günstiger machen als eine kleinere Wohnung mit neuem Mietvertrag. Für ältere Arme gibt es kaum eine Möglichkeit, damit umzugehen. Das ist einer der Gründe, warum wir alle das Bild von älteren, gepflegt aussehenden Menschen kennen, die Parks und Mülltonnen auf der Suche nach Leergut durchstreifen, um sich zusätzlich ein wenn auch noch so geringes Zusatzeinkommen zu verschaffen. Als letzter Ausweg bleibt oft nur, sich im Alter völlig aus dem gewohnten Umfeld zurückzuziehen und in billigere, aber schlecht angebundene und versorgte Regionen umzuziehen. Dort ist jedoch die Infrastruktur viel schlechter ausgebaut. Wenn Busse nur einmal täglich in die nächste Stadt oder zurück fahren, schrumpft der Lebensraum älterer und armer Menschen auf ein Minimum zusammen. Daraus folgt häufig eine Kaskade von sozialen Folgeproblemen, die die Teilhabemöglichkeiten der Betroffenen dramatisch einschränken. Auch in der Wohnungslosenhilfe ist die Gruppe der älteren, wohnungslosen Menschen groß. Oft sind diese älteren Menschen für Hilfsangebote besonders schwer zu erreichen. Ihr Leben ist »häufig durch langjährige (im Schnitt mehr als fünf Jahre) Wohnungslosigkeit und den überwiegenden Aufenthalt auf der Straße geprägt. Das Zusammenfallen von Alterung und besonderen sozialen Schwierigkeiten (fehlende Wohnung, Armut, Isolation, Krankheiten, gelegentliche Verwirrtheitszustände bis hin zu psychischen Erkrankungen u.v.m.) bewirkt eine Vielzahl von Beeinträchtigungen.« (Neubacher 2012: 229) Noch stärker als arme ältere, sind zusätzlich von Wohnungslosigkeit betroffene Menschen kaum in der Lage, ihre Ansprüche auf Sozialleistungen einzulösen, da die Barrieren dafür einfach zu hoch sind.

Arm aus Scham: Verdeckte Armut im Alter

Während häufig ein »Missbrauch« sozialer Leistungen diskutiert wird, bleibt ein sehr viel größeres soziales Problem meist unbeachtet: die Nichtinanspruchnahme sozialer Leistungen. Viele Hunderttausende Menschen in Deutschland haben Anspruch auf Sozialleistungen, ohne ihn geltend zu machen. Sie tauchen in den öffentlichen Statistiken nicht auf: Die im Dunkeln sieht man nicht. Die Ursachen dafür sind vielfältig: Stolz, Scham, die Angst vor einem Unterhaltsrückgriff auf Angehörige, mangelnde Informationen und vieles andere mehr kann dazu beitragen, dass solche Leistungen nicht beansprucht werden, auch wenn die Betroffenen sie bitter nötig hätten. Obwohl die Empirie zu verdeckter Armut naturgemäß gering ist, wird in der Forschung davon ausgegangen, »dass insbesondere alleinstehende Frauen, Paarhaushalte mit erwerbstätigem Haushaltsvorstand sowie Altenhaushalte (der Haushaltsvorstand ist 65 Jahre oder älter) ihnen zustehende Hilfe nicht in Anspruch nehmen« (Becker 2017: 10). Dabei handelt es sich nicht nur um kleine Gruppen, im Gegenteil. Verschiedene Forschungsarbeiten auf unterschiedlichen Datengrundlagen verweisen übereinstimmend auf eine Nichtinanspruchnahmequote von Leistungen nach den Sozialgesetzbüchern II und XII in Höhe von etwa 40% (ebd.): Zwei von fünf Berechtigten nehmen ihre Ansprüche gar nicht war. Das zeigt: »Missbrauch« von Sozialleistungen ist kein Problem, viel eher die mangelnde Beanspruchung von Hilfen – und vor allem die sehend hingenommene Entwicklung, die droht, Armut im Alter zum Schicksal immer größerer Personengruppen werden zu lassen.

Ursachen von Armut im Alter: das Risiko wächst

In der aufschlussreichen biografischen Studie »Lebenswege in die Altersarmut« kommen Antonio Brettschneider und Ute Klammer (2016) auf der Basis einer Vielzahl von Interviews und Fallstudien zu sieben Biografiedimensionen, die Altersarmut begünstigen können (siehe Tabelle 1 auf nachfolgender Seite).

Während etwa bei den in der Studie untersuchten Fällen aus den Geburtsjahrgängen 1938 bis 1947 vor allem fünf, im Alter von Armut betroffene Risikogruppen – »familienorientierte Frauen, ehemalige Selbstständige, Zuwanderer (Arbeitsmigranten der ersten Generation, Aussiedler und Kontingentflüchtlinge), umbruchsgeprägte Ostdeutsche und ›komplex Diskontinuierliche‹« (Brettschneider/Klammer 2016: 319) – identifiziert wurden, erwarten die Forscher in Zukunft mehr Ungleichheit und wachsende Altersarmut. Sie verzeichnen einerseits einen »Trend über die Kohorten hinweg sinkender durchschnittlicher Anwartschaften in der GRV (mit Ausnahme der westdeutschen Frauen), andererseits den Trend einer im Zeitverlauf zunehmenden Ungleichheit der Anwartschaften innerhalb der Geburtskohorten (ebd.: 321). Aufgrund der skizzierten Kürzungen des Leistungsniveaus der Gesetzlichen Rentenversicherung und dem wachsenden Anteil diskontinuierlicher und atypischer Beschäftigungsverhältnisse wird Altersarmut absehbar zunehmen, zumal gerade die besonders von Altersarmut bedrohten Menschen auch nur vergleichsweise geringe zusätzliche Vorsorge betrieben haben. Allerdings ist es nicht der bewusste Verzicht auf Vorsorge, die zu Altersarmut führt. Vielmehr haben die Forschungen auch gezeigt, »dass hinter den meisten individuellen ›Grundsicherungsbiografien‹ strukturelle Risiken stehen« (ebd.: 351).

Eine wirksame Bekämpfung der Ursachen von Altersarmut bedarf deshalb auch struktureller Reformen in der Alterssicherung. Angesichts der besorgniserregenden Entwicklung sind die Gegner einer solidari-

»Die im Dunkeln sieht man nicht...«: Armutsrisiko Alter

Tabelle 1: Biografiedimensionen, die Altersarmut begünstigen können

1. Erwerbsbiografie	2. Familienbiografie	3. Gesundheitsbiografie
Langzeitarbeitslosigkeit	Kinderbedingte Unterbrechungen	Erwerbsminderung
Langjähriger Niedrigverdienst	Angehörigenpflege	Behinderung
Langjährige geringfügige Beschäftigung	Trennung/ Scheidung	Unfall/ Berufskrankheit
(Solo-)Selbständigkeit	Verwitwung	Psychische Probleme
Schwarzarbeit	Alleinerziehung	Chronische Erkrankungen
»Stille Reserve«		

4. Bildungsbiografie	5. Vorsorgebiografie	6. Migrationsbiografie
Fehlender Schulabschluss	Mangelnde Vorsorgefähigkeit	Später Zuzug
Fehlender Berufsabschluss	Mangelnde Vorsorgebereitschaft	Sprachprobleme
Mangelnde Teilnahme an Weiterbildung	Mangelndes Vorsorgewissen	Aufenthaltsrechtliche Probleme
Dequalifkationsprozesse	Gescheiterte Vorsorgestrategie	Allgemeine Integrationsprobleme

7. Sonstige Risikoelemente
Verschuldung, Insolvenz
Soziale Devianz, Kriminalität
Sucht, Obdachlosigkeit
(Selbst-)Exklusionsprozesse, »Schicksalsschläge«

Quelle: Brettschneider/Klammer 2016: 54

scheren Gestaltung der Alterssicherungssysteme inzwischen dazu übergegangen, ältere Menschen wenigstens auf dem Papier reichzurechnen. Das mutet kurios an, und ist es auch: Argumentiert wird, dass die gesetzlich geschützten Ansprüche der Menschen im Alter Schulden seien, die die Alterssicherungssysteme hätten, umgekehrt also Vermögen der Leistungsempfänger. Die Zahlen dazu kommen aus einer 2010 veröffentlichten Studie der DIW-Forscher Joachim R. Frick und Markus M. Grabka (Frick/Grabka 2010). Sie hatten auf der Grundlage von Daten des sogenannten Sozio-oekonomischen Panels (SOEP) errechnet, dass sich die Renten- und Pensionsanwartschaften auf insgesamt rund 4,6 Billionen Euro beliefen. Jeder Erwachsene hätte damit im Schnitt ein Vermögen von 67.000 Euro. Man muss bei der Lektüre des Berichts allerdings schon beide Augen ganz fest zudrücken, um zu überlesen, dass die Studie gerade keine Grundlage dafür bietet, weniger Umverteilung zu fordern, sondern vielmehr eindringliche Argumente für mehr Umverteilung liefert. Zum einen ist das hier errechnete Vermögen in Wahrheit gar keines. »Richtiges« Vermögen hat zahlreiche Eigenschaften, die die errechneten »Vermögen« gerade nicht haben: Sie stehen nur in einer bestimmten Lebenslage zur Verfügung (und nur dann und insoweit man diese »erlebt«), sie lassen sich nicht anlegen und werden auch von niemandem als Sicherheit für einen Kredit akzeptiert, man kann sie nicht vorzeitig abrufen, nur sehr eingeschränkt vererben und sich – sei es auf sehr lange Sicht – weder ein Haus noch einen Porsche davon kaufen. Zum anderen täuschen die Durchschnittszahlen auch über die ungleiche Verteilung der Altersvermögen hinweg. So haben nach der Studie Beschäftigte mit mittlerer Qualifikation nur ein Altersvermögen von etwa 40.000 Euro, höher qualifizierte Beschäftigte von um die 80.000 Euro, Beamte des gehobenen und höheren Dienstes dagegen von 130.000 Euro und Pensionäre gar von etwa 300.000 Euro. Das zeigt: Armut im Alter ist kein Schicksal. Aber sie droht für viele Menschen, schicksalhaft zu werden, wenn die Weichen der Alterssicherungspolitik nicht endlich umgestellt werden.

(Alters-)Armut ist kein Schicksal

Altersarmut nicht zu ignorieren, sondern als politische Herausforderung sichtbar zu machen, ist ein erster und notwendiger Schritt. Sie wirksam zu bekämpfen und beseitigen zu helfen, bedarf einer Vielzahl weiterer Schritte und Maßnahmen, und wirksame Maßnahmen auf diesem Weg liegen offen zutage. Grundlegend gilt es bei aller Wertschätzung der Rentenversicherung anzuerkennen, dass sie überfordert ist, Armut im Alter allein zu beseitigen. Die Rentenversicherung kann kein Reparaturbetrieb für soziale und wirtschaftliche Fehlsteuerungen der vergangenen Jahre sein. Die Vermeidung von Altersarmut muss deshalb früh anfangen und sich von der fairen Anerkennung von Kindererziehungs- und

»Die im Dunkeln sieht man nicht...«: Armutsrisiko Alter 43

Ausbildungszeiten über ein hohes Lohnniveau und die Förderung von guter Arbeit durch die Erwerbsbiografie ziehen. Die Förderung einer leistungsfähigen sozialen Infrastruktur in Stadt und Land ist ebenfalls ein wichtiger Beitrag zur Vermeidung von Altersarmut. Darüber hinaus gilt es, die Alterssicherungspolitik auf das Ziel der Armutsbekämpfung auszurichten. Viele rentenpolitische Maßnahmen der vergangenen Jahre orientierten sich daran, lange und ungebrochene Erwerbsbiografien zusätzlich zu honorieren. Das ist anerkennenswert, muss aber gegenüber einer gezielten Armutsbekämpfung nachrangig sein. Wie beim Hausbau, so gilt auch in der Alterssicherungspolitik, dass Stabilität ein festes Fundament voraussetzt. Dies zu schaffen, ist ein erster Schritt, auf dem man aufbauen kann und muss.

Eine Alterssicherungspolitik für alle setzt ein Alterssicherungssystem für alle voraus. Die bestehende Fragmentierung der Alterssicherung in verschiedene Systeme muss deshalb nach und nach überwunden werden. Noch in der laufenden Legislaturperiode hat die Bundesregierung ein Urteil des Bundessozialgerichts durch eine Gesetzesänderung einkassiert und dafür gesorgt, dass angestellte Unternehmensjuristen, sogenannte Syndikusanwälte, sich auch künftig vergleichsweise einfach der Solidarität in der Gesetzlichen Rentenversicherung durch Flucht in die berufsständische Versorgung entziehen können. Das ist ein Beispiel dafür, wie solidarische Alterssicherungspolitik gerade nicht funktioniert. Wir brauchen eine Alterssicherung für alle. Das umzusetzen, braucht Jahrzehnte. Umso wichtiger ist es, endlich damit anzufangen, und Selbständige und für eine Verbeamtung vorgesehene Menschen künftig in der Rentenversicherung abzusichern. Nicht zuletzt gilt es sicherzustellen, dass die Menschen, die Rentenpolitik betreiben, auch selbst in der Rentenversicherung abgesichert werden, nicht in der mitunter weit entfernten Parallelwelt der Pensionen.

Die betriebliche Altersvorsorge ist ein wichtiges Element der zusätzlichen Altersvorsorge und findet eben in der Zusätzlichkeit ihre Bedeutung. Sie muss so gestaltet sein, dass die Arbeitgeber mindestens zur Hälfte dazu beitragen und dabei nicht nur eingezahlte Beiträge garantieren, sondern auch Leistungen im Ergebnis mitgarantieren. Betriebliche Altersvorsorge als Entgeltumwandlung hat sich nicht bewährt, die Möglichkeit dazu sollte beendet werden.

Die Förderung der privaten Vorsorge nach dem Modell Riester bindet Jahr für Jahr etwa drei Milliarden Euro an Förderung, die vielfach steuerlich gerade denen zugutekommt, die darauf gerade nicht angewiesen sind. Die Förderung ist zudem der wesentliche Anreiz, Menschen in intransparente, vergleichsweise teure und häufig unrentable Vorsorgeprodukte der Versicherungswirtschaft zu locken. Sie sollte künftig entfallen und der Förderung zusätzlicher Altersvorsorge durch zertifizierte und von der Deutschen Rentenversicherung mitverwaltete Produkte weichen.

Damit die Gesetzliche Rentenversicherung auch künftig ihre Rolle als tragende Säule des Alterssicherungssystems verteidigen kann, muss eine Anhebung des Rentenniveaus auf mindestens 53% angestrebt werden. Dies ist nur um den Preis höherer Beiträge zu erreichen. Dies ist für die Versicherten aber trotzdem günstiger, als zusätzlich zu den Pflichtbeiträgen zur Rentenversicherung noch in die vorwiegend selbst finanzierte private Vorsorge investieren zu müssen und dennoch nicht auf lebensstandardsichernde Leistungen hoffen zu können. Der Berliner Rentenexperte Johannes Steffen hat dies jüngst nochmals überzeugend nachgewiesen: »Die (Wieder-)Anhebung des Rentenniveaus auf den Stand vor dem rot-grünen Paradigmenwechsel (rund 53% im Jahr 2000) erfordert nach den Berechnungen des BMAS im Jahr 2045 einen Beitragssatz von 29,4%; gegenüber dem geltenden Recht mit einem Beitragssatz von dann 23,6% entspricht dies zusätzlichen Kosten von rund 77 Milliarden Euro. Da in einem solchen Szenario keine private Altersvorsorge mehr erforderlich wäre – jedenfalls nicht zur Schließung der durch den Paradigmenwechsel politisch aufgerissenen Sicherungslücke bei der gesetzlichen Rente – entfiele insoweit die zusätzliche Belastung durch die »Riester-Prämie«. Der Arbeitnehmeranteil zur Altersvorsorge betrüge unter dieser Annahme 14,7% – mehr als einen Prozentpunkt weniger als nach geltendem Recht.« (Steffen 2017)

Dass ein solidarischeres, leistungsfähiges Alterssicherungssystem nach vergleichbaren Prinzipien umsetzbar ist, zeigt das Beispiel Österreich. Solidarische Elemente in der Gesetzlichen Rentenversicherung gilt es deshalb zu stärken: Zu den wichtigen Maßnahmen auf dem Weg dahin zählen etwa die Verbesserung der Erwerbsminderungsrenten durch die Streichung der bisherigen Abschläge und die weitere Ausweitung der Zurechnungszeiten ebenso wie die Wiedereinführung der Rente nach Mindestentgeltpunkten. Die Beitragsbemessungsgrenze sollte deutlich angehoben werden, die Beitragsäquivalenz aber für sehr gut verdienende Versicherte eingeschränkt werden, sodass ab einer bestimmten Einkommensgrenze eine Teiläquivalenz bestehen bliebe, gleichzeitig aber in sozial gerechter Weise ein zusätzlicher Beitrag zur Finanzierung der Rentenversicherung erbracht würde. Sozialversicherungsbeiträge auf Kapitaleinkommen dagegen sollten nicht erhoben werden. Die Heranziehung von Kapitaleinkommen zur Finanzierung des Gemeinwesens kann im Steuersystem zielgenauer und einfacher erreicht werden als über den Umweg der Sozialversicherung. Durch eine angemessene Steuerfinanzierung der gesamtgesellschaftlichen Leistungen der Rentenversicherung kommen diese Steuereinnahmen auch der Sozialversicherung zugute. Das wäre ein Anfang, um den weiteren Anstieg der Altersarmut zu stoppen und Altersarmut wirksam und nachhaltig zu bekämpfen.

Literatur

Bäcker, Gerhard (2016): Überschneidung von Grundsicherungsbedarf und Rente bei sinkendem Rentenniveau nach Entgeltposition und Beitragsjahren, 2009-2045. O.O. Quelle: www.sozialpolitik-aktuell.de/tl_files/sozialpolitik-aktuell/_Politikfelder/Alter-Rente/Datensammlung/PDF-Dateien/abbVIII54.pdf (zuletzt aufgerufen am 19.4.17).
Becker, Irene (2017): Verdeckte Armut in Deutschland. Ausmaß und Ursachen. Fachforum der Friedrich-Ebert-Stiftung No. 2, Berlin.
Becker, Irene (2015): Der Einfluss verdeckter Armut auf das Grundsicherungsniveau. Arbeitspapier 309 der Hans-Böckler-Stiftung, Düsseldorf.
BMAS (Bundesministerium für Arbeit und Soziales) (2017): Lebenslagen in Deutschland. Der Fünfte Armuts- und Reichtumsbericht der Bundesregierung, Berlin.
Bogedan, Claudia/Rasner, Anika (2008): Arbeitsmarkt x Rentenreform = Altersarmut?, in: WSI-Mitteilungen, Heft 3, S. 133-138.
Brettschneider, Antonio/Klammer, Ute (2016): Lebenswege in die Altersarmut. Biografische Analysen und sozialpolitische Perspektiven, Berlin.
Butterwegge, Christoph (2016): Armut in einem reichen Land. Wie das Problem verharmlost und verdrängt wird, Frankfurt a.M.
Deutsche Rentenversicherung (2016): Rentenversicherung in Zahlen, Berlin.
Frick, Joachim R./Grabka, Markus M. (2010): Alterssicherungsvermögen dämpft Ungleichheit – aber große Vermögenskonzentration bleibt bestehen, in: DIW-Wochenbericht 3.
Grosse Frie, Kirstin/Mnich, Eva/von dem Knesebeck, Olaf (2012): Alter, Armut und Gesundheit – individuelle und gesellschaftliche Perspektiven, in: Antje Richter/Iris Bunzendahl/Thomas Altged (Hrsg.): Dünne Rente – Dicke Probleme. Alter, Armut und Gesundheit – Neue Herausforderungen für Armutsprävention und Gesundheitsförderung, Frankfurt a.M., S. 15-36.
Javad, Susan (2015): Alterssicherung in Deutschland: Negative Bilanz – beson-

ders für Frauen. Equal Society Brief der Friedrich-Ebert-Stiftung (FES), Berlin.

Landsberg, Thorsten (2016): Berliner Flaschensammlerin: Mit zwei Euro pro Tag die Rente aufbessern. Aus: Berliner Zeitung vom 15.12., www.berliner-zeitung.de/25294998 (zuletzt aufgerufen am 16.12.16).

Moser, Sebastian J. (2014): Pfandsammler. Erkundungen einer urbanen Sozialfigur, Hamburg.

Neubacher, Ursula (2012): Rentner auf der Straße, in: Antje Richter/Iris Bunzendahl/Thomas Altged (Hrsg.): Dünne Rente – Dicke Probleme. Alter, Armut und Gesundheit – Neue Herausforderungen für Armutsprävention und Gesundheitsförderung, S. 229-236.

Rock, Joachim (2017): Störfaktor Armut. Ausgrenzung und Ungleichheit im neuen Sozialstaat. Mit einem Vorwort von Ulrich Schneider, Hamburg.

Rosenbrock, Rolf (2013): Rede auf dem Tag der Volkssolidarität 2013 in Potsdam. Manuskript. Quelle: www.volkssolidaritaet.de.

Schneider, Ulrich (2017): Kein Wohlstand für alle!?: Wie sich Deutschland selber zerlegt und was wir dagegen tun können, Frankfurt a.M.

Steffen, Johannes (2015): Für eine Rente mit Niveau – Zum Diskurs um das Niveau der Renten und das Rentenniveau, Berlin.

Steffen, Johannes (2016): Fürsorgebedarf und Rentenniveau. Akzeptanz der Pflichtversicherung steht auf dem Spiel, Berlin, www.portal-sozialpolitik.de.

Steffen, Johannes (2017): Rentenniveau und Beitragssatz. Der Preis der »Lebensstandardsicherung«, Berlin, www.portal-sozialpolitik.de.

Ragnar Hoenig
Was bringt das neue Rentenkonzept der Bundessozialministerin?

Immer wieder wird betont, ältere Menschen seien heute seltener von Armut betroffen als andere Bevölkerungsgruppen (zuletzt Sachverständigenrat 2016: Rn. 562). Trotzdem wird seit einigen Jahren verstärkt über Altersarmut diskutiert. Wie passt das zusammen? Ist Altersarmut ein unausweichliches Schicksal und welchen Bezug hat das Gesamtkonzept von Bundessozialministerin Andrea Nahles vom November 2016 zu der Problematik? Auf diese Fragen sollen im folgenden Beitrag Antworten gegeben werden.

1. Die wachsende Altersarmut als sozialpolitischer Handlungsbedarf

Im Jahr 2014 bezogen nur etwa 2,7% der älteren Männer und 3,3% der älteren Frauen Leistungen der Grundsicherung, wobei rund ein Fünftel der betroffenen Männer und rund ein Viertel der betroffenen Frauen keine Ansprüche aus der gesetzlichen Rentenversicherung hatten (Bundesregierung 2016b: B.IV.1.3.2). Damit war die Mindestsicherungsquote der älteren Menschen deutlich niedriger als bei der Gesamtbevölkerung (ebd.: Tabelle C.II.5.1). Ein anderes Bild zeigt sich indes bei Betrachtung der Armutsrisikoquote, also des Anteils der älteren Menschen, deren Haushaltseinkommen unterhalb einer Schwelle von 60% des Medians aller Nettoäquivalenzeinkommen liegt. Hier lag die Armutsrisikoquote im Wesentlichen auf dem Niveau der Gesamtbevölkerung (ebd.: Tabellen C.II.1.1-4). Auffällig ist indes die hohe Stabilität der Armutsgefährdung älterer Menschen. Denn nur etwa jedem vierten älteren Menschen gelingt es im Laufe eines Jahres, die Armutsrisikoschwelle zu überwinden (ebd.: B.IV.1.4). Trotz dieses immer noch wenig herausstechenden Befundes gibt es seit Langem Stimmen, die vor einer »*Bagatellisierung von Altersarmut«* (Pimpertz 2013: 279) warnen. Inzwischen ist der Handlungsbedarf zur Verhinderung einer künftig wachsenden Altersarmut sogar weitgehend anerkannt. So wird er bereits im Koalitionsvertrag der Bundesregierung vom Dezember 2013 formuliert und auch auf internationaler Ebene zugegeben, wie der Entwurf für die Neuauflage 2016 der Deutschen Nachhaltigkeitsstrategie zur Umsetzung der 17 Nachhaltigkeitsziele der Vereinten Nationen in Deutschland deutlich macht (Bundesregierung 2013: 10; 2016a: 58f.). Zwar lassen sich keine genauen Aussagen über das Ausmaß der künftig steigenden Altersarmut treffen. Denn das Einkommensniveau und die Einkommensverteilung im Alter werden von einer Fülle von ökonomischen, sozial-strukturellen, demografischen und politischen Faktoren bestimmt, die sich allesamt nicht verlässlich oder gar exakt qualifiziert prognostizieren lassen (Bäcker 2008: 362ff.). Dennoch werden in der Literatur einige Entwicklungen beschrieben, die auf einen künftigen Anstieg von Altersarmut schließen lassen (Bönke/Faik/Grabka 2012: 198 m.w.N.). Die Risiken für diesen Anstieg lassen sich in die drei folgenden Komplexe gliedern (ähnlich Bäcker/Schmitz 2012: 130).

Armutsrisiko durch Lücken in den Erwerbsbiografien
Die gesetzliche Rente ist Spiegel des Erwerbslebens. Denn ihre Höhe hängt wesentlich von der Höhe der eingezahlten Beiträge ab. Rentenrechtlich wird dies durch die sogenannte Äquivalenz von Beitrag und Leistung erreicht, indem für die individuellen Beitragsleistungen Teilhaberechte in Form von Entgeltpunkten ermittelt werden (vgl. § 63 Abs. 1, 2 SGB VI). Lücken in den Erwerbsbiografien, also Zeiten, in denen nur niedrige oder sogar keine Rentenbeiträge entrichtet werden, haben daher unmittelbar niedrigere Rentenansprüche für diese Zeiten zur Folge.

Derartige rentenschädliche Lücken werden zunächst für Zeiten der (Langzeit-)Arbeitslosigkeit angenommen. Denn beim Arbeitslosengeld I werden regelmäßig niedrigere und beim Arbeitslosengeld II seit 2011 sogar keine Rentenbeiträge mehr entrichtet. Nur in Ausnahmefällen können Arbeitslosengeld II-Zeiten zu neuen bzw. höheren Ansprüchen führen (Hoenig/Kuhn-Zuber 2012: 193; Mika/Lange 2014: 38ff.). Rentenschädliche Lücken werden weiterhin angenommen für Zeiten einer Beschäftigung gegen ein unterdurchschnittliches Einkommen, so etwa bei einer Beschäftigung im Niedriglohnsektor, einem Minijob oder einer

Was bringt das neue Rentenkonzept der Bundessozialministerin? 49

Teilzeitbeschäftigung. Bei Frauen werden zudem erziehungs- bzw. pflegebedingte Erwerbsunterbrechungen für Rentenlücken verantwortlich gemacht (Rothgang/Unger 2013: 32ff.).

Rentenschädliche Lücken werden weiterhin bei Versicherten gesehen, die infolge einer Erwerbsminderung vorzeitig aus dem Erwerbsleben ausscheiden müssen. Denn die Erwerbsminderungsrenten fallen aufgrund der Abschläge und der mit einer Erwerbsminderung typischerweise einhergehenden unsteten Erwerbsverläufe oft sehr niedrig aus – und diese Sicherungslücken werden auch nicht durch eine betriebliche oder private Altersvorsorge geschlossen (ausführlich: Bäcker 2013: 573ff.). Obwohl mit dem Rentenpaket 2014 Leistungsverbesserungen eingeführt wurden, wird selbst in der Bundesregierung ein weiterer Handlungsbedarf gesehen. So weist die Bundessozialministerin in ihrem Gesamtkonzept zur Alterssicherung darauf hin, dass im Jahr 2014 nahezu 15% der Beziehenden einer Erwerbsminderungsrente zusätzliche Grundsicherungsleistungen in Anspruch nehmen mussten, während es bei den Altersrentenbeziehenden nur rund 2,5% waren (BMAS 2016: 35).

Rentenschädliche Lücken werden schließlich bei Selbständigen erkannt, die weder in der gesetzlichen Rentenversicherung noch einem anderen obligatorischen Alterssicherungssystem abgesichert sind. Dies betrifft derzeit etwa 3 Mio. Selbständige (ebd.: 36). Wenn sie keine ausreichende Altersvorsorge in eigener Verantwortung betreiben, besteht für sie ein besonderes Armutsrisiko im Alter. So verfügt bei den zuletzt Selbständigen im Alter ab 65 Jahren etwa jeder elfte Mann und jede siebte Frau aktuell über keine eigenen Anwartschaften aus einem der üblichen Alterssicherungssysteme (Bundesregierung 2016d: Tabelle B.4.5). Entsprechend hoch ist der Anteil der ehemals Selbständigen mit besonders niedrigen Einkünften. So sind die ehemals Selbstständigen über 65 Jahren bei den untersten 10% der Einkommensverteilung mit 30% und bei den Grundsicherungsbeziehenden mit einem Anteil von 17% deutlich überrepräsentiert (Bundesregierung 2016b: Kapitel B.IV.1.2.3).

Armutsrisiko durch Rentenkürzungen

Als weiteres Risiko für eine künftig steigende Altersarmut werden die Leistungseinschnitte bei den gesetzlichen Renten gesehen (Bäcker/Schmitz 2012: 131ff.). So wurde mit der Rentenreform 2001 – vor allem aus Sorge der Arbeitgeber vor steigenden Lohnnebenkosten – erstmals die Beitragssatzstabilität als Ziel der Rentenversicherung gesetzlich verankert und der Beitragssatzanstieg auf 20% im Jahr 2020 und 22% im Jahr 2030 begrenzt. Damit diese Beitragssatzziele eingehalten werden können, wurde gleichzeitig das Ziel der Lebensstandardsicherung durch die gesetzliche Rente aufgegeben und eine schrittweise Absenkung des Rentenniveaus beschlossen (ausführlich Hoenig 2014: 56ff.). Bereits kurze Zeit nach diesem Paradigmenwechsel (ausführlich Schmähl 2014: 405ff.) stellte die sogenannte Rürup-Kommission fest, dass die festgeschriebenen Beitragssatzziele eine weitere Absenkung des Rentenniveaus erforderlich machen (Rürup-Kommission 2003: 97). Mit der Rentenreform 2004 wurde daher eine weitere Absenkung des Rentenniveaus beschlossen. Seither gilt als untere Grenze ein Rentenniveau netto vor Steuern von 46% im Jahr 2020 und 43% im Jahr 2030 (§ 154 Abs. 3 S. 1 Nr. 2 SGB VI).

Das Rentenniveau ist seit diesen Reformen bereits um etwa 10% gesunken, nämlich von ursprünglich rund 53% auf aktuell nur noch rund 48% netto vor Steuern (Bundesregierung 2016c: Übersicht B 8). Die Absenkung erfolgt im Wesentlichen über die Kürzungsfaktoren bei den jährlichen Rentenanpassungen (ausführlich Hoenig 2014: 56ff.). Auch die mit 4,25% in den alten und 5,95% in den neuen Bundesländern außergewöhnlich hohe Rentenanpassung des Jahres 2016 darf nicht darüber hinwegtäuschen, dass die Kürzungsfaktoren bereits eine erhebliche Niveauabsenkung bewirkt haben. Sie kam allein zustande, weil die maßgebliche Lohnentwicklung besonders hoch war, und der Nachhaltigkeits- und Beitragssatzfaktor eine anpassungssteigernde Wirkung entfaltet haben (im Einzelnen DRV Bund 2016: 268f.). Spätestens ab dem Jahr 2020, wenn die geburtenstarken Jahrgänge in Rente gehen, sollen die Kürzungsfaktoren wieder Anpassungskürzungen bewirken und das Rentenniveau weiter sinken lassen (Bundesregierung 2016c: 39). Bei Rentnerinnen und Rentnern wird dies zwar nicht zu Rentenkürzungen, wohl aber zu Kaufkraftverlusten führen.

Neben der langfristigen Absenkung des Rentenniveaus wurden im letzten Jahrzehnt zahlreiche Maßnahmen im Rentenrecht und den angrenzenden Rechtsgebieten beschlossen, die sich leistungsrechtlich negativ bei den Renten ausgewirkt haben. Hierzu gehören insbesondere die Absenkung der großen Witwenrenten auf 55%, die Ausweitung der Einkommensanrechnung bei den Hinterbliebenenrenten, die Verschiebung des Auszahlungstermins auf das Monatsende, die alleinige Tragung des Pflegeversicherungsbeitrags durch Rentnerinnen und Rentner, der

Was bringt das neue Rentenkonzept der Bundessozialministerin?

Übergang zur nachgelagerten Besteuerung, die Abschaffung der bewerteten Anrechnungszeiten für Hochschulzeiten und die Abschaffung der Versicherungspflicht beim Bezug von Arbeitslosengeld II. Angesichts der zahlreichen, punktuellen Leistungsverschlechterungen wurde hinterfragt, ob sie in ihrer kumulativen Belastungswirkung verfassungsrechtlich relevant sind (Bernsdorff 2011: 121ff.), was das Bundesverfassungsgericht indes in Bezug auf die Rentenanpassungen der Jahre 2005 bzw. 2007 verneint hat (BVerfG 2014, Absatz-Nr. 94ff.).

**Armutsrisiko durch Wechselwirkungen
und fehlende Reaktionsmöglichkeiten**
Ein weiteres Armutsrisiko wird in den Wechselwirkungen zwischen den Lücken in den Erwerbsbiografien und den Leistungseinschnitten bei den Renten gesehen. Beide Risikokomplexe überlagern und verstärken sich (Bäcker/Schmitz 2012: 134). Dieses Zusammenwirken lässt sich schon heute aus der deutlichen Diskrepanz zwischen Durchschnittsrenten der Neu- und der Bestandsrentner herauslesen (ähnlich: Bundesregierung 2016b: Tabelle B.IV.1.2). So betrug die Durchschnittsrente im Jahr 2015 in den alten Bundesländern bei den Zugangsrentnern nur noch 1.014 €, während sie bei den Bestandsrentnern noch 1.040 € betrug. Deutlicher war die Diskrepanz in den neuen Bundesländern. Hier betrug die Durchschnittsrente bei den Zugangsrentnern nur noch 973 € gegenüber 1.124 € bei den Bestandsrentnern. Bei den Frauen war die Diskrepanz weniger ausgeprägt, was unter anderem auf einen Rückgang der abschlagsbehafteten Renten und einen Anstieg der Versicherungsjahre zurückgeführt wird (ebd.).

Die wachsenden Sicherungslücken bei der gesetzlichen Rente können viele Versicherte auch nicht durch eine zusätzliche Altersvorsorge kompensieren. Dies gilt vor allem für diejenigen Versicherten, die aufgrund eines niedrigen Einkommens ohnehin schon ein hohes Armutsrisiko im Alter tragen. So ist die Riester-Rente bei den Beziehenden niedriger Einkommen trotz der hier besonders hohen Förderquoten weniger verbreitet als bei den Beziehenden hoher Einkommen. Im Jahr 2012 verfügten etwa nur 20% der Haushalte mit einem monatlichen Einkommen von weniger als 1.000 € über eine Riester-Rente, während es bei den Haushalten mit einem monatlichen Einkommen von 4.000 € und mehr fast 60% waren (Sachverständigenrat 2016: Rn. 636). Auch die betriebliche Altersversorgung ist bei Beschäftigten mit einem niedrigen Verdienst weniger verbreitet (BMAS 2016: 21). Ihre Verbreitungsquote von aktuell rund 57% ist sogar trotz der guten Arbeitsmarktlage und der deutlichen Lohnzuwächse in den letzten Jahren wieder rückläufig (Bundesregierung 2016d: 132). Erschwerend kommt hinzu, dass sich die Betriebsrente in Form der sozialabgabenfreien Entgeltumwandlung in mehrfacher Weise negativ auf die gesetzliche Rente auswirkt. Denn durch die sozialabgabenfreie Entgeltumwandlung fällt die gesetzliche Rente entsprechend niedriger aus (ein sogenannter Kannibalismuseffekt). Die Betriebsrente muss also die zusätzliche Rentenlücke erst wieder ausgleichen, bevor sie einen echten Mehrwert für die Alterssicherung bringt. Die sozialabgabenfreie Entgeltumwandlung bewirkt zudem niedrigere Rentenanpassungen, sodass auch diejenigen Rentenbeziehenden belastet werden, die nicht von der beitragsfreien Entgeltumwandlung Gebrauch gemacht haben.

2. Das Gesamtkonzept zur Alterssicherung der Bundessozialministerin

Im November 2016 hat Bundessozialministerin Andrea Nahles ein Gesamtkonzept zur Alterssicherung vorgelegt. Darin stellt sie zunächst fest, dass sich die wirtschaftlichen und arbeitsmarktpolitischen Rahmenbedingungen im Vergleich zu 2001 wesentlich verbessert haben, das Verhältnis von kapitalgedeckter Zusatzvorsorge zur gesetzlichen Rentenversicherung überprüft werden muss und bestimmte Gruppen als besonders armutsgefährdet einzustufen sind (BMAS 2016: 5). Sodann unterbreitete sie Bausteine, mit denen die Alterssicherung verlässlicher gestaltet werden soll (ebd.: 23ff.). Die mit den Leistungsverbesserungen bei der Rente einhergehenden Mehrausgaben sollen aus höheren Beitrags- und Steuermitteln finanziert werden (ebd.: 43ff.).

Stärkung der gesetzlichen Rentenversicherung
Kernvorschlag zur Stärkung der gesetzlichen Rentenversicherung ist eine doppelte Haltelinie für das Rentenniveau und den Beitragssatz (ebd.: 24ff.). Für das Rentenniveau soll die Untergrenze von 46% netto vor Steuern über das Jahr 2020 hinaus beibehalten werden. Für den Beitragssatz soll die Obergrenze von 22% bis zum Jahr 2030 bestehen bleiben und eine Haltelinie von 25% bis zum Jahr 2045 gelten. Die Finanzierung die-

Was bringt das neue Rentenkonzept der Bundessozialministerin? 53

ser Haltelinien soll durch einen sogenannten Demografiezuschuss aus Steuermitteln erfolgen. Neben den Haltelinien sollen auch politische Leitlinien definiert werden.

Demnach soll durch geeignete wirtschafts- und sozialpolitische Maßnahmen erreicht werden, dass das Sicherungsniveau der Rentenversicherung dauerhaft auf dem heutigen Stand von rund 48% netto vor Steuern gehalten werden kann und der Beitragssatz nicht über 24% steigt. Weiterhin soll die gesetzliche Rentenversicherung durch eine Anhebung der Untergrenze der sogenannten Nachhaltigkeitsrücklage auf 0,4 Monatsausgaben besser gegen Konjunkturschwankungen abgesichert, der Übergang vom Erwerbsleben in den Ruhestand flexibilisiert und die Renten in den neuen Bundesländern vom 1. Juli 2018 an in sieben Schritten an das Westniveau angeglichen werden (ebd.: 30ff.).

Sicheres Netz für nicht idealtypisch verlaufende Erwerbsbiografien

Als sicheres Netz für nicht idealtypisch verlaufende Erwerbsbiografien schlägt die Bundessozialministerin zunächst vor, dass Rentnerinnen und Rentner nach langjähriger, sozialversicherungspflichtiger Beschäftigung mit einer gesetzlichen Solidarrente einen Zuschlag zur Rente erhalten, um ihnen ein regelmäßiges Alterseinkommen in Höhe von 10% über dem regionalen Grundsicherungsbedarf zu sichern (ebd.: 33ff.). Der Zuschlag soll einer »vereinfachten Einkommensprüfung«, aber keiner Vermögensanrechnung unterliegen.

Ferner will sie eine Verbesserung für erwerbsgeminderte Versicherte erreichen, indem die Betroffenen durch eine schrittweise Verlängerung der Zurechnungszeiten um drei Jahre so gestellt werden, als hätten sie bis zum vollendeten 65. Lebensjahr weitergearbeitet und Beiträge entrichtet (ebd.: 35f.). Schließlich will die Bundessozialministerin Selbständige in die gesetzliche Rentenversicherung einbeziehen (ebd.: 36f.). Ausnahmen sollen für Selbständige gelten, die bereits einem obligatorischen Alterssicherungssystem angehören, die bei Inkrafttreten der Reform das 40. Lebensjahr bereits erreicht haben oder geringfügig selbständig tätig sind. Für wirtschaftlich schwierige Zeiten soll es Beitragserleichterungen geben.

Stärkung der zusätzlichen Altersvorsorge

Zur Stärkung der Zusatzvorsorge schlägt die Bundessozialministerin zunächst vor, dass die Riester-Rente durch eine Erhöhung der Grundzulage attraktiver gemacht, die Möglichkeiten der Beitragsnachzahlung erweitert und die Kostenstrukturen transparenter gestaltet werden (ebd.: 40f.). Für die betriebliche Altersversorgung will sie unter anderem mit dem Sozialpartnermodell eine neue Zusageform einführen (ebd.: 38ff.). So sollen die Tarifpartner künftig unter bestimmten Voraussetzungen Betriebsrenten ohne Arbeitgeberhaftung vereinbaren können. Schließlich schlägt die Bundessozialministerin vor, einen Teil der Einkünfte aus einer freiwillig angesparten Altersvorsorge von der Anrechnung bei der Grundsicherung im Alter und bei Erwerbsminderung freizustellen (ebd.: 41). Mit einem solchen Rentenfreibetrag, der aus einem Sockelbetrag in Höhe von 100 € und einem prozentualen Erhöhungsbetrag von 30% der überschießenden Einkünfte bestehen soll, sollen insbesondere Anreize für die Riester- und die Betriebsrente geschaffen werden.

3. Zusammenfassende Bewertung

Die Vorschläge der Bundessozialministerin stellen kein Gesamtkonzept gegen Altersarmut dar, beinhalten aber erhebliche Leistungsverbesserungen für die gesetzliche Rentenversicherung. Gleichzeitig können mit ihnen zentrale Armutsrisiken verringert werden. Bemerkenswert ist dabei, dass das Konzept auch die voraussichtlichen Kosten offenlegt und Vorschläge für ihre Finanzierung unterbreitet. Ein Teil der Vorschläge, wie etwa zur Flexi-Rente, zur Betriebsrente oder zum Rentenfreibetrag, wurde bereits auf den Weg gebracht. Ein weiterer Teil der Vorschläge, wie etwa zur Rentenangleichung Ost oder zur Erwerbsminderungsrente, soll noch vor der Bundestagswahl 2017 verabschiedet werden. Ein dritter Teil der Vorschläge, wie etwa zum Rentenniveau oder zur Solidarrente, werden vor der Bundestagswahl 2017 wohl nicht mehr realisiert.

Die Haltelinie beim Rentenniveau ist ein Kompromiss

Die vorgeschlagene Haltelinie beim Rentenniveau bleibt hinter der Forderung von Gewerkschaften sowie Sozial- und Wohlfahrtsverbänden zurück. So hat die Arbeiterwohlfahrt auf ihrer Bundeskonferenz im November 2016 bekräftigt, dass das Rentenniveau stabilisiert und schritt-

Was bringt das neue Rentenkonzept der Bundessozialministerin? 55

weise auf ein lebensstandardsicherndes Niveau zurückgeführt werden müsse (AWO 2016b). Für eine Stabilisierung des Rentenniveaus müssten die Renten allerdings ohne Kürzungsfaktoren angepasst werden und für eine Wiederanhebung des Rentenniveaus sogar stärker steigen als die Löhne (Hoenig 2014: 59f.). So weit geht die Bundessozialministerin nicht. Vielmehr will sie das Rentenniveau in den kommenden Jahren um zwei weitere Prozentpunkte auf 46% netto vor Steuern sinken lassen. Trotzdem verdient ihr Vorschlag insoweit Anerkennung, als erstmals seit der Rentenreform 2001 eine amtsführende Bundessozialministerin die seinerzeit gesetzlich verankerten Beitragssatzziele zugunsten eines besseren Rentenniveaus infrage stellt und gleichzeitig einen neuen Kompromiss zwischen einem höheren Rentenniveau und bezahlbaren Rentenbeiträgen anbietet. Gegenüber der aktuellen Rechtslage bedeutet die Haltelinie beim Rentenniveau insoweit ein Mehr, als für die vorgeschlagene Ausweitung der Untergrenze von 46% netto vor Steuern über das Jahr 2020 hinaus ebenfalls Verbesserungen bei den Rentenanpassungen beschlossen werden müssten. Denn diese Untergrenze wird spätestens im Jahr 2027 unterschritten (Bundesregierung 2016c: 39).

Die Solidarrente ist ein Schritt in die richtige Richtung
Mit der Solidarrente soll ein Problem gelöst werden, auf das Sozial- und Wohlfahrtsverbände seit Langem hinweisen. So hat die Arbeiterwohlfahrt (AWO) auf ihrer Bundeskonferenz deutlich gemacht, dass Versicherte, die in die gesetzliche Rentenversicherung eingezahlt haben, über ein Alterseinkommen verfügen müssen, das oberhalb der Grundsicherungsschwelle liegt (AWO 2016a). Dies ist aktuell nicht der Fall. Denn durch die vollständige Anrechnung von gesetzlichen Renten bei der Grundsicherung, stellen sich Beziehende einer niedrigen Rente wirtschaftlich so, als hätten sie nie Rentenbeiträge gezahlt. Dies untergräbt die Legitimation der gesetzlichen Rentenversicherung.

Auf der anderen Seite stößt eine leistungsrechtliche Besserstellung von Geringverdienenden im Rentenrecht wegen des Äquivalenzprinzips auf systematische Grenzen (so zu Recht: BMAS 2016: 33). Das Dilemma zwischen Fürsorgeprinzip in der Grundsicherung und Äquivalenzprinzip in der Rentenversicherung will die Bundessozialministerin mit der Solidarrente als einer neuen Leistung außerhalb der beiden Systeme lösen. Ob die Solidarrente oder die von der AWO und anderen Verbänden geforderten Rentenfreibeträge (AWO 2014: 12) eine bessere Lösung darstellen, wird auch von der konkreten Ausgestaltung der Solidarrente abhängen.

Nur die Rentenversicherung bietet Selbständigen ausreichenden Schutz

Die vorgeschlagene Einbeziehung der Selbständigen in die gesetzliche Rentenversicherung weist gleichfalls in die richtige Richtung. Das bisweilen alternativ vorgeschlagene Wahlrecht für Selbständige zwischen einer privaten Altersvorsorge und der gesetzlichen Rentenversicherung stellt keine überzeugende Lösung dar. Gegen ein solches Wahlrecht spricht bereits, dass es keine angemessene Absicherung für diejenigen bietet, die mehrfach zwischen einer Selbständigkeit und einer abhängigen Beschäftigung wechseln.

Hinzu kommt, dass es erhebliche Wettbewerbsverzerrungen zulasten der Rentenversicherung zur Folge hätte, wenn die private Altersvorsorge Selbständigen im fortgeschrittenen Alter oder mit besonderen gesundheitlichen Risiken keine bezahlbaren Angebote machen könnte. Ein Wahlrecht wäre mithin allenfalls denkbar, wenn es für alle Versicherten gelten würde und es in der privaten wie der gesetzlichen Rentenversicherung die gleichen Leistungen zu den gleichen Konditionen gäbe. Dem Risiko der Altersarmut infolge einer Selbständigkeit kann daher nur durch eine Absicherung aller in der gesetzlichen Rentenversicherung sachgerecht begegnet werden. Hier würden Selbständige nicht nur Zugang zu Alters- und Erwerbsminderungsrenten, sondern auch zu Rehabilitationsleistungen erhalten.

Die Verbesserungen für erwerbsgeminderte Versicherte sind mager

Dass die Bundessozialministerin einen weiteren Handlungsbedarf bei den Erwerbsminderungsrenten sieht, ist zu begrüßen. Ihr Vorschlag bleibt allerdings hinter den Erwartungen zurück. Zwar geht er insoweit weiter, als die AWO und die meisten anderen Verbände wegen des regelmäßig frühestmöglichen Beginns einer Altersrente bisher nur eine Verlängerung der Zurechnungszeit bis zum vollendeten 63. Lebensjahr gefordert haben. Andererseits wird die vorgeschlagene schrittweise Einführung zur Folge haben, dass die Verbesserungen nur sehr langsam bei den Betroffenen ankommen. Hinzu kommt, dass nur die Neurentnerinnen und -rentner von der Verlängerung profitieren würden und die dringend gebotene Abschaffung der Abschläge bei den Erwerbsminderungsrenten im Gesamtkonzept unberücksichtigt bleibt.

Der vorgeschlagene Rentenfreibetrag ist verfassungsrechtlich bedenklich
Der vorgeschlagene Anrechnungsfreibetrag in der Grundsicherung für Leistungen der freiwilligen Zusatzvorsorge ist verfassungsrechtlich bedenklich. Denn er schließt Rentenansprüche aus, die auf Pflichtbeiträgen in der gesetzlichen Rentenversicherung beruhen. Für diese Leistungen müsste ein solches Anrechnungsprivileg aber erst recht gelten, weil sie aus einem System stammen, in das die Versicherten zwangsweise eingebunden sind. Die Begrenzung des Anrechnungsprivilegs auf Leistungen der freiwilligen Zusatzvorsorge würde daher zu einer leistungsrechtlichen Entwertung der Pflichtversicherung führen. Zudem hätte sie erhebliche Gleichbehandlungsprobleme zur Folge. Diese würden sich bereits innerhalb der gesetzlichen Rentenversicherung zeigen, wenn Renten aus einer freiwilligen Versicherung teilweise von der Einkommensanrechnung freigestellt, Renten aus einer Pflichtversicherung hingegen vollständig angerechnet werden. Eine weitere verfassungsrechtlich relevante Ungleichbehandlung würde sich ergeben, wenn für die betriebliche Altersversorgung in Form der Entgeltumwandlung mit dem »Opting-Out-Modell« ein faktisches Pflichtsystem eingeführt wird und die daraus folgenden Leistungen– anders als die Leistungen aus Pflichtbeiträgen zur gesetzlichen Rentenversicherung – bei der Anrechnung in der Grundsicherung ebenfalls privilegiert werden.

4. Fazit

Nach den massiven Leistungsverschlechterungen in der gesetzlichen Rentenversicherung im letzten Jahrzehnt hat es jüngst wieder Leistungsverbesserungen gegeben, von denen viele Versicherte, Rentnerinnen und Rentner profitieren. Das Problem der steigenden Altersarmut besteht gleichwohl fort. Denn gegen die zentralen Ursachen von Altersarmut wurden immer noch keine ausreichenden Maßnahmen getroffen. Altersarmut ist kein unausweichliches Schicksal, sondern kann durch eine entsprechende Arbeitsmarkt- und Rentenpolitik vermieden werden. Hierzu ist ein Maßnahmenbündel erforderlich, das auf einen besseren Aufbau von Rentenansprüchen in der Erwerbsphase, höhere Leistungen in der Bezugsphase und eine Korrektur der Schnittstelle zwischen Rentenversicherung und Grundsicherung abzielt. Die Bundesregierung darf sich nicht auf ihren rentenpolitischen Erfolgen der 18. Legislaturperiode ausruhen, sondern muss das Problem der wachsenden Altersarmut ernst nehmen und entschlossen angehen. Das Gesamtkonzept zur Alterssicherung der Bundessozialministerin vom November 2016 stellt hierfür eine ausbaufähige Grundlage dar.

Literatur

AWO (2014): Rentenkürzungen stoppen, Altersarmut verhindern, Lebensstandard sichern! – Forderungen der Arbeiterwohlfahrt nach mehr Solidarität in der Alterssicherung. www.awo-informationsservice.org/uploads/media/AWO-Forderungen-Alterssicherung-2014.pdf (zuletzt aufgerufen am 16.12.16).

AWO (2016a): Antrag-Nr. 1.2.-01 »Altersarmut muss vermieden werden!« der Bundeskonferenz der Arbeiterwohlfahrt vom 25.-27.11.2016 in Wolfsburg.

AWO (2016b): Antrag-Nr. 1.2.-02 »Für ein besseres Rentenniveau« der Bundeskonferenz der Arbeiterwohlfahrt vom 25.-27.11.2016 in Wolfsburg.

Bäcker, Gerhard (2008): Altersarmut als soziales Problem der Zukunft?, in: Deutsche Rentenversicherung, Heft 4, S. 357-367.

Bäcker, Gerhard (2013): Erwerbsminderungsrenten = Armutsrenten. Ein vergessenes Problem?, in: WSI-Mitteilungen, Heft 8, S. 572-579.

Bäcker, Gehrhard/Schmitz, Jutta (2012): Altersarmut und Reformoptionen der Rentenversicherung (Teil 1), in: Soziale Sicherheit, Jahrgang 61, Heft 4, S. 125-134.

Bernsdorff, Norbert (2011): Einschnitte in das Rentenniveau – Der »additive« Grundrechtseingriff und das Bundesverfassungsgericht, in: Die Sozialgerichtsbarkeit, Jahrgang 58, Heft 3, S. 121-125.

Bönke, Timm/Faik, Jürgen/Grabka, Markus (2012): Tragen ältere Menschen ein erhöhtes Armutsrisiko? Eine Dekompositions- und Mobilitätsanalyse relativer Einkommensarmut für das wiedervereinigte Deutschland, in: Zeitschrift für Sozialreform, Jahrgang 58, S. 175-208.

BMAS (Bundesministerium für Arbeit und Soziales) (2016): Gesamtkonzept zur Alterssicherung. www.bmas.de/SharedDocs/Downloads/DE/Thema-Rente/gesamtkonzept-alterssicherung-detail.pdf;jsessionid=5E825D9FBDD90A5CFA1 AAFC3B6E32570?__blob=publicationFile&v=8 (zuletzt aufgerufen am 4.1.17).

Bundesregierung (2013): Deutschlands Zukunft gestalten – Koalitionsvertrag zwischen CDU, CSU und SPD. www.bundesregierung.de/Content/DE/_ Anlagen/2013/2013-12-17-koalitionsvertrag.pdf?__blob=publicationFile&v=2 (zuletzt aufgerufen am 4.1.17).

Bundesregierung (2016a): Deutsche Nachhaltigkeitsstrategie – Neuauflage 2016. Entwurf vom 30.5. www.bundesregierung.de/Content/DE/StatischeSeiten/

Was bringt das neue Rentenkonzept der Bundessozialministerin? 59

Breg/Nachhaltigkeit/0-Buehne/2016-05-31-download-nachhaltigkeitsstrategie-entwurf.pdf?__blob=publicationFile&v=4 (zuletzt aufgerufen am 4.1.17).
Bundesregierung (2016b): 5. Armuts- und Reichtumsbericht, Bundesministerium für Arbeit und Soziales. Entwurf vom Dezember.
Bundesregierung (2016c): Bericht der Bundesregierung über die gesetzliche Rentenversicherung, insbesondere über die Entwicklung der Einnahmen und Ausgaben, der Nachhaltigkeitsrücklage sowie des jeweils erforderlichen Beitragssatzes in den künftigen 15 Kalenderjahren (Rentenversicherungsbericht 2016), in: Bundestags-Drucksache 18/10570.
Bundesregierung (2016d): Ergänzender Bericht der Bundesregierung zum Rentenversicherungsbericht 2016 (Alterssicherungsbericht 2016) und Sondergutachten des Sozialbeirats zum Rentenversicherungsbericht 2016 und zum Alterssicherungsbericht 2016, in: Bundestags-Drucksache 18/10571.
BVerfG (2014): Beschluss des Bundesverfassungsgerichts vom 3.6.2014, 1 BvR 79/09, www.bundesverfassungsgericht.de/SharedDocs/Entscheidungen/DE/2014/06/rk20140603_1bvr007909.html (zuletzt aufgerufen am 7.1.17).
Deutsche Rentenversicherung (DRV) Bund (2016): Rentenversicherung in Zeitreihen 2016, Berlin.
Hoenig, Ragnar (2014): Für eine Rückkehr zur lebensstandardsichernden Rente, in: Soziale Sicherheit, Jahrgang 63, Heft 2, S. 56-61.
Hoenig, Ragnar/Kuhn-Zuber, Gabriele (2012): Recht der Grundsicherung – Beratungshandbuch SGB II, 1. Aufl., Baden-Baden.
Märtin, Stefanie/Zollmann, Pia (2013): Erwerbsminderung – ein erhebliches Armutsrisiko, in: Informationsdienst Soziale Indikatoren, S. 1-5.
Mika, Tatjana/Lange, Janine (2014): Auswirkungen der Einführung der Pflichtbeitragszeiten aus Arbeitslosengeld II auf den Rentenzugang wegen Erwerbsminderung und Alters, in: RVaktuell, Heft 2, S. 38-43.
Pimpertz, Jochen (2013): Gegen Alarmismus und Bagatellisierung – empirische Befunde zur Altersarmut und wirtschaftspolitische Empfehlungen, in: Sozialer Fortschritt, Jahrgang 62, Heft 10-11, S. 274-281.
Rothgang, Heinz/Unger, Rainer (2013): Auswirkungen einer informellen Pflegetätigkeit auf das Alterssicherungsniveau von Frauen, in: FNA-Journal Heft 4.
Rürup-Kommission (2003): Bericht der Kommission für die Nachhaltigkeit in der Finanzierung der sozialen Sicherungssysteme vom August 2003. Hrsg. vom Bundesministerium für Gesundheit und Soziales, Berlin.
Sachverständigenrat zur Begutachtung der gesamtwirtschaftlichen Entwicklung (2016): Jahresgutachten 2016/17, in: Bundestags-Drucksache 18/10230.
Schmähl, Winfried (2014): Der Paradigmenwechsel in der Alterssicherungspolitik: Die Riester-Rente von 2001 – Entscheidungen, Begründungen, Folgen, in: Soziale Sicherheit, Jahrgang 60, Heft 12, S. 405-414.

Cansu Özdemir / Deniz Celik
Generationengerechtigkeit nur über die soziale Gerechtigkeit!

In den Debatten um die Zukunft des Sozialstaates und der Alterssicherung ist immer wieder vom Konzept der Generationengerechtigkeit die Rede. Dabei wird mit dem Hinweis auf einen vermeintlichen Generationskonflikt zwischen Alt und Jung[1] die Forderung nach mehr Gerechtigkeit und Solidarität zwischen den Generationen erhoben. Dies wird auch damit begründet, dass aufgrund des demografischen Wandels die Anzahl der Alten immer weiter wachse und die Lasten für die Jungen und zukünftigen Generationen nicht länger tragbar seien.

In den Medien wird der demografische Wandel in regelmäßigen Abständen zu einem wahren Katastrophenszenario verdüstert und dabei ein Konflikt zwischen den Generationen konstruiert, in welchem die heutigen gut situierten Alten die malochende junge Generation ausbeuten. Es ist immer wieder die Rede von der Rentnerdemokratie, von der Herrschaft der Alten über die Jungen. Weil die jüngere Generation keine Aussicht auf eine ähnlich gute Alterssicherung in der Zukunft habe, würden sie in doppelter Hinsicht belastet. Zum einen müssten sie aufgrund des sinkenden Rentenniveaus bei der gesetzlichen Rentenversicherung für die private Altersversorgung sparen und zum anderen immer mehr Rentner versorgen. Das Rentensystem drohe zu kollabieren, wenn immer weniger Beitragszahler immer mehr Rentner versorgen müssen. Deshalb müsste die gesetzliche Rente an die demografische Entwicklung und die steigende Lebenserwartung angepasst werden.

Das Konzept der Generationengerechtigkeit ist im ökologischen Kontext durchaus plausibel und berechtigt. In den Debatten um die Zukunft der Alterssicherung wird dieses Konzept aber einfach aus seinem theoretisch sinnvollen Kontext herausgelöst, politisch instrumentalisiert und für eine neoliberale Rhetorik des Sozialabbaus genutzt. Dabei wird der

---

[1] Im Text werden die Begriffe Generation und Generationengerechtigkeit entsprechend dem rein chronologischen Konzept der temporalen und intertemporalen Generationengerechtigkeit verwendet. Siehe Tremmel 2003: 32.

intergenerationellen, überzeitlichen Gerechtigkeit gegenüber der gegenwärtigen sozialen Gerechtigkeit eine höhere Priorität eingeräumt (Heubach 2008: 1). Um Akzeptanz für die Reformpläne zum Ab- bzw. Umbau des Sozialstaates, wie z.b. die Rente mit 67 oder die Abkoppelung der Renten von der Lohnentwicklung, bei den Betroffenen zu erzielen, erleben allgemein gültige Gerechtigkeitsvorstellungen im Diskurs eine Bedeutungswandlung bzw. -verschiebung: »Der dominierende Gerechtigkeitsbegriff wurde in mehrfacher Hinsicht modifiziert; sein Inhalt verschob sich von der sozialen Gerechtigkeit zur Chancengleichheit, von der Verteilungs- zur ›Beteiligungsgerechtigkeit‹ ... und von der sozialen zur ›Generationsgerechtigkeit‹ ... Es geht darum, Gerechtigkeit nur noch horizontal, nicht mehr vertikal (im Sinne der Umverteilung von oben nach unten) zu denken und ihr damit jeden gesellschaftskritischen Stachel zu nehmen.« (Butterwege 2006: 47) Die politischen Reformen, die dazu beitragen, die soziale Ungleichheit zu vergrößern, werden mit einer vermeintlichen Solidarität zwischen den Generationen legitimiert. Es sei ein Gebot der Gerechtigkeit, dass die Renten gekürzt bzw. die Beiträge gesenkt werden. So etwa wurden die großen Einschnitte der Jahre 2001 und 2004 bei der gesetzlichen Rente mit der Generationengerechtigkeit begründet.

Die Debatte um den demografischen Wandel und die Konzentration auf die Frage der Gerechtigkeit unter den Generationen erfüllt die Funktion, die sich verschärfenden Verteilungskämpfe zu einem »Generationskrieg« umzudeuten und verdeckt damit die eigentlichen Gerechtigkeitsfragen (Butterwege 2006: 47).

Die reichsten 10% sind in Deutschland deutlich reicher als in den meisten anderen OECD-Staaten. Sie verfügen laut einer OECD-Studie über 60% der Vermögen, während die ärmsten 60% lediglich auf 6% des gesamten Vermögens kommen.[2] Einer wachsenden Anzahl von Menschen, die schon im Kindesalter arm sind und früh marginalisiert werden, stehen die Menschen gegenüber, die großen Reichtum erben und sich deshalb kaum Gedanken über ihre Alterssicherung in der Zukunft machen müssen. Indem das Vermögen von Generation zu Generation weitergegeben wird, reproduziert sich soziale Ungleichheit.

---

[2] Siehe die OECD-Studie: www.oecd-ilibrary.org/employment/in-it-together-why-less-inequality-benefits-all_9789264235120-en (zuletzt aufgerufen am 28.2.2017).

Unabhängig von der Verteilungsgerechtigkeit sieht es in Deutschland auch im Hinblick auf die Chancengerechtigkeit ziemlich düster aus. Noch immer ist der Bildungserfolg von Kindern stark von der sozialen Herkunft abhängig. Ein Grund hierfür liegt im gegliederten Schulsystem. Kaum ein anderes OECD-Land selektiert seine SchülerInnen so früh und nachhaltig nach unterschiedlichen Bildungsgängen wie Deutschland.[3] Die mangelnde Chancengleichheit, ungleiche Vermögensteilung und die damit verbundene soziale Polarisierung verlaufen quer durch alle Altersklassen und Generationen. »Die wahren Gerechtigkeitsprobleme spielen sich nicht zwischen, sondern innerhalb der Generationen ab, nicht zwischen alt und jung, sondern zwischen arm und reich. Intra- nicht intergenerationell geht die Schere auf – mit zunehmender Tendenz.« (Von Lucke 2003: 1056) Aus diesem Grund ist das Konstrukt von einheitlichen, homogenen Generationen geradezu unsinnig. Ein Diskurs über Generationengerechtigkeit, die in erster Linie Solidarität für die jungen und zukünftigen Generationen einfordert, aber zu der wachsenden Ungleichheit innerhalb der Generationen schweigt, ist kaum glaubwürdig und steht im Verdacht, die jetzigen und zukünftigen Besitzstände zu verteidigen.

Produktivität schlägt Demografie

Mit dem demografischen Wandel und der Überalterung der Gesellschaft werden Leistungseinschränkungen bzw. Reformen bei der gesetzlichen Rente gerechtfertigt. Dabei wird in den Debatten um die Zukunft der Rente häufig verschwiegen, dass aufgrund der jährlich steigenden Produktivitätszuwächse immer weniger arbeitende Menschen von Jahr zu Jahr immer größeren Reichtum in diesem Land produzieren. Daher gibt es auch keinen demografischen Grund für Rentenkürzungen. Trotz eines wachsenden Anteils Älterer an der Bevölkerung können steigende Renten finanziert werden, wenn der immer größer werdende Reichtum infolge der steigenden Arbeitsproduktivität gerechter verteilt werden würde.

---

[3] Siehe Studie der Friedrich-Ebert-Stiftung »Soziale Herkunft und Bildungserfolg«: http://library.fes.de/pdf-files/studienfoerderung/12727.pdf (zuletzt aufgerufen am 28.2.17).

Generationengerechtigkeit nur über die soziale Gerechtigkeit! 63

Die gesetzliche Rente hat seit ihrer Einführung vor 125 Jahren Inflationen, Währungsreformen, die Weltwirtschaftskrise im Jahr 1929 sowie zwei Weltkriege überstanden. Im Vergleich zur Prognose für die kommenden Jahre besaß der viel beschworene demografische Wandel in der Vergangenheit eine viel stärkere Dynamik – ohne dabei für die umlagefinanzierte Rente eine ernsthafte Bedrohung darzustellen. Während 1871 noch im Durchschnitt 11,2 Beschäftigte für einen Rentner bzw. eine Rentnerin aufkommen mussten, waren es 1950 nur noch 6,1 und 1980 3,7 Beschäftigte. Im Vergleich finanzieren laut der aktuellen 13. Bevölkerungsvorausberechnung[4] heute drei Beschäftigte im Alter zwischen 20 und 65 einen Rentner ab 65 Jahren, 2040 werden 1,8 und 2060 nur noch 1,6 Beschäftigte für einen Rentner aufkommen müssen.

Auch die Lebenserwartung wird in den nächsten Jahrzehnten wesentlich bescheidener ansteigen als im historischen Rückblick. Im letzten Jahrhundert stieg diese um mehr als 30 Jahre. Dagegen rechnet das Statistische Bundesamt bis 2060 lediglich mit einem Anstieg der Lebenserwartung von sechs bis neun Jahren. Die Prognosen geben mitnichten einen Anlass für Panikmache.

Die Zahlen belegen, dass der demografische Wandel im historischen Rückblick, insbesondere nach dem Zweiten Weltkrieg, wesentlich dramatischer war als die für die nächsten Jahre prognostizierte demografische »Katastrophe«. Diese Entwicklung hat nicht dazu geführt, dass die Renten nach dem Zweiten Weltkrieg gekürzt wurden – im Gegenteil, sie sind sogar gestiegen. Parallel dazu wurde der Sozialstaat in den 1960er und 70er Jahren massiv ausgebaut. Das war aufgrund der kontinuierlichen Zunahme der Arbeitsproduktivität und des Wirtschaftswachstums möglich.

Der Produktivitätsfortschritt erklärt auch, wie die Wirtschaft wachsen kann und höhere Einkommen erzielt werden können, auch wenn die Zahl der Erwerbstätigen stagniert oder schrumpft: Die durchschnittliche Arbeitszeit pro Kopf der Bevölkerung ist von 1.000 Arbeitsstunden jährlich in den 1960er Jahren aufgrund des höheren Anteils älterer Menschen und kürzerer Arbeitszeiten bis auf 700 Arbeitsstunden ge-

---

[4] www.destatis.de/DE/Publikationen/Thematisch/Bevoelkerung/VorausberechnungBevoelkerung/BevoelkerungDeutschland2060Presse5124204159004.pdf?__blob=publicationFile (zuletzt aufgerufen am 28.2.17).

schrumpft. Im gleichen Zeitraum ist das reale Bruttoinlandsprodukt pro Kopf von 13.000 Euro auf über 34.000 Euro gewachsen.

Der Anstieg der Arbeitsproduktivität nimmt in den letzten Jahrzehnten in allen Industrieländern beständig ab. Seit 1991 betrug das durchschnittliche Produktivitätswachstum in Deutschland 1,4% pro Jahr. Andererseits kann aufgrund von technischen Innovationen, wie z.B. durch die »digitale Revolution«, die Produktivität wieder deutlich ansteigen. Doch selbst wenn die Produktivität bis 2060 auf dem gegenwärtigen Niveau verharrt und die Bevölkerung im arbeitsfähigen Alter (20-65 Jahre) um 12 Millionen auf 38 Millionen schrumpft, wie das Statistische Bundesamt prognostiziert, ergibt sich ein realer Einkommenszuwachs von fast 70%: Das Bruttoinlandsprodukt der Bevölkerung pro Kopf steigt von 32.137 Euro (2010) auf 53.973 Euro (2060) (siehe ver.di 2016).

Nach den Berechnungen der Rürup-Kommission (BMGS 2003) wird die Arbeitsproduktivität im langfristigen Durchschnitt sogar mit 1,8% jährlich ansteigen, sodass das preisbereinigte Bruttoinlandsprodukt von 2002 bis 2040 von 1,98 Bio Euro auf dann 3,63 Bio Euro ansteigen wird. Da sich zudem die Bevölkerungszahl vermindert, wird das verteilbare Sozialprodukt pro Kopf sogar noch stärker ansteigen (von 24.200 Euro auf 46.500 Euro pro Jahr).

Sogar pessimistische Prognosen im Hinblick auf die Arbeitsproduktivität belegen, dass der Reichtum in Deutschland auch aufgrund der schrumpfenden Bevölkerung weiter anwachsen wird. Selbst bei steigenden Rentenbeitragssätzen würde das, was nach dem Abzug der Rentenbeiträge für die Beschäftigten übrig bleibt, von Jahr zu Jahr wachsen. Voraussetzung dafür ist aber, dass der Anstieg der Löhne nicht hinter die Entwicklung der Arbeitsproduktivität zurückfällt.

Die Prognosen für die demografische Entwicklung zeigen also auf, dass im Hinblick auf die gesetzliche Rente von einem Generationenkonflikt nicht die Rede sein kann. Die Debatten um Generationengerechtigkeit kaschieren vielmehr die Verteilungskonflikte zwischen Arbeit und Kapital, zwischen Arm und Reich.

Generationengerechtigkeit nur über die soziale Gerechtigkeit!

Verteilungsgerechtigkeit statt Generationengerechtigkeit?

Ob Jung oder Alt, alle Menschen haben ein Recht auf Altern in sozialer Absicherung. Die Finanzierung der gesetzlichen Rente könnte ohne Probleme finanziert werden, wenn alle Menschen in diesem Land an dem steigenden Reichtum teilhaben könnten. Denn der Reichtum in Deutschland war noch nie so groß wie in der Gegenwart.[5] Der größer werdende Kuchen wird jedoch ungerecht verteilt: Einige wenige kriegen immer größere Kuchenstücke, während die Mehrheit der Bevölkerung mit immer kleineren Stücken auskommen muss. Weil die Renten im Kern aus den Einkommen der abhängig Beschäftigten finanziert werden, ist die Rentenpolitik keine Generations-, sondern eine Verteilungsfrage. Wenn die Löhne und die Anzahl der Erwerbstätigen steigen, können im Alter auch höhere Renten ausgezahlt werden.

Die neoliberale Arbeitsmarktpolitik der vergangenen Jahre mit der Einführung von Hartz IV, der massiven Ausweitung des Niedriglohnsektors und der zunehmenden Prekarisierung durch Leih- und Zeitarbeit hat dazu geführt, dass die Verhandlungsmacht der Beschäftigten gezielt geschwächt wurde. Das hatte eine Umverteilung des Reichtums von unten nach oben zur Folge: Während die Unternehmens- und Vermögenseinkommen seit dem Jahr 2000 um satte 31,9% gestiegen sind, stagnieren die Nettolöhne und Gehälter der Beschäftigten nahezu mit plus 2,5%.

In der Nachkriegsgeschichte hatte der zunehmende Wohlstand dazu geführt, dass die Zukunftschancen für die nachfolgenden Generationen stetig gestiegen sind. Wenn jedoch in der Gegenwart viele junge Menschen die Sorge haben, dass es ihnen vermutlich schlechter als ihren Eltern gehen wird, dann sind nicht die Alten daran schuld, sondern die zunehmende Unsicherheit und Abstiegsängste unter den Beschäftigten infolge von Sozialabbau, Flexibilisierung und der Deregulierung des Arbeitsmarktes, die zum Anstieg von prekären und schlechter bezahlten Jobs geführt hat.

---

[5] Laut dem Statistischen Bundesamt ist das Bruttosozialprodukt je Einwohner in Deutschland von 19.754 Euro (1991) auf 37.988 Euro (2016) gestiegen: www.destatis.de/DE/ZahlenFakten/GesamtwirtschaftUmwelt/VGR/Inlandsprodukt/Tabellen/Volkseinkommen1925_pdf.pdf?__blob=publicationFile (zuletzt aufgerufen am 28.2.17).

Die Umverteilung zugunsten des Kapitals führt zugleich zu sinkenden Renten. Geringere Löhne im Niedriglohnsektor, gebrochene Erwerbsbiografien durch die Ausweitung von befristeten Beschäftigungsverhältnissen und ausbleibende Beitragszahlungen aufgrund von Arbeitslosigkeit werden zur weiteren Senkung der Rentenhöhen und zur Ausweitung der Altersarmut führen.

Die zunehmende soziale Ungleichheit verläuft innerhalb und quer zu den Generationen. Um auskömmliche Renten für die heutigen und zukünftigen Generationen sicherzustellen, muss der erwirtschaftete Wohlstand gerecht unter allen Menschen verteilt werden. Gerade die heutigen und zukünftigen Beschäftigten sind bzw. werden mehr denn je von prekären Arbeits- und Lebensverhältnissen bedroht werden, wenn nicht ein grundlegender Politikwechsel hin zu mehr Verteilungsgerechtigkeit eingeleitet wird.

Rentenkürzungen und Altersarmut treffen vor allem Jüngere

Die Kürzungen bei der gesetzlichen Rente durch neoliberale Reformen waren mit Sicherheit kein Beitrag zur Generationengerechtigkeit. Mit den Rentenreformen von 2001 und 2004 wurde die langfristig deutliche Absenkung des Rentenniveaus beschlossen und somit das Ziel der lebensstandardsichernden gesetzlichen Rente aufgegeben. Mit dem Hinweis auf das Konzept der Generationengerechtigkeit wurde festgelegt, den Anstieg der Beitragssätze bis zum Jahr 2030 auf 22% zu begrenzen, die Rente mit 67 Jahren einzuführen und das Rentenniveau langfristig auf 43% zu reduzieren. Die beschlossenen Rentenkürzungen bedeuten vor allem, dass die überwiegende Anzahl der jungen und künftigen Beschäftigten länger arbeiten und versuchen muss, die Vorsorgelücke durch private Altersvorsorge zu schließen. Profiteure der Teilprivatisierung der Renten sind Unternehmen, Banken und Versicherungen.

Die Absenkung des Rentenniveaus auf 43% ab dem Jahr 2030 wird vor allem nicht die jetzigen Rentnerinnen und Rentner treffen, sondern die Jahrgänge, die gegenwärtig oder noch nicht erwerbstätig sind. Während ein Beschäftigter mit einem Verdienst von 2.500 Euro Brutto heute mehr als 34 Jahre in die Rentenkasse einzahlen muss, müsste der gleiche Beschäftigte bei einem Rentenniveau von 43% bereits 38 Jahre in die Rentenkasse einzahlen, um eine Rente über der Grundsicherung zu

Generationengerechtigkeit nur über die soziale Gerechtigkeit!

erhalten. Aufgrund der Tatsache, dass jeder zweite sozialversicherte Beschäftigte weniger als 2.500 Euro erhält, droht Millionen von Menschen Altersarmut (ver.di 2016). Bereits jetzt nimmt die Altersarmut zu und in Zukunft droht ein dramatischer Anstieg. So hat sich die Anzahl der Empfängerinnen und Empfänger von Grundsicherung im Alter in den letzten zehn Jahren verdoppelt. Vor allem Frauen, Alleinerziehende, Langzeitarbeitslose und Migrant_innen sind stark gefährdet. Nach Einschätzung des Sozialverbands Deutschland (SoVD) wird es ab 2020 zu einer rasanten Zunahme der Altersarmut kommen und bis zu einem Viertel der Rentenbezieher werden zu Grundsicherungsempfänger_innen.

Vor diesem Hintergrund erfordert die Verwirklichung der Generationengerechtigkeit, dass auch die heutigen und zukünftigen Rentenbezieher lebensstandardsichernde Renten erhalten und das Maß an sozialer Sicherheit im Alter vorfinden wie die vorangegangenen Generationen. Dafür ist es notwendig, die gesetzliche Rente zu stärken: Das bisherige Rentenniveau muss wieder zügig auf 53% angehoben, die Dämpfungsfaktoren gestrichen und die Renten wieder an die Lohnentwicklung gekoppelt werden. Außerdem muss die Begrenzung des Anstiegs der Rentenbeiträge auf 22% aufgehoben werden, damit sich die Unternehmen als Arbeitgeber stärker an der Finanzierung beteiligen und ihrer Verantwortung für ihre Beschäftigten nachkommen können.

Auskömmliche Renten für alle sind bezahlbar, wenn sie einhergehen mit der sozialen Umverteilung des Reichtums von oben nach unten zur Bekämpfung der öffentlichen und privaten Armut. Deshalb müssen nicht nur die abhängig Beschäftigten, sondern alle Einkommensarten, wie z.B. Erträge aus Kapitalvermögen oder Einkünfte aus Vermietung und Verpachtung, zur Finanzierung der gesetzlichen Rente einbezogen werden. Denn die wahre Konfliktlinie innerhalb der Gesellschaft verläuft nicht zwischen Jung und Alt, sondern zwischen Arm und Reich. Aus diesem Grund darf nicht hingenommen werden, dass die Zukunft der Jungen auf dem Rücken der Alten erkauft wird. Außerdem erfordert Generationengerechtigkeit Investitionen in die öffentliche Infrastruktur und die sozialen Sicherungssysteme, um gute Lebensperspektiven für die jüngeren und zukünftigen Generationen zu schaffen. Dafür ist es notwendig, dass die Vermögenden in diesem Land durch eine gerechte Steuerpolitik viel stärker an der Finanzierung von Zukunftsinvestitionen beteiligt werden. Denn ohne eine Gerechtigkeit innerhalb der Generationen, kann die Gerechtigkeit zwischen den Generationen nicht verwirklicht werden.

Literatur

BMGS (Bundesministerium für Gesundheit und Soziale Sicherung) (2003): Nachhaltigkeit in der Finanzierung der Sozialen Sicherungssysteme. Bericht der Kommission, www.bmas.de/SharedDocs/Downloads/DE/PDF-Publikationen/c318-deutsch-fassung.pdf;jsessionid=A906C9F5DD0EDD0DB85B0F678E5CE69E?__blob=publicationFile&v=2 (zuletzt aufgerufen am 28.2.17).

Butterwege, Christoph (2006): Demografischer Wandel und Generationengerechtigkeit, www.christophbutterwegge.de/texte/Demografischer%20Wandel%20_Thesen.pdf (zuletzt aufgerufen am 28.2.16).

Heubach, Andrea (2008): Generationengerechtigkeit – Herausforderung für die zeitgenössische Ethik, Göttingen.

Tremmel, Jörg (2003): Generationengerechtigkeit – Versuch einer Definition, in: SRzG (Hrsg.): Handbuch Generationengerechtigkeit, München, S. 27-80.

ver.di (2016): Die gesetzliche Rente stärken. Gutes Leben im Alter ist möglich, Berlin, https://wipo.verdi.de/++file++582ebf38f1b4cd68ffa3cbdf/download/Wipo_Gutes-Leben-im-Alter.pdf (zuletzt aufgerufen am 28.2.17).

Von Lucke, Albrecht (2003): Generationengerechtigkeit als Kampfbegriff, in: Blätter für deutsche und internationale Politik, Ausgabe 9, S. 1055-1059.

Wer besonders gefährdet ist

Katja Karger
Auf Talfahrt: Warum Frauen von Altersarmut besonders bedroht sind

Die Erwerbstätigkeit ist ein wichtiger Ausgangspunkt für die gesellschaftliche Teilhabe. Eigenes Geld zu verdienen ist in der westlichen Welt gleichbedeutend mit Selbständigkeit, Unabhängigkeit und Selbstbestimmtheit. Am Einkommen werden gesellschaftlicher Status und Anerkennung gemessen. Deshalb ist die bezahlte Arbeit auch Gradmesser für die Gleichberechtigung von Frauen und Männern. Für Deutschland ist die Bilanz ernüchternd: Die seit Jahren gleich bleibenden 22% Lohnunterschied zwischen Männern und Frauen haben enorme Auswirkungen auf die Lebenssituation von Frauen. Besonders dann, wenn sie alt werden. Denn die Erwerbstätigkeit ist auch Ausgangspunkt für die Altersicherung. Das deutsche Rentensystem ist sehr erwerbszentriert, Anwartschaften werden in der Regel über bezahlte Arbeit erreicht. Die ist aber bei Frauen häufig ganz anders als bei Männern.

> Marianne ist 68 Jahre. Ihr Mann hat sie vor vielen Jahren verlassen, die Tochter lebt weit weg. Seit sie nicht mehr arbeitet, seit sechs Jahren nun schon, sucht sie eine sinnvolle Beschäftigung und damit auch sozialen Kontakt. Es gelingt ihr nur schwer. Mit ihren Kolleginnen kam sie gut zurecht, aber wenn sie abends den Laden schlossen, ging jede ihres Weges. Bis das Kind auszog, arbeitete sie nur wenige Stunden in der Woche, der Mann wollte einen geregelten Haushalt und vor allem hatten sie es doch nicht nötig: dass die Frau arbeiten geht. Aus den wenigen Stunden wurde eine Teilzeitstelle, mehr war bei dem Einzelhändler nicht drin. Heute muss sie mit ihrer Rente von 534 Euro jeden Cent umdrehen. Sie kann sich kaum den Kaffee beim Bäcker leisten; geschweige denn Geschenke zu Geburtstagen. Die Miete in Hamburg ist so teuer, dass sie einige Male über einen Umzug nachdachte. Aber jetzt noch? Mit 68? Sie schätzt das Schwätzchen beim Gemüsehändler und die Frau bei der Hamburger Sparkasse grüßt sie immer beim Namen. Wo soll sie denn hin? Und ist ihr wirklich geholfen, wenn es in der Nachbarschaft einen Seniorentreff gibt, bei dem sie sich nur noch älter fühlt?

Warum Frauen von Altersarmut besonders bedroht sind 71

Diese Fragen zeigen die Dringlichkeit, mit der wir die spezielle Situation von Frauen in der Gesellschaft und auf dem Arbeitsmarkt zur Kenntnis nehmen müssen. Denn weibliche Lebensverläufe sind weitaus häufiger als männliche von Fragmentierung, Wechsel, Erwerbspausen und Niedriglohn geprägt. Ein guter Grund, an dieser Stelle genauer hinzusehen.[1]

In den vergangenen Jahrzehnten ist die Bildung von Frauen immer besser geworden. So machen beispielsweise in Hamburg inzwischen mehr Frauen als Männer Abitur. Das schlägt sich allerdings kaum auf die berufliche Karriere nieder. Vielmehr ist die weibliche Berufstätigkeit von atypischer Beschäftigung, ungerechter Bezahlung und mangelnder Anerkennung geprägt. Immer noch bleiben Fürsorge, Haushalt und Kindererziehung überwiegend an ihnen hängen. Besonders interessant ist, dass, laut einer Untersuchung des Bundesfamilienministeriums, diese Arbeitsteilung auch bei jungen emanzipierten Paaren eintritt. Zwei wesentliche Faktoren scheinen hier maßgeblich zu sein: Das höhere Gehalt der Männer sowie eine weiterhin gültige traditionelle Rollenverteilung. Dies gilt ganz besonders im Westen der Bundesrepublik.[2] Erschwerend kommt hinzu, dass gesetzliche Rahmenbedingungen die atypische Beschäftigung von Frauen fördern und wenig Anreize zur Veränderung der Situation bieten.

Der Weg in die Altersarmut ist für Frauen häufig vorgezeichnet und beginnt bereits in der Schule. Die am niedrigsten bezahlten Grundschullehrerinnen (»kleinere Kinder, kleinere Gehälter«[3]) sind zu 90% Frauen. Am Gymnasium, der höchsten Gehaltsstufe, lehren nur noch 58% Frauen. Trotzdem haben Frauen ihre Bildungschancen mit der Demokratisierung und Ausweitung der Bildung in den 1970er Jahren genutzt: 53% der Hamburger Abiturienten und fast 50% der Studierenden an den Hamburger Hochschulen sind Frauen. Allerdings fällt die Vertei-

---

[1] Alle folgenden Daten, sofern nicht anders angegeben, stammen von: Studie FrauenDatenReport Hamburg. Situation – Chancen – Perspektiven. Hrsg. vom DGB Bezirk Nord, Januar 2016 (abrufbar unter: http://hamburg.dgb.de/presse/++co++38608c3a-e1e6-11e5-8681-52540023ef1a).
[2] Siehe Familienreport 2014, Bundesministerium für Familie, Senioren, Frauen und Jugend, S. 9-11, www.bmfsfj.de/blob/93784/e1e3be71bd501521ba 2c2a3da2dca8bc/familienreport-2014-data.pdf. Vgl. auch: Die Geforderte Generation – Ein Portrait der sozialen Mitte, Kompetenzbüro Wirksame Familienpolitik im BMFSFJ, Prognos AG, 2015, S. 10-11.
[3] Ein Slogan der Gewerkschaft Erziehung und Wissenschaft (GEW).

lung der Studienfächer auf: fast 70% der Frauen studieren sprach- und kulturwissenschaftliche Fächer, während Männer zu über 70% ingenieurs- und naturwissenschaftliche Fächer wählen. Warum gibt es so deutliche Unterschiede bei der Wahl des Studienfachs?

Der Einfluss traditioneller Geschlechterrollenbilder auf die Lebensgestaltung ist weiterhin groß. Während Frauen soziale und kommunikative Kompetenzen zugeschrieben werden, sind es bei Männern technische und naturwissenschaftliche. Diese Vorstellung wird permanent reproduziert, weitergegeben, verfestigt.[4] Die unterschiedliche Studienfächerwahl von jungen Frauen und Männern führt zu einer Fortsetzung der Geschlechtertrennung auf dem Arbeitsmarkt. Interessant daran ist, dass als politische »Korrekturmaßnahme« Frauen dazu bewegt werden sollen, mehr MINT-Fächer zu studieren – nicht aber, dass Männer häufiger Sprach- und Kommunikationsfächer belegen. Warum eigentlich? Wer übt hier die Definitionshoheit darüber aus, was das »Richtige« ist? Die jahrhundertealte Wahrnehmung von Frauen als Mangelwesen bricht sich auch heute noch Bahn. Das Argument des Arbeitsmarktes zieht übrigens nicht: Wir brauchen in der Pflege, der Erziehung, der dienstleistenden Versorgung genauso viele Beschäftigte wie in Industrie und Maschinenbau. Männer beschäftigen Männer?

Wie eine Analyse des Instituts für Arbeitsmarkt- und Berufsforschung (IAB) belegt, halten sich berufliche Frauen- und Männerdomänen.[5] Während Frauen sich auf den Dienstleistungsbereich konzentrieren, liegen bei Männern technische und verarbeitende Berufe vorn. So zeigt auch der Blick in das Klassenzimmer einer Berufsschule: Bei medizinischen Gesundheitsberufen beträgt der Frauenanteil 94%, bei den technischen Berufen ist es genau andersherum.

Diese berufliche Geschlechtersegregation hat für Frauen fatale Folgen. Bereits während der beruflichen Ausbildung werden sogenannte Männerberufe besser bezahlt. 718 Euro erhalten männliche Azubis im Vergleich zu den weiblichen mit 689 Euro im Monat. Die Ausbildung zur Erzieherin wird in den ersten drei Jahren gar nicht bezahlt und Pflege-

---

[4] Lehrreich: ein Besuch in der Spielzeugabteilung eines Kaufhauses oder die Szenarien von Playmobil.

[5] Ann-Christin Hausmann/Corinna Kleinert: Berufliche Segregation auf dem Arbeitsmarkt: Männer- und Frauendomänen kaum verändert, IAB-Kurzbericht, 09/2014, Nürnberg.

Warum Frauen von Altersarmut besonders bedroht sind

fachkräfte müssen in der Regel Schulgeld mitbringen. Als ausgebildete Fachkräfte bekommen sie immer noch erheblich weniger Geld als ein vergleichbarer Industriearbeiter.

> Miriam ist Erzieherin. Sie liebt ihren Beruf. Kinder auf ihrem Entwicklungsweg zu begleiten, ist für sie eine große Freude. Aber auch eine große Herausforderung: Tag für Tag eine Gruppe mit 18 Kindern zu betreuen, das geht an die Substanz. Als sie in der Kita anfing, verdiente sie das übliche Einstiegsgehalt von rund 1.800 Euro brutto. Wenn sie lange genug dabei bleibt und einen der wenigen Leitungsposten ergattert, wird sie es zumindest auf maximal 3.100 brutto bringen. Die meisten Kolleginnen arbeiten in Teilzeit; viele von ihnen brauchen einen Zweitjob, um für das Alter vorzusorgen. Die Anerkennung ihrer Leistung spielt für Miriam eine große Rolle.

Allerdings braucht es nicht nur eine nachhaltige Aufwertung frauendominierter Berufe, sondern auch mehr Vielfalt bei der Berufswahl. Eine verbesserte Beratung für beide Geschlechter bereits in der Schule ist wesentlich; ebenso gendersensible Überprüfungen der Ausbildungsordnungen sowie die Institutionalisierung von *Girls and Boys Days*. Zudem brauchen Frauen in von Männern dominierten Berufen gezielte Fortbildungen und Coachings. Wie schwierig die Situation für Frauen in Männerberufen ist, zeigt die Untersuchung von Anne-Busch Heizmann, die einen massiven Drehtür-Effekt ausmacht: Frauen wechseln letztlich doch wieder in weiblichere Berufe. Anders als die Männer übrigens: diese werden in Frauenberufen häufig mit Aufstiegsmöglichkeiten belohnt.[6]

Durch gestiegene Bildungsmöglichkeiten und veränderte Wertesysteme sind Frauen heute stärker berufsorientiert als früher. In den vergangenen Jahrzehnten stieg der Anteil von erwerbstätigen Frauen kontinuierlich auf heute 71%. Leider sagt diese Quote sehr wenig aus über die tatsächliche Teilhabe von Frauen an der Berufswelt. Zwar schrumpft das Alleinverdiener-Modell, sodass »nur noch« in jedem fünften Hamburger Haushalt der Mann die finanzielle Absicherung alleine stemmt. Allerdings bleibt es bei der ungerechten Verteilung des Arbeitsvolumens: In der sogenannten Familienphase zwischen 24 und 35 Jahren ist die

---

[6] Anne Busch-Heizmann: Frauenberufe, Männerberufe und die Drehtür, in: WSI-Mitteilungen 8/2015, S. 571-582.

Erwerbstätigkeit von Frauen um 25% geringer als bei Männern und die Teilzeitquote steigt auffällig um fast 50%. Frauen werden »Zuverdienerinnen«. Über 40% der Hamburgerinnen – sofern sie überhaupt sozialversicherungspflichtig beschäftigt sind – arbeiten in Teilzeit. Die Männer Hamburgs hingegen zu 87% in Vollzeit. Über die Hälfte der Frauen arbeitet in Teilzeit, damit sie Arbeit und Kinder miteinander vereinbaren können. Allerdings zeigt ein Blick auf die Altersstruktur, dass viele Frauen auch bei älteren Kindern aus der Teilzeitfalle nicht mehr hinausfinden. Ein Rechtsanspruch auf Rückkehr aus Teilzeit wäre für viele Frauen ein Schritt hin zu einer besseren finanziellen Absicherung im Alter.

Teilzeit gehört zu den atypischen Beschäftigungsarten wie Leiharbeit oder Minijobs. Trotz der guten Entwicklung auf dem Arbeitsmarkt nimmt die Beschäftigung im atypischen Bereich stetig zu. In der Bundesrepublik arbeiten gut 40% der Beschäftigten in einem solchen Verhältnis – bei den Frauen sind es 57%. In Hamburg sind 67% der atypisch Beschäftigten Frauen. Während die Leiharbeit überwiegend Männer betrifft, ist auch der Minijob eine Frauendomäne. Der Minijob ist eine schlechtere Fortentwicklung der Teilzeitbeschäftigung und liegt mit 450 Euro zudem meist im Niedriglohnbereich.

Hinzu kommt, dass hier in der Regel keinerlei Sozialversicherungsbeiträge anfallen. Frauen in Minijobs können kaum vorsorgen – weder für Arbeitslosigkeit noch für die Rente. Minijobs sind Sackgassen: Berufliche wie betriebliche Aufwärtsmobilität findet selten statt. Das ursprüngliche Ziel, eine Brücke in den Arbeitsmarkt und die sozialversicherungspflichtige Vollzeit zu sein, wird nicht erreicht. Stattdessen bleiben Frauen, häufig wider Willen, in dieser Form der Beschäftigung stecken.

Um die Situation zu verbessern, ist nicht nur eine verbesserte geschlechtersensible Arbeitsvermittlung notwendig. Es braucht gleichermaßen eine nachhaltige Reform der geringfügigen Beschäftigung, um auch für (kurze) Teilzeitarbeit eine soziale Absicherung ab der ersten Arbeitsstunde zu sichern. Ein möglicher Weg dorthin wäre die Erweiterung der gleitenden Arbeitszeit, das Ende der pauschalen Besteuerung von Minijobs sowie die konsequente Durchsetzung arbeitsrechtlicher Ansprüche. Es ist an der Zeit, dass sich weibliche Erwerbstätigkeit vom Zuverdienst-Image befreit.

Dazu wäre auch eine gesamtgesellschaftliche Diskussion über die Arbeitszeiten – ihre Verteilung sowie Verkürzung – dringend geboten. Familienministerin Manuela Schwesig schlug bereits die Familienarbeits-

Warum Frauen von Altersarmut besonders bedroht sind 75

zeit vor: 30/30 statt 40/20 wie bisher. Das männliche Ernährermodell muss durch mehr Gleichberechtigung ersetzt werden.

Ganz besonders von Armut gefährdet sind Mütter, deren Beziehung gehalten hat. 62.000 alleinerziehende Frauen leben in Hamburg. Damit hat fast jede vierte Familie in Hamburg mit Kindern unter 18 Jahren einen alleinerziehenden Haushaltsvorstand. 90% der Alleinerziehenden in Hamburg sind weiblich. Sie bilden zu 56% die Bedarfsgemeinschaften nach SGB II – also Hartz IV. Die Zahl der Hilfsbedürftigen unter ihnen liegt mit 41% knapp über dem Bundesdurchschnitt. Die Arbeitslosenquote beträgt 10% (Hamburg insgesamt aktuell 6,8%), und selbst wenn sie arbeiten und Geld verdienen, hat ein Drittel der erwerbstätigen Alleinerziehenden unter 1.500 Euro im Monat.

Nach zwanzig Jahren Erziehungszeit verbessert sich für die meisten Frauen auch nach Auszug der Kinder die Lebenslage in der Regel kaum. Viele verlieren den Anschluss an die Berufstätigkeit und ihre berufliche Bildung ist veraltet. Diese Frauen brauchen eine spezielle Förderung durch staatliche Institutionen, zudem Ausbildungs- und Weiterbildungsprogramme, die mit den Kindern vereinbar sind. Sie brauchen aber auch viel mehr Arbeitgeber, die Müttern eine Chance geben und keine starre Anwesenheitspflicht erwarten.

Nicht zuletzt ist eine zuverlässige Kinderbetreuung eine notwendige Voraussetzung, um Frauen eine existenzsichernde Beschäftigung zu ermöglichen. Hamburg hat das Recht auf einen kostenlosen Kitaplatz 2014 eingeführt. Die Betreuungszeit beträgt bis zu fünf Stunden, und auch, wenn das ein richtig guter Ansatz ist, so bleibt doch die Gefahr, dass diese zeitliche Einschränkung wieder nur Teilzeit- und Mini-Beschäftigung der Frauen begünstigt. Die Behörde für Arbeit und Soziales hat für 2017 eine Untersuchung angekündigt, inwieweit die kostenlosen Kita-Plätze die Erwerbsmöglichkeiten von Frauen erhöhen. Auf das Ergebnis können wir gespannt sein – viele Indizien weisen darauf hin, dass das Angebot zwar sehr gut genutzt wird, allein aber nicht ausreichend ist. Frauen brauchen ein Einkommen, das finanzielle Unabhängigkeit und Existenzsicherung bedeutet. Jahrzehnte in Teilzeit oder Minijob verstärken nicht nur die latente Abhängigkeit vom Gehalt des Mannes, sondern sind Garant für ein Alter an der Armutsschwelle oder darunter. Weiblicher Lohn muss künftig nicht nur den kurzfristigen Bedarf decken, sondern für eine langfristige Perspektive sorgen. Zeiten von Erwerbslosigkeit, Krankheit oder Alter müssen verlässlich abgesichert sein. Das ist für Frauen besonders schwierig. Bundesweit sind zwei Drittel der Frauen nicht in der Lage, ihre langfristige Existenz zu sichern. Bereits bei der Abdeckung des unmittelbaren Bedarfs scheitert ein Drittel der Frauen. Auch wenn die Lohnlücke zwischen den Geschlechtern in den vergangenen Jahren vor allem im Bereich der Vollzeitbeschäftigung gesunken ist: In Hamburg bekommen Frauen im Jahr 2013 immer noch im Schnitt 711 Euro weniger als ihre männlichen Kollegen. Der große Unterschied erklärt sich im Wesentlichen durch die geschlechtsspezifischen Tätigkeitsschwerpunkte. Auch die geringen Arbeitszeiten und die damit häufig verbundenen erschwerten Aufstiegsmöglichkeiten tragen ihren Anteil am niedrigeren Lohnniveau. Nicht zuletzt arbeiten Frauen seltener in Betrieben mit Tarifbindung – und Tarifverträge haben einen nachweisbar positiven Effekt auf die Gleichbehandlung.

Deswegen ist es die richtige Initiative der Familienministerin Schwesig, eine Lohntransparenz über das Entgeltgleichheitsgesetz in den Betrieben auf den Weg zu bringen. Nur wenn Gehaltsgruppen und Tätigkeiten transparent sind, können Lohnunterschiede aufgrund des Geschlechts mindestens verringert, wenn nicht sogar ganz verhindert werden. Das wäre schlicht die konsequente Umsetzung des Grundgesetzes und des Allgemeinen Gleichbehandlungsgesetzes. Eine Konsequenz, die die Politik bisher schmerzlich vermissen lässt und die trotz guter Ansätze im Entgeltgleichheitsgesetz nicht ausreichend ist.

Unabhängig von der Beschäftigungsform erhalten Frauen in Hamburg einen durchschnittlichen Stundenlohn von 18,10 Euro, während Männer 24,10 Euro verdienen. Mit diesem Unterschied von 25% liegt Hamburg noch über dem Bundesdurchschnitt von 22%. Das liegt zum einen an dem insgesamt höheren Gehaltsniveau Hamburgs, vor allem aber an der extremen Spreizung der Einkommen: Während der Median des monatlichen Bruttoarbeitsentgelts der Vollzeitbeschäftigten in Westdeutschland bei 3.097 Euro liegt, sind es in Hamburg 3.380 Euro. Dem weiblichen Niedriglohn stehen ganz andere männliche Einkommen gegenüber.

Frauen sind heute so gut ausgebildet wie nie: Sie machen höhere und bessere schulische Abschlüsse, besuchen öfter das Gymnasium, erlangen häufiger das Abitur als Männer und beginnen genauso oft ein Studium. Der schulische Erfolg spiegelt sich allerdings nicht gleichermaßen in der beruflichen Karriere wider. Frauen arbeiten weitaus häufiger in schlecht bezahlten Dienstleistungsberufen und in atypischer Beschäftigung. Hinzu kommt die große Anzahl an Frauen, die in tradierten Rollenmustern verbleiben und sich nahezu ausschließlich auf Kindererziehung und Pflege konzentrieren. Diese Situation hat weitreichende Auswirkungen auf die soziale Absicherung im Alter. Der große Lohnunterschied von Frauen und Männern setzt sich im Alter fort. Die Rentenlücke, der sogenannte *Gender Pension Gap*, beträgt in Westdeutschland 43%.[7] In Ostdeutschland 12% – die stärkere Erwerbsbeteiligung von Frauen im Osten macht den Unterschied, aber auch die gleichbleibend niedrigen Renten der Männer. In Zahlen bedeutet das: Die durchschnittliche gesetzliche Rente einer Frau im Westen beträgt 635 Euro, ein Mann bekommt 1.014 Euro.

Martina hat 40 Jahre als Köchin gearbeitet. Mit 1.943 Euro im Monat bekäme sie bei einem Rentenniveau von heute 47,9% 755 Euro Rente. Wenn die Absenkung des Niveaus wie geplant beibehalten würde, hätte sie bei 43% nur noch 677 Euro. Bei steigenden Lebenshaltungskosten.

Mit den Rentenreformen der 2000er Jahre wurde die gesetzliche Rente ausgehöhlt und die Alterssicherung auf drei Beine gestellt: die gesetzliche Rente, die aber nicht mehr der Lebensstandardsicherung dienen sollte; die Betriebsrente, die nicht allen Beschäftigten zugute kam; und die private Vorsorge, meist als Riester-Rente verkauft, diente vor allem den Versicherungsunternehmen. Wie wir an den obigen Beschreibungen der Lebens- und Arbeitssituationen von Frauen sehen können, sind Frauen von den Verschlechterungen der Rentenreform besonders betroffen. Ihr Einkommen ist, sofern vorhanden, so gering, dass sie wenig bis gar nicht in die gesetzliche Rente einzahlen und noch viel weniger eine private Vorsorge leisten können. Der überwiegende Teil der Frauen arbeitet in Betrieben ohne Tarifbindung, das bedeutet in der Regel auch, dass es dort keine betriebliche Altersvorsorge gibt. 8% der heute über 65-jährigen Frauen im Westen bekommt eine Betriebsrente in Höhe von durchschnittlich 246 Euro. Männer zu 31% in einer Höhe von 606 Euro.

Wenn wir genau hinsehen, wird die prekäre Lage der Frauen überdeutlich. Niedriglohn, Teilzeit, Erwerbsunterbrechungen oder mangelnde Vereinbarkeit von Beruf und Familie: diskriminierende Bedingungen in

---

[7] Nachfolgende Daten aus: frau geht vor, DGB Bundesvorstand, 04/16.

Ausbildung und Erwerbsleben führen Frauen in prekäre Beschäftigung mit geringem Einkommen. Darauf folgen Renten, die nicht zum Leben reichen. Deswegen muss die anhaltende Ungleichheit im Rentensystem aufgefangen werden. In der gesetzlichen Rentenversicherung kann ein Faktor für sozialen Ausgleich eingeführt werden. Außerdem ist die Aufwertung von Niedriglohn durch Mindestentgeltpunkte sinnvoll, mit dem die Rentenpunkte auf zumindest 75% des Durchschnitts angehoben werden. Die betriebliche Altersvorsorge muss durch gute und allgemeinverbindliche Tarifverträge abgesichert werden, damit alle etwas davon haben. Ohne die Stabilisierung des Rentenniveaus, was für die grundsätzliche Absicherung elementar wäre, wird all das aber nicht reichen.

Frauen haben dasselbe Recht auf eigenständige Existenzsicherung wie Männer – und damit ein auskömmliches Alterseinkommen. Um das zu erreichen, ist so viel Nachteilsausgleich im Rentensystem zu schaffen wie nötig, und gleichzeitig muss die gleichberechtigte Teilhabe am Arbeitsmarkt gewährleistet werden. Die hier gezeigte spezielle Situation von Frauen und ihre Gefahr der Altersarmut bestätigt die dringende Notwendigkeit, nicht nur die aktuelle Arbeitsmarktpolitik massiv zu verbessern, sondern auch gleichstellungspolitische Aspekte in viel stärkerem Maße als bisher auf die Rente anzuwenden. Viele der prekär beschäftigten Männer würden ebenso davon profitieren.

Ursula Engelen-Kefer
Armutsfalle Minijobs

Im 5. Armuts- und Reichtumsbericht der Bundesregierung wird festgestellt: »Erfolgs- und Risikofaktoren sind in den verschiedenen Lebensphasen eines Menschen unterschiedlich. In den Augen der Bevölkerung ist Altersarmut besonders bedeutend. Mit der Ruhestandsphase steigt das Armutsrisiko aus Sicht der Bürgerinnen und Bürger deutlich. Insgesamt zwei von drei Befragten sehen in der Ruhestandsphase ein hohes oder sehr hohes Risiko, von Armut betroffen zu sein.« Allerdings heißt es dann weiter »Die Wahrnehmung steht damit im Widerspruch zu den empirischen Befunden ... Den maßgeblichen Kennziffern zufolge stellt Armut im Alter heutzutage für die große Mehrheit der Senioren kein drängendes Problem dar. Weder die Armutsrisikoquote noch die amtlich registrierte Bedürftigkeit sind im Vergleich zu anderen Altersgruppen auffällig.« (Bundesregierung 2017: 109f.)

Zweifellos ist derzeit Armut bei Arbeitslosigkeit, Niedriglöhnen, Familien und Kindern teilweise erheblich stärker ausgeprägt. Allerdings wird dies zu einem dramatischen Anstieg der Altersarmut führen. Wie seit Jahren erkennbar ist, besteht ein kumulierender Effekt zwischen der Absenkung des Niveaus der gesetzlichen Renten durch die Riester-Reformen 2001 und der Reregulierung auf dem Arbeitsmarkt im Zuge der Hartz-Gesetze von 2002/2003 bis zu Hartz IV 2005. Bereits jetzt ist festzustellen, dass Niedrigrenten unterhalb des Niveaus der Grundsicherung im Alter besonders stark zunehmen und sich von 2003 auf 2014 verdoppelt haben. Betroffen von Altersarmut sind bereits über 512.000 Menschen. Hinzuzurechnen ist die hohe Dunkelziffer der Älteren, die ihre Ansprüche auf Grundsicherung nicht geltend machen, da sie aus verschiedenen Gründen den Gang zum Sozialamt scheuen. Dazu stellt der Sozialverband Deutschland (SoVD) fest: »Wissenschaftliche Schätzungen kommen daher zu dem Ergebnis, dass in etwa noch einmal die gleiche Personenzahl unter die Kategorie der verschämten Altersarmut fallen könnte, sodass letztlich bis zu einer Million alte Menschen auf Grundsicherungsbezug angewiesen ist.« (SoVD 2016: 13) Und weiter heißt es: »Betroffen hiervon sind in überdurchschnittlichem Maße Frauen, vor allem infolge häufiger Unterbrechungen ihres Erwerbslebens für die Familientätigkeit und infolge geringerer Löhne.« (Ebd.: 5)

Rentenpakete – keine Lösung der Altersarmut

Die Mitte des Jahres 2014 von der Großen Koalition in Kraft gesetzten Reformen der gesetzlichen Rentenversicherung – Mütterrente und 63er-Regelung – bringen zwar erstmals seit Jahrzehnten wieder Verbesserungen. Allerdings sind die Chancen und Risiken ungleich verteilt, die steigende Gefährdung durch Altersarmut können sie nicht aufhalten. Vor allem haben sie eine weitere ungerechte Belastung der Rentenversicherung zur Folge, da sie vorwiegend aus Beiträgen zur gesetzlichen Rentenversicherung und nicht wie erforderlich aus Bundessteuern finanziert werden Dies gilt auch für die kürzlich beschlossene Angleichung der Ost- an die Westrenten. Ein richtiger, aber ebenfalls unzureichender Schritt ist die Anhebung der Zurechnungszeiten für die Erwerbsminderungsrenten auf 62 Jahre. Die überfällige Abschaffung der Abschläge ist wieder einmal nicht erfolgt. An dem dramatischen Abfall von bereits etwa einem Viertel der Erwerbsminderungsrenten unter das Grundsicherungsniveau wird sich nicht viel ändern.

Trotz dieser rentenpolitischen Verbesserungen werden sich Rentenleistungen und Rentenniveau weiter verringern. Die Nettorente vor Steuern – jetzt schon von 54% seit der Jahrtausendwende nach der Riester-Rentenreform auf 48% abgesenkt – wird bis 2030 auf etwa 44% und bis 2045 sogar auf 41,5% abfallen. Altersarmut und Armutsgefährdung werden weiter zunehmen – und dies bis weit in die Mitte der Gesellschaft hinein. Betroffen sind die Frauen in überdurchschnittlichem Ausmaß.

Zur Bekämpfung der Altersarmut stellt der SoVD folgende drei Kernforderungen:

- Ausbau von Beitragszahlungen zur gesetzlichen Rentenversicherung in der Erwerbsphase;
- Ausbau von Leistungen der gesetzlichen Rentenversicherung in der Rentenbezugsphase;
- Ausbau von Leistungen der Grundsicherung im Alter und bei Erwerbsminderung (ebd.: 25).

Im Folgenden werden einige Ausführungen zum ersten Forderungsbereich gemacht, die sich vor allem auf die geringfügige Beschäftigung nach SGB IV § 8 (Minijobs) konzentrieren.

Ausbreitung der Minijob-Unkultur

In kaum einem Bereich der Arbeitsmarkt- und Gesellschaftspolitik ist der Handlungsbedarf so groß wie bei den Minijobs und gleichzeitig die politische Blockade in Politik, bei den Tarifparteien und der Gesellschaft insgesamt so hartnäckig. Dabei handelt es sich nicht um einen Randbereich des Arbeitsmarktes, sondern betroffen sind mit über sieben Millionen ein Viertel der abhängig Beschäftigten. Nach der »Schleusenöffnung« 2003 infolge der Hartz-Gesetze hat sich die Zahl der Minijobs in Nebentätigkeit von 1,1 Mio. auf 2,6 Mio. oder über 9% mehr als verdoppelt. Hierbei ist der Anteil der Männer mit beinahe der Hälfte überdurchschnittlich hoch, während bei den etwa sechs Millionen Minijobs als alleinige berufliche Tätigkeit die Frauen mit über zwei Drittel überwiegen. Die Europäische Kommission hat in ihrem jüngsten Länderbericht Deutschland im Rahmen des Europäischen Semesters 2017 festgestellt: In Deutschland gebe es bisher keine Fortschritte bei der Einschränkung der geringfügigen Beschäftigung. Dies ist von der EU-Kommission immer wieder angemahnt, aber nicht umgesetzt worden. In ihrem Länderbericht 2017 richtet sie ihre Kritik und Empfehlungen vor allem auf die starke Zunahme der Zweitverdienste im Minijob. Sie moniert deutlich die erheblichen Fehlanreize, die hierdurch für den Arbeitsmarkt ausgehen. Ebenfalls verweist sie darauf, dass infolge der Einführung des gesetzlichen Mindestlohnes seit 2015 lediglich ein Rückgang der Minijobs um etwa 1% erfolgt sei. Es bleibe daher die Notwendigkeit, über zusätzliche Maßnahmen den Übergang in reguläre Beschäftigung zu fördern (EU-Kommission 2017: 14, 34, 65).

Sozial- und arbeitsmarktpolitisch höchst fragwürdig ist ebenfalls die steigende Zahl der Minijobs bei Arbeitnehmern in rentennahen Jahrgängen sowie Rentnern selbst. Ob Minijobs in den schlecht bezahlten Niedriglohnjobs der personenbezogenen Dienstleistungen – von der Toiletten-Reinigung bis zur Nachtarbeit in Garderoben – die freie Wahl der Betroffenen darstellen, ist erheblich infrage zu stellen. Oftmals haben sie keine andere Wahl, da besser abgesicherte und bezahlte Tätigkeiten nicht angeboten werden und sie infolge ihrer niedrigen Altersrenten auf einen Zuverdienst angewiesen sind. Schwer nachvollziehbar ist die wachsende Zahl von Minijobs in den Gesundheits- und Pflegeberufen, wo ständig der Fachkräftemangel beklagt wird – und mithin eher eine Ausweitung der Arbeitszeiten und eine bessere Entlohnung die logische Folge für die Personalpolitik sein müssten. Nach den Ergebnissen einer besonders aufschlussreichen Studie aus dem Bundesministerium für Familie, Senioren, Frauen und Jugend (BMFSFJ) ist noch klarer geworden, weshalb sich in der Bundesrepublik die »Minijob-Unkultur« derartig ausbreiten und dabei auch wechselnde politische Regierungskoalitionen überdauern konnte (BMFSFJ 2012). Es gibt kaum einen Bereich in der Arbeitsmarkt- und Gesellschaftspolitik, in der solche festgefügten »unheiligen« Allianzen gerade auch zwischen Arbeitgeber- und Arbeitnehmerseite bestehen. Zum einen spielt hierbei natürlich eine wichtige Rolle, dass mit mehr als zwei Dritteln der überwiegende Teil der Minijobber Frauen sind, die trotz Gleichstellungsgebot im Grundgesetz nach wie vor erhebliche Nachteile bei der Vereinbarkeit von Familie und Beruf durchleben. Zum anderen passen Minijobs nahtlos in das traditionelle Rollenmuster der Aufteilung der Pflichten in Familie und Beruf zwischen Männern und Frauen.

Beides verstärkt sich gegenseitig, sodass es immer schwerer wird, die gesellschaftspolitische Blockade der Minijob-Mauern zu durchbrechen. Frauen sind häufig an einer Arbeit mit weniger Arbeitsstunden interessiert, um ihre familiären Verpflichtungen erfüllen zu können. Dabei haben sie das herkömmliche Muster der Rollenaufteilung in der familiären Partnerschaft *verinnerlicht*. Ihre Arbeit und das Einkommen sind Zuverdienst und nicht zur eigenen beruflichen Entwicklung und Lebensexistenz ausgelegt. Eindeutig nachweisbar ist dies für den hohen Anteil der verheirateten Frauen in Minijobs. Bei den Jüngeren dürfte auch die zukünftige traditionelle Rollenaufteilung bedeutsam sein. Zudem haben sie die Erwartung, aus derartigen Minijobs in eine reguläre dauerhafte Beschäftigung zu kommen, was sich allerdings in der Realität – von Ausnahmen abgesehen – nicht bestätigt. Die Befreiung von eigenen Sozialversicherungsbeiträgen, die beitragslose Mitversicherung in der gesetzlichen Krankenversicherung sowie die Steuerfreiheit spielen für die besser verdienenden meist männlichen Partner eine dominierende Rolle, die Partnerinnen in die Minijobs zu drängen, wovon sich auch die Frauen leicht überzeugen lassen. Einen entscheidenden Einfluss darauf haben neben der Sozial- und Steuergesetzgebung also auch die männlichen Partner, die mit der traditionellen Rollenaufteilung ihren eigenen beruflichen Interessen besser nachkommen können, sowie das vorherrschende gesellschaftliche Umfeld, das sich immer noch maßgeblich an diesen Vorstellungen orientiert.

Armutsfalle Minijobs

Minijob-Falle statt Brücke

Der Katzenjammer ist vorprogrammiert. Wenn die Blütenträume von der Brückenfunktion der Minijobs oder der lebenslangen Versorgung durch einen gut verdienenden Partner geplatzt sind, ist es zu spät. Versehen mit dem Makel der dauerhaften Minijobberin, ist der Übergang in eine reguläre Teilzeit- oder Vollzeitbeschäftigung kaum mehr möglich. Außerdem halten weder Partnerschaften noch gute Arbeits- und Verdienstmöglichkeiten meist ein ganzes Leben lang. Gefangen in der Armutsfalle Minijobs sind vor allem viele Alleinerziehende, die – unabhängig von ihrer beruflichen Qualifikation – auf die geringerwertigen und schlecht bezahlten Beschäftigungsverhältnisse abgedrängt werden. Auch gelingt der Wiedereinstieg in den Arbeitsmarkt nach der Familienphase dann vielfach wieder nur über Minijobs. Vor allem sind die Minijobs eine Spirale rückwärts in der Gleichstellungspolitik: Die Abhängigkeit vom besserverdienenden Partner und der Klebeeffekt weitet sich auf das traditionelle Rollenmuster in Partnerschaft und Familie aus. Ist dann auch noch die Lebensplanung in der Partnerschaft zerstört, müssen viele Minijobberinnen Armut bei Arbeit und im Alter erleben.

Arbeitgeber sind Nutznießer

Bei 6,8 der erfassten 7 Millionen Minijobs im gewerblichen Bereich spielt die Wirtschaft hierbei natürlich auch eine wichtige Rolle. Die Arbeitgeber profitieren von dem flexiblen Einsatz der MinijobberInnen. Dies gilt zunächst einmal vor allem für berufliche Tätigkeiten mit geringen Qualifikationsanforderungen und leichter Austauschbarkeit der Beschäftigten – insbesondere im Reinigungsgewerbe, Handel, in der Gastronomie und vielen anderen personengebundenen Dienstleistungen – einschließlich der Gesundheits- und Pflegebranche. Seit der gesetzlichen Lockerung im Zuge der Hartz-Gesetze 2003 – vor allem der Wegfall jeglicher Begrenzung durch Höchstarbeitsstunden sowie die Abschaffung der Zusammenrechnung von Haupt- und Nebenjob bei der Bemessung der Sozialversicherungsbeiträge – hat die Anzahl der Minijobs einen kräftigen Sprung gemacht. Dies war und ist geradezu ein Anreiz, reguläre Teilzeit- und Vollzeitarbeit in geringfügige Beschäftigungsverhältnisse aufzuspalten.

Minijob-Nachteile bei Löhnen und Arbeitsbedingungen

Hinzu kommt der geringe Schutz der Betroffenen insbesondere durch Tarifverträge, Betriebsvereinbarungen, Gewerkschaften und Betriebs-/ bzw. Personalräte bei der Durchsetzung ihrer sozial- und arbeitsrechtlichen Ansprüche auf Lohnfortzahlung, Urlaubsdauer sowie Urlaubsgeld und sonstiger betrieblicher Sozialleistungen. Wie auch das Institut für Arbeitsmarkt und Berufsforschung (IAB) in einer umfangreichen Befragung 2015 feststellt, erfolgen häufig arbeits- und sozialrechtliche Umgehungen und Verletzungen, außerdem kennen die betroffenen MinijobberInnen ihre Rechte nicht bzw. sehen keine Möglichkeit, diese einzufordern (IAB 2015).

Nach Abzug von Schülern, Studenten und Rentnern arbeiten 80% der MinijobberInnen zu Niedriglöhnen. Diejenigen mit einem Mini-Nebenjob verdienen zu 40% nur Niedriglöhne – bei den Frauen sind es über die Hälfte. Es ist daher anzunehmen, dass ein wesentlicher Grund für den Mini-Nebenjob der hohe Anteil von prekärer Beschäftigung und Niedriglöhnen insgesamt ist und somit die Betroffenen häufig keine andere Wahl haben. Dafür spricht ebenfalls der Tatbestand, dass zwei Drittel der MinijobberInnen länger arbeiten wollen. Dies gilt im Übrigen auch für die reguläre Teilzeit, die inzwischen für Frauen auf 46% angestiegen ist. Hingegen ist der Zuwachs an Vollzeitstellen im vergangenen Jahrzehnt für Frauen nur um 0,3% gestiegen.

Die Einführung des gesetzlichen Mindestlohnes seit 2015 – zunächst lag er bei 8,50 Euro, seit 2017 beträgt er 8,84 Euro – hat daher besonders große Bedeutung für die Minijobs, die häufig erheblich darunter lagen. Wie in einer Untersuchung des Wirtschafts- und Sozialwissenschaftlichen Instituts des DGB (WSI) festgestellt wird, wurde der Mindestlohn bei beinahe der Hälfte der Minijobs unterschritten (Pusch/Seifert 2017).

Höchst fragwürdig ist zudem die Behauptung der Befürworter dieser Minijobs, damit würde Schwarzarbeit verhindert. Die Untersuchung aus dem BMFSFJ weist auch für den gewerblichen Bereich eher in die umgekehrte Richtung. Dies gilt noch mehr für den privaten Bereich, wo insgesamt nur 250.000 Minijob-Verhältnisse gemeldet sind.

Die Armutsfalle Minijobs schließen

Dringend notwendig ist eine grundlegende Veränderung der gesetzlichen Rahmenbedingungen. Die Re-Regulierung der Minijobs wie vor 2003 – mit Höchstarbeitsstunden (15) sowie der Zusammenrechnung

Armutsfalle Minijobs 85

von Haupt- und Minijobs bei der Bemessung der Sozialversicherungsbeiträge – ist keine ausreichende Lösung. Die Frauen können damit nicht aus ihrer Abhängigkeit vom besserverdienenden Partner bzw. aus der hohen Risikogefährdung durch Armut bei Arbeit und im Alter entkommen. Erforderlich ist dazu die grundsätzliche Einbeziehung aller Arbeitsverhältnisse in die Sozialversicherungspflicht. Damit würde auch die bereits in dem Begriff »geringfügige Beschäftigung« liegende Diskriminierung entfallen.

Darüber hinaus ist das gesamte Familien- und Steuerrecht – vor allem das Ehegattensplitting, die Diskriminierung in den Steuerklassen III (niedrige Steuern für die besser verdienenden Männer) sowie die Steuerklasse V (prohibitive Besteuerung für die Niedriglöhne der Frauen) – abzuschaffen. Nur dann kann den zumeist besserverdienenden Partnern der Wind aus den Segeln genommen werden, ihre Partnerin auf den Minijob als kleines Zubrot abzudrängen.

Besonders wichtig ist die Verbesserung der Kontrollen, damit der gesetzliche Mindestlohn für Minijobs nicht weiter umgangen wird. Dringend erforderlich ist ebenfalls eine erhebliche Erhöhung. Um Altersarmut zu verhindern, müsste er mindestens 11,80 Euro betragen. Der SoVD setzt sich daher dafür ein, dass er nicht wie derzeit vorgesehen, alle zwei Jahre erhöht, sondern jährlich angepasst wird. Dabei muss er stufenweise auf das Niveau zur Vermeidung von Altersarmut angehoben werden.

Notwendig ist die Verbesserung der Vereinbarkeit von Familie und Beruf in Gesetzgebung und betrieblicher Praxis. Und auch nur dann kann die traditionelle Rollenaufteilung zwischen Männern und Frauen aufgebrochen werden. Ein wichtiger Ansatzpunkt dazu ist der am 1. August 2013 eingeführte Rechtsanspruch auf Kinderbetreuung in einer Tageseinrichtung bereits ab dem 1. Lebensjahr, wobei es darauf ankommt, dass den Kommunen genügend finanzielle Spielräume bleiben, dies auch praktisch umzusetzen. Dass die jahrelang in politischen Blockaden hängen gebliebenen Gesetzesinitiativen für Frauenquoten in Aufsichtsräten sowie vor allem das längst überfällige Entgeltgleichheitsgesetz endlich auf den Weg gebracht werden konnten, ist ein weiterer Schritt nach vorne. Allerdings soll Letzteres nur als »Entgelttransparenzgesetz« umgesetzt werden, das lediglich für Betriebe mit über 200 Beschäftigten verpflichtend ist. Weitere Schritte sind daher dringend erforderlich, um die skandalöse Lohnlücke zulasten der Frauen von immer noch 22% wirksam anzugehen. Dies sind unabdingbare Voraussetzungen, um die sich dramatisch ausweitende Altersarmut insbesondere unter Frauen zu bekämpfen. Der SoVD wird sich daran im Rahmen seiner Kampagne zur Bekämpfung der Altersarmut auch weiterhin aktiv beteiligen.

Literatur

BMFSFJ (Bundesministerium für Familie, Senioren, Frauen und Jugend) (2012): »Frauen im Minijob. Motive und (Fehl-)Anreize für die Aufnahme geringfügiger Beschäftigung im Lebensverlauf, Berlin.
Bundesregierung (2017): Lebenslagen in Deutschland. Der Fünfte Armuts- und Reichtumsbericht der Bundesregierung, Berlin, www.armuts-und-reichtumsbericht.de/SharedDocs/Downloads/Berichte/5-arb-langfassung.pdf?__blob=publicationFile&v=4.
EU-Kommission (2017): Länderbericht Deutschland. Das Europäische Semester 2017: Bewertung der Fortschritte bei den Strukturreformen, Vermeidung und Korrektur makroökonomischer Ungleichgewichte und Ergebnisse der eingehenden Überprüfung gemäß Verordnung (EU) Nr. 1176/2011, Brüssel, 22.2.2017.
IAB (Institut für Arbeitsmarkt- und Berufsforschung) (2015): IAB-Kurzbericht 18: In der Praxis besteht Nachholbedarf bei Minijobbern. Bezahlter Urlaub und Lohnfortzahlung im Krankheitsfall, Nürnberg.
Pusch, Toralf/Seifert, Hartmut (2017): Mindestlohngesetz. Für viele Minijobber weiterhin nur Minilöhne, Policy Brief WSI Nr. 9 -01, https://www.boeckler.de/pdf/p_wsi_pb_9_2017.pdf.
SoVD (Sozialverband Deutschland) (2016): Bekämpfung von Altersarmut, Vorschläge und Forderungen des SoVD, Berlin.

Christoph Ehlscheid / Dirk Neumann
Armutsrisiko Erwerbsminderung

Die Absicherung des Risikos einer Invalidität mit der Folge einer vollen oder zumindest teilweisen Erwerbsunfähigkeit gehört zu den wesentlichen Sicherungselementen der gesetzlichen Rentenversicherung. Allerdings geht der Bezug einer Erwerbsminderungsrente mit einer deutlich erhöhten Armutsgefährdung einher – die in aller Regel aus eigener Kraft auch nicht mehr überwunden werden kann. Mittlerweile hat die Große Koalition auf dieses Problem reagiert und erste Leistungsverbesserungen umgesetzt bzw. aktuell noch in Aussicht gestellt. Doch diese Maßnahmen sind in ihrem Leistungsumfang nicht ausreichend, zudem profitieren ausschließlich die zukünftigen ErwerbsminderungsrentnerInnen davon. Damit bleibt Erwerbsminderung weiterhin eng verknüpft mit der Diskussion um die wachsende Gefahr von sozialem Abstieg oder gar Armut im Alter und der sich daraus ergebenden Forderung nach dem Neuaufbau einer solidarischen Alterssicherung. Die IG Metall hat entsprechende Vorschläge in ihrem im Sommer 2016 veröffentlichen Rentenkonzept formuliert und die rentenpolitische Debatte damit maßgeblich beeinflusst (vgl. IG Metall 2016).

Invaliditätsschutz im Wandel der Zeit

Als vor über 125 Jahren in Deutschland die gesetzliche Rentenversicherung eingeführt wurde,[1] geschah dies unter gesellschaftlichen und wirtschaftlichen Rahmenbedingungen, die von den heutigen deutlich abwichen. So lag die durchschnittliche Lebenserwartung für Menschen der Geburtsjahrgänge 1871 bis 1881 bei gerade einmal 35,6 (Männer) bzw. 38,5 (Frauen) Jahren und nur etwa 25% (Männer) bzw. 30% (Frauen) der lebend Geborenen erreichten das Alter von 65 Jahren.[2] Zudem zeichnete

---
[1] Die Einführung der gesetzlichen Rentenversicherung erfolgte im Jahr 1891 auf Grundlage des »Gesetzes betreffend die Invaliditäts- und Altersversicherung«. Für einen historischen Überblick vgl. Haerendel 2011.
[2] Vgl. Statistisches Bundesamt, zit. DRV 2016: 292.

sich die Tätigkeit der meisten Menschen insbesondere durch schwere körperliche Arbeit und teils extrem lange Tages- und Wochenarbeitszeiten aus; Arbeits- und Gesundheitsschutz waren kaum bekannt. Vor diesem Hintergrund übernahm die damalige »Rentenversicherung für Arbeiter« im Wesentlichen die Aufgabe, eine Lohnersatzleistung für den Fall einer Erwerbsunfähigkeit sicherzustellen. Allerdings lag die Regelaltersgrenze damals bei 70 Jahren.[3] So ist es kaum verwunderlich, dass es zunächst die primäre Funktion der noch jungen gesetzlichen Rentenversicherung war, eine materielle Absicherung für den Fall der Invalidität sicherzustellen. Entsprechend lag das durchschnittliche Alter bei Rentenzugang bei knapp 57 Jahren und Altersrenten wurden nur selten ausgezahlt (Haerendel 2011: Rn. 28f). Mittlerweile hat sich das Verhältnis zwischen Invaliditäts- und Altersrenten deutlich verschoben. Über 80% der Rentenzugänge erfolgen derzeit in Altersrenten – auch wenn dieser Zugang, zumal der davon häufig abweichende Zeitpunkt des Erwerbsaustritts, in vielen Fällen deutlich vor dem Erreichen der Regelaltersgrenze von aktuell 65 Jahren und sechs Monaten liegt.

Gleichwohl stellt Erwerbsminderung auch heute noch alles andere als ein Randphänomen dar, wenn fast ein Fünftel aller Neurenten auf eine geminderte Erwerbsfähigkeit infolge gesundheitlicher Einschränkungen zurückgeht. Dabei lässt es sich kaum verleugnen, dass Erwerbsminderung in hohem Maße mit einem Armutsrisiko oder gar akuter Armut verbunden ist. Einen ersten Beleg hierfür liefert bereits die durchschnittliche Höhe der Zahlbeträge[4] der vollen Erwerbsminderungsrenten. Diese lag beim Rentenzugang des Jahres 2015 bei 711 Euro – 726 Euro für Männer und 697 Euro für Frauen (vgl. DRV Bund 2016: 126ff.) – und damit unter der durchschnittlichen Höhe der Grundsicherung im Alter und bei Erwerbsminderung. Zwar ist letztere aufgrund der teils großen regionalen Abweichungen ein Wert mit begrenzter Aussagekraft. Gleichwohl empfiehlt die Deutsche Rentenversicherung den Versicherten derzeit als »Faustregel«, einen möglichen Anspruch auf Grundsicherung prü-

---

[3] Die Regelaltersgrenze wurde jedoch bereits ab 1911 für Angestellte und ab 1916 auch für Arbeiter auf 65 Jahre abgesenkt und hatte dann weit über 90 Jahre als allgemein anerkannte und akzeptierte Altersgrenze Bestand, ehe im Jahr 2007 die schrittweise Anhebung auf 67 Jahre ab 2012 beschlossen wurde.

[4] Beim Zahlbetrag handelt es sich um die um anteilige Pflichtbeiträge zur Kranken- und Pflegeversicherung geminderten Bruttorenten vor Steuern.

fen zu lassen, wenn das gesamte monatliche Einkommen durchschnittlich unter 773 Euro liegt.[5]

Die Erwerbsminderungsrente als Seismograf für die Zukunft

Vor diesem Hintergrund kann es kaum überraschen, dass im Jahr 2015 von den rund 1,24 Mio. Beziehern einer vollen Erwerbsminderungsrente 15,4% ergänzende Leistungen der Grundsicherung erhielten. Und diese Zahl ist über die vergangenen Jahre kontinuierlich gestiegen: Im Jahr 2010 lag der Wert noch bei 10,8% und im Jahr 2005 gar bei 6,5% (vgl. DRV Bund 2016: 275). Wir nähern uns somit einer Verdreifachung innerhalb von nur zehn Jahren. Dabei kann die Entwicklung bei den Erwerbsminderungsrenten als Seismograf für die zukünftige Entwicklung bei den Renten insgesamt dienen. Aufgrund des durchschnittlichen Zugangsalters von 51,6 Jahren (ebd.: 137) konnten die Veränderungen am Arbeitsmarkt unter anderem mit dem Aufbau eines Niedriglohnsektors, der Zunahme von Leiharbeit und Werkverträgen und mehr ungewollter Teilzeitbeschäftigung ihre negativen Folgen auch für die Rentenanwartschaften der Beschäftigten umfassender entfalten als das bei den aktuellen Zugängen in eine Altersrente der Fall ist (vgl. Neumann 2011: 294).

Neben den mittelbaren Auswirkungen durch den Wandel am Arbeitsmarkt gab es in den vergangenen Jahren auch unmittelbare Eingriffe in das Rentenrecht. Dazu gehört einerseits die allgemeine Absenkung des Leistungsniveaus aller Rentenarten, also das sinkende Sicherungsniveau der gesetzlichen Rente. Darüber hinaus sind hier aber auch die Veränderungen bei den Zugangsbedingungen sowie die Erhöhung der Regelaltersgrenze und die Festsetzung von Abschlägen auch für Erwerbsminderungsrenten bei vorgezogenem Rentenbezug zu nennen.

---

[5] Vgl. www.deutsche-rentenversicherung.de (zuletzt aufgerufen am 5.3.2017).

Erwerbsminderungsrente seit der Reform 2001

Ein elementarer Einschnitt in das Erwerbsminderungsrecht erfolgte zum 1. Januar 2001, als die Rente wegen Erwerbs- bzw. Berufsunfähigkeit durch eine zweistufige Erwerbsminderungsrente ersetzt wurde. Ein Berufsschutz wird durch die gesetzliche Rentenversicherung seither nicht mehr mit abgedeckt.[6] Stattdessen hat Anspruch auf eine volle Erwerbsminderungsrente, wer die versicherungsrechtlichen Voraussetzungen erfüllt (u.a. eine Wartezeit von mindestens fünf Jahren) und aus medizinischen Gründen auf absehbare Zeit dem allgemeinen Arbeitsmarkt nur noch weniger als drei Stunden am Tag zur Verfügung steht – also weniger als drei Stunden am Tag irgendeiner Erwerbstätigkeit nachgehen kann. Liegt das tägliche Leistungsvermögen darüber, aber bei weniger als sechs Stunden täglich, so erhalten Erwerbsgeminderte eine halbe Erwerbsminderungsrente. Allerdings greift hier die sogenannte »konkrete Betrachtungsweise«. Aufbauend auf einem Urteil des Bundessozialgerichts bereits aus dem Jahr 1976 ist demnach nicht allein die gesundheitliche Einschränkung maßgeblich, sondern auch die Situation auf dem Arbeitsmarkt. Ist ein entsprechender Arbeitsplatz für ein Leistungsvermögen von unter sechs, aber mindestens drei Stunden nicht vorhanden, der Arbeitsmarkt dahingehend also nachweislich verschlossen, so kann ebenfalls eine volle Erwerbsminderungsrente bezogen werden.

Dessen ungeachtet bedeutet das aber auch, dass ein Leistungsvermögen von mindestens sechs Stunden täglicher Arbeitszeit auf keinen Fall zum Bezug einer Erwerbsminderungsrente berechtigt – was in deutlicher Diskrepanz zur üblichen Arbeitszeit einer vollschichtigen Tätigkeit steht, die im Schnitt bei rund acht Stunden pro Tag liegt. Es bleibt also unter Umständen eine Versorgungslücke, wenn das Restleistungsvermögen nicht für eine solche Vollschichttätigkeit ausreicht, wohl aber bei mindestens sechs Stunden pro Tag liegt (vgl. Bäcker 2013: 573). Gleichzeitig geht die Praxis des Verweises auf den allgemeinen Arbeitsmarkt für viele Betroffene völlig an der Realität vorbei. Vielmehr sollte der Zugang zu einer Erwerbsminderungsrente grundsätzlich erleichtert werden. Eine Option wäre es, die Beweislast für das Vorliegen einer vollständigen Erwerbsminderung umzukehren: Nicht mehr die Betroffenen

---

[6] Allerdings gilt hier ein Vertrauensschutz für vor dem 2. Januar 1961 geborene Versicherte.

sind in der Pflicht, darzulegen, dass ihnen der konkrete Arbeitsmarkt infolge ihrer Erwerbsminderung verschlossen ist. Stattdessen müssen die Voraussetzungen für den Anspruch auf eine volle Erwerbsminderungsrente auch dann gegeben sein, wenn die Arbeitsagenturen nicht in der Lage sind, einen geeigneten, vollwertigen Arbeitsplatz zur Verfügung zu stellen (vgl. Urban/Ehlscheid/Gerntke 2010: 46f.).

Zudem stellen die seit nunmehr rund 15 Jahren geltenden Regelungen zur Erwerbsminderungsrente hohe Anforderungen an die Deutsche Rentenversicherung und an die mit der sozialmedizinischen Begutachtung beauftragten Ärzte gleichermaßen. Das betrifft zunächst die grundsätzliche Frage, ob einem Antrag auf Rente wegen Erwerbsminderung zu entsprechen ist. Daran schließt sich gegebenenfalls die Beurteilung des individuellen Restleistungsvermögens an. Die Praxis zeigt, dass diese Fragen gerade für die Versicherten zum Zeitpunkt der Antragstellung mit großer Unsicherheit verbunden sind. Regelmäßig wird fast die Hälfte aller Anträge auf eine Erwerbsminderungsrente von der Rentenversicherung abgelehnt. Bei einem großen Teil der Ablehnungen kommt es im Nachgang zu Rechtsstreitigkeiten gegen die Versicherungsträger vor den Sozialgerichten (vgl. Vogt/Ciynakli 2014: 20). Und diese Entwicklung könnte sich noch weiter verschärfen. Denn es sind zunehmend psychische Erkrankungen, die als Hauptdiagnose einer Erwerbsminderungsrente zugrunde liegen. Lag deren Anteil im Jahr 2000 noch bei unter 25%, so betrug er 2015 bereits 45% (vgl. DRV Bund 2016: 111). Doch gerade bei solchen Erkrankungen ist eine sozialmedizinische Begutachtung und damit die Entscheidung über Bewilligung oder Ablehnung mitunter sehr kompliziert und tendenziell auch anfälliger für Fehler. Und der Anteil der Zugänge in eine Erwerbsminderungsrente mit der Hauptdiagnose psychische Erkrankung könnte noch weiter zunehmen. So haben sich in den letzten Jahren besondere Arbeitsformen stärker verbreitet, die in vielen Fällen insbesondere mit Beeinträchtigungen der psychischen Gesundheit verbunden sind. Beispielsweise ist die Zahl der abhängig Beschäftigten mit Wochenendarbeit von 1995 bis 2015 um 47% gestiegen, die mit Sonn- und Feiertagsarbeit sogar um 71%. Und auch die Zahl der Beschäftigten in Schichtarbeit hat in diesem Zeitraum um 48% zugenommen.[7]

Insgesamt untermauern die dargestellten Unsicherheiten rund um die Antrags- und Bewilligungssituation die Notwendigkeit, die Zugangs-

---

[7] Vgl. Bundestags-Drucksache 18/9499, zit. nach IG Metall 2017: 19.

kriterien zur Rente wegen Erwerbsminderung intensiv zu überprüfen und an veränderte Rahmenbedingungen in der Arbeitswelt anzupassen. Dabei geht es nicht darum, die Zahl der Bewilligungen unkontrolliert in die Höhe zu treiben. Vielmehr braucht es schnellere Verfahren und transparente, gerade für die Versicherten klar nachvollziehbare Entscheidungen. Dazu gehören mehr persönliche Anhörungen und Auswahlmöglichkeiten von Gutachtern ebenso wie trägerübergreifende Verfahren (vgl. Welti/Groskreutz 2013a: 310). Zudem ist damit der Bedarf nach weiterer Stärkung von Prävention und Rehabilitation eng verbunden. Eine Erwerbsminderungsrente kann immer nur am Ende einer Maßnahmenkette stehen, die das Ziel des Erhalts der Arbeitskraft und gegebenenfalls der Re-Integration in den Arbeitsmarkt verfolgen muss. Wenn aber die Erwerbsminderungsrente den letzten Ausweg darstellt, dann muss sie den Betroffenen auch ermöglicht werden – und zwar in angemessener und somit zumindest armutsfester Höhe.[8] Das ist in vielen Fällen derzeit aber nicht gegeben (vgl. Urban/Ehlscheid 2016: 293ff.).

Die unsystematischen Abschläge

Das hat seine Ursachen auch darin, dass neben der Differenzierung in volle und halbe Erwerbsminderungsrenten mit der Reform zum 1. Januar 2001 auch – analog zu vorzeitig in Anspruch genommenen Altersrenten – Abschläge in Höhe von 0,3% je vorgezogenem Monat eingeführt wurden. Seit dem Jahr 2012 steigt dabei die Altersgrenze für eine abschlagsfreie Rente wegen verminderter Erwerbsfähigkeit von ehemals 63 schrittweise auf 65 Jahre. Allerdings ist die Höhe der Abschläge auf drei Jahre und somit 10,8% begrenzt. In der Praxis hat das zur Folge, dass im Jahr 2015 mit 96,5% fast alle neuen Erwerbsminderungsrenten durch lebenslang wirkende Abschläge gemindert wurden – mit durchschnittlichen Abschlägen in Höhe von rund 10,17% (vgl. DRV Bund 2016: 83; eigene Berechnung). Ohne diese Abschläge und ohne die auch von er-

---

[8] Teilweise wird vorgeschlagen, die Sicherung bei Erwerbsminderung vom System der Alterssicherung abzukoppeln und statt von einer Rente von einem »Erwerbsminderungsgeld« zu sprechen. Eine Auseinandersetzung mit einem solch weitgehenden Ansatz ist aufgrund der gebotenen Kürze dieses Beitrags jedoch nicht leistbar. Zum »Erwerbsminderungsgeld« vgl. Welti/Groskreutz 2013b: 58ff.

werbsgeminderten Rentenbeziehenden zu leistenden Beiträge zur Kranken- und Pflegeversicherung würde der durchschnittliche Zahlvertrag aller abschlagsgeminderten Erwerbsminderungsrenten statt 678,85 Euro im Monat bei 838,08 Euro monatlicher Rente liegen (ebd.).

Insgesamt zeigt es sich, dass die Entwicklung der Zahlbeträge der Erwerbsminderungsrenten nach einem deutlichen Rückgang in den vergangenen Jahren zuletzt wieder einen leichten Aufwärtstrend verzeichnen konnte. Lag der durchschnittliche Zahlbetrag für eine volle Erwerbsminderungsrente im Zugang des Jahres 2000 noch bei 738 Euro, erreichte dieser Wert mit nur noch 634 Euro im Jahr 2011 seinen zwischenzeitlichen Tiefpunkt. Der im Jahr 2015 auf durchschnittlich 711 Euro gestiegene Zahlbetrag liegt allerdings trotz der Leistungsverbesserungen des Rentenpakets 2014 immer noch deutlich unter dem Wert aus dem Jahr 2000 – zumal die seitherige Entwicklung der Zahlbeträge des Jahres 2000 durch die Rentenanpassungen jeweils zum 1. Juli eines Jahres bei dieser Gegenüberstellung unberücksichtigt bleiben.

Hohe Armutsgefährdung bei Erwerbsminderung

Allerdings bilden die durchschnittlichen Zahlbeträge der Erwerbsminderungsrente lediglich die Einkommen aus der gesetzlichen Rentenversicherung ab. Der Haushaltskontext hingegen bleibt bei dieser isolierten Betrachtung ebenso unberücksichtigt wie mögliche weitere Einkommensquellen. Hier setzte vor einigen Jahren eine Studie zur »sozioökonomischen Situation von Personen mit Erwerbsminderung« im Rahmen eines Projekts des Forschungsnetzwerks Alterssicherung der Deutschen Rentenversicherung an. Dabei konnte gezeigt werden, dass das Haushaltsnettoeinkommen aus allen haushaltsbezogenen Einkünften im Mittel bei 1.055 Euro im Monat lag, wenn sich im Haushalt (mindestens) ein Erwerbsminderungsrentner bzw. eine Erwerbsminderungsrentnerin befand. Das entsprach zum Zeitpunkt der Befragung einer relativen Einkommensposition von 68,7% (vgl. DRV Bund 2012: 44) – und lag damit nur unwesentlich entfernt von der Armutsschwelle, bei der Armutsgefährdung vorliegt, wenn das bedarfsgewichtete verfügbare Einkommen weniger als 60% des Medianeinkommens beträgt (vgl. Geyer 2015: 5). Am niedrigsten fällt das mittlere Haushaltsnettoeinkommen bei erwerbsgeminderten Männern in Einpersonenhaushalten in den neuen

Bundesländern aus. Hier liegt der Mittelwert der relativen Einkommensposition bei gerade einmal 50,5% (vgl. DRV Bund 2012: 44). Ausgehend von dieser Gesamtbetrachtung konnten die AutorInnen der Studie aufzeigen, dass mehr als ein Drittel (36,5%) aller befragten Personen in Haushalten von ErwerbsminderungsrentnerInnen als armutsgefährdet gelten. War die erwerbsgeminderte Person männlich, stieg diese Quote auf 43,4%, bei erwerbsgeminderten Frauen hingegen sank sie auf 29,2% (ebd.: 48). Zudem zeigte sich auch hier das gestiegene Armutsrisiko von erwerbsgeminderten Menschen in Einpersonenhaushalten. Dann nämlich gilt nahezu jeder Zweite als armutsgefährdet (49,6%), in Mehrpersonenhaushalten liegt die Quote hingegen bei 34,3% (vgl. ebd.). Und auch bei alternativen Konzepten zur Definition von Armut zeigen die Ergebnisse der Befragung eindeutig auf, dass mit einer Erwerbsminderung ein deutlich gestiegenes Armutsrisiko einhergeht.[9]

Erste Leistungsverbesserungen des Gesetzgebers seit 2014

Vor diesem Hintergrund ist es grundsätzlich erfreulich, dass zuletzt endlich Bewegung in die Frage der sozialen Sicherung derjenigen gekommen ist, die infolge gesundheitlicher Einschränkungen meist schon deutlich vor Erreichen der Regelaltersgrenze dauerhaft oder zumindest für eine gewisse Zeit aus dem Erwerbsleben ausscheiden müssen. Das dürfte in hohem Maß auch den Gewerkschaften und Sozialverbänden zu verdanken sein, die seit einigen Jahren verstärkt Reformbedarfe und Handlungsmöglichkeiten benannt und daraus konkrete Forderungen abgeleitet und formuliert haben. Mit dem Rentenpaket der schwarz-roten Bundesregierung erfolgte 2014 ein erster Schritt zur Verbesserung der Erwerbsminderungsabsicherung. Die Zurechnungszeit wurde von 60 auf 62 Jahre erhöht. Bei der Zurechnungszeit werden die Zeiten vom Beginn der Erwerbsminderung an versicherungsmathematisch hochgerechnet. Vereinfacht dargestellt werden Versicherte so gestellt, als hätten sie bis zu einem bestimmten Alter weitergearbeitet und dabei im Schnitt so verdient, wie das im Durchschnitt der bisherigen Erwerbsbiografie auch der Fall war. Dieser unterstellte Verlauf endete ab der Re-

---

[9] Vgl. DRV Bund 2012, S. 47 (»strenge Armut«) sowie S. 55 (»bekämpfte Armut«).

Armutsrisiko Erwerbsminderung

form zum 1. Januar 2001 beim 60. Geburtstag. Mit dem Rentenpaket 2014 erhalten erwerbsgeminderte Menschen nun zwei zusätzliche Jahre unterstelltes Erwerbseinkommen und damit zusätzliche Entgeltpunkte für die Berechnung ihrer Erwerbsminderungsrente. Allerdings profitieren von dieser Verbesserung ausschließlich NeurentnerInnen. Denn wer vor dem Stichtag am 1. Juli 2014 bereits eine Erwerbsminderungsrente bezogen hat, bleibt außen vor.

Das gilt, die Erwerbsminderungsrente betreffend, gleichermaßen für die zweite Neuregelung im Rentenpaket 2014: die sogenannte Günstigerprüfung. Dabei bleiben neuerdings die letzten vier Versicherungsjahre vor Eintritt einer amtlich festgestellten Erwerbsminderung unberücksichtigt, sofern diese sich negativ auswirken würden. Denn die Praxis hat gezeigt, dass es gerade diese letzten Jahre sind, in denen gesundheitlich belastete Menschen häufig bereits Einkommensverluste erleiden – etwa infolge gesundheitsbedingter Arbeitslosigkeit oder einer der Erkrankung geschuldeten Reduzierung der wöchentlichen Arbeitszeit. Das aber führte dann regelmäßig zu einer Entwertung der Erwerbsbiografie »auf den letzten Metern«, mit entsprechenden Folgen auch für die Bewertung der Zurechnungszeit. Seit der Neuregelung im Jahr 2014 werden solche Zeiten für bis zu vier Jahre vor Erwerbsminderung automatisch aus der »Fortschreibung« des Einkommens in der Zurechnungszeit herausgerechnet.

Beide Maßnahmen des Gesetzgebers zusammen – die Verlängerung der Zurechnungszeit und die Effekte der Günstigerprüfung – führten im Schnitt zu Leistungsverbesserungen bei der Erwerbsminderungsrente in Höhe von rund 40 Euro im Monat. Und ein weiterer Schritt ist derzeit in Vorbereitung: Mit ihrem Entwurf eines EM-Leistungsverbesserungsgesetzes will die Große Koalition noch in der laufenden Legislaturperiode die Weichen für eine weitere Verlängerung der Zurechnungszeit stellen. Beginnend im Jahr 2018 soll diese schrittweise bis zum Jahr 2024 auf dann 65 Jahre angehoben werden (vgl. Bundesregierung 2016). Allerdings zielt auch diese Reform wieder ausschließlich auf Neuzugänge ab und lässt die Bestandsrentner unberücksichtigt.

Unangetastet lässt die Bundesregierung zudem die systemwidrigen Abschläge von bis zu 10,8%. Dabei ist eine Erwerbsminderung keine freiwillige Entscheidung, bei der sich Versicherte mehr oder weniger bewusst für eine Rente entscheiden. Zwar hat das Bundesverfassungsgericht (BVerfG) die gängige Praxis der Abschläge auf Erwerbsminderungsrenten für verfassungsgemäß erklärt[10] – das bedeutet gleichwohl nicht, dass der Gesetzgeber die aktuelle Praxis nicht im Rahmen seiner Gesetzgebungskompetenz verändern könnte. Ohnehin zielte das BVerfG in seiner Begründung auf das gesetzgeberische Ziel ab, Finanzierung und Funktionsfähigkeit des gesetzlichen Rentensystems aufrechtzuerhalten und Ausweichbewegungen von einer abschlagsgeminderten Altersrente in eine möglicherweise abschlagsfreie Erwerbsminderungsrente zu unterbinden. Doch mit dieser Argumentation wird verkannt, dass der Bewilligung einer Erwerbsminderungsrente eine intensive sozialmedizinische Begutachtung vorausgeht und somit faktisch keine Wahlmöglichkeit zwischen den beiden Rentenarten besteht.

Als Zwischenergebnis kann somit zusammengefasst werden, dass die finanzielle Absicherung von erwerbsgeminderten Menschen schon heute einen großen Teil der Betroffenen in die Armut oder zumindest Armutsgefährdung führt. Die im Jahr 2014 umgesetzte Rentenreform führt in diesem Zusammenhang zwar zu moderaten Leistungsverbesserungen und auch die weiteren noch geplanten Verbesserungen können perspektivisch zu einer tendenziellen Verbesserung der Situation erwerbsgeminderter Menschen führen. Doch BestandsrentnerInnen bleiben dabei außen vor und die systemwidrigen Abschläge bleiben unverändert bestehen.

Sinkendes Rentenniveau trifft auch Erwerbsgeminderte

Die individuelle Situation erwerbsgeminderter Menschen wird allerdings noch von weiteren Problemlagen flankiert: Zum einen kann Armut im Fall bzw. als Folge von Erwerbsminderung in aller Regel nicht mehr aus eigener Kraft überwunden werden. Selbst wenn eine Rückkehr in bezahlte Beschäftigung gelingt, so reicht die Einkommenssituation häufig nicht aus, um noch deutlich spürbare Verbesserungen für die spätere Altersrente zu erreichen. Und zum anderen wirkt die politische Entscheidung, das Leistungsniveau der gesetzlichen Rente insgesamt zu senken, auch negativ auf die Erwerbsminderungsrenten. Dies lässt sich an einem Vergleich der durchschnittlichen Höhe der Zahlbe-

---

[10] Eine Auseinandersetzung mit der Position des BVerfG findet sich bei Oppermann 2012.

Armutsrisiko Erwerbsminderung

träge beim Zugang in Erwerbsminderungsrente im Zeitverlauf zeigen, wenn hierbei die Entwicklung des aktuellen Rentenwerts bei früheren Rentenzugängen berücksichtigt wird. Dann nämlich stellt sich heraus, dass etwa der durchschnittliche Zahlbetrag bei Männern im Westen im Jahr 2015 bei 702 Euro lag, während die Rente von Erwerbsminderungsrentnern aus dem Zugangsjahr 2000 heute bei 875 Euro liegt. Je später also der Zugang in eine Erwerbsminderungsrente erfolgt, desto niedriger fällt im Schnitt auch der Rentenzahlbetrag aus – eine Folge nicht zuletzt des sinkenden Rentenniveaus.[11]

Dabei beschreibt das Rentenniveau, genauer das Sicherungsniveau vor Steuern, das Verhältnis eines Durchschnittseinkommens zu einer sogenannten Standardrente mit 45 Entgeltpunkten – meist übersetzt als 45 Jahre Beschäftigung immer zum jeweiligen Durchschnittseinkommen. Dieses Sicherungsniveau lag zur Jahrtausendwende noch bei rund 53% und galt als weitgehend lebensstandardsichernd. Durch Rentenreformen seit dem Jahr 2001 ist das Rentenniveau jedoch auf aktuell rund 48% gesunken und kann bis zum Jahr 2030 noch bis auf 43% sinken, ohne dass der Gesetzgeber aktiv werden muss. Und im Jahr 2045 könnte das Rentenniveau nach aktuellen Berechnungen des Bundesministeriums für Arbeit und Soziales bei nur noch 41,7% liegen (vgl. BMAS 2016: 28).

Die Idee des Gesetzgebers war es nun, das sinkende Rentenniveau der sogenannten ersten Säule durch vermehrte, staatlich geförderte Privatvorsorge zumindest teilweise auszugleichen. Aktuelle Zahlen zeigen aber, dass dieser Plan nicht aufgegangen ist. Insbesondere hinkt die Verbreitung der »Riester-Rente« den Erwartungen deutlich hinterher und auch die Renditen liegen angesichts der andauernden Niedrigzinsphase unter den ursprünglichen Annahmen.[12] Gerade Menschen mit niedrigeren Einkommen sind häufig finanziell mit dem Aufbau einer privaten Vorsorge überfordert – weil sich der Arbeitgeber an diesen Kosten in aller Regel nicht beteiligt und die Beiträge allein aufgebracht werden müssten. Zudem zielen Riester-Produkte in der Regel allein auf die Absicherung des Risikos Alter ab, nicht oder nicht hinreichend hingegen auf das Invaliditätsrisiko.

---

[11] Vgl. IAQ: Kommentierte Infografik »Aktuelle Höhe (2015) der seit 2000 zugegangenen Erwerbsminderungsrenten«, online unter www.sozialpolitik-aktuell.de (zuletzt eingesehen am 17.3.2017).

[12] Vgl. BMAS: Rentenversicherungsbericht 2016, Übersicht B8, S. 39.

Eine Absicherung auch des Berufsschutzes durch private Berufsunfähigkeitsversicherungen wiederum ist für viele Beschäftigte nahezu unmöglich. Denn entweder sind sie mit steigendem Gesundheitsrisiko der ausgeübten Tätigkeit immer weniger in der Lage, die hohen Versicherungsprämien zu schultern, oder aber ihnen wird der Zugang zu solchen Produkten aufgrund ihrer Tätigkeit und dem damit verbundenen Risiko für die Versicherer völlig verschlossen. Eine Ausnahme bildet hier mitunter die betriebliche Altersversorgung, die einen entsprechenden Invaliditätsschutz in vielen Fällen mit abdeckt. Gleichwohl besteht auch hier noch Verbesserungspotenzial, etwa bei teils bestehenden Möglichkeiten für die Versicherten, biometrische Ereignisse und somit die Absicherung auch von Invalidität bzw. Erwerbsminderung abzuwählen. Solche Optionen sollten möglichst reduziert oder ganz abgeschafft werden, damit die Vorteile der betrieblichen Altersversorgung als risikoausgleichendes Kollektivsystem umfänglich (auch) als Ergänzung für den Erwerbsminderungs- und Berufsschutz genutzt werden können.

Ausblick und Fazit

Dessen ungeachtet wird Erwerbsminderung aller Voraussicht nach auch weiterhin in vielen Fällen mit einem erhöhten Armutsrisiko verbunden bleiben – trotz der ersten Schritte in die richtige Richtung durch die schwarz-rote Bundesregierung. Daher müssen weitere Schritte folgen. Das betrifft zum einen die materielle Absicherung für den Fall einer Erwerbsminderung. Hier ist sowohl bei der durchschnittlichen Leistungshöhe dieser Rentenart anzusetzen – insbesondere durch die Abschaffung der Abschläge – als auch beim Leistungsniveau der gesetzlichen Rente insgesamt.

Wie bereits in der Einleitung dieses Beitrags erwähnt, hat die IG Metall hierzu im Sommer 2016 ein umfangreiches Rentenkonzept veröffentlicht und konkrete Forderungen und Vorschläge für den Neuaufbau einer solidarischen Alterssicherung in die politische Diskussion eingebracht (IG Metall 2016). Statt kleinerer Korrekturen im bestehenden System plädiert die Gewerkschaft für einen umfassenden Strategiewechsel in der Alterssicherungspolitik und eine große Rentenreform (vgl. Ehlscheid/Neumann/Urban 2016). Im Kern des Konzepts steht dabei die Stabilisierung und anschließende Anhebung des gesetzlichen Rentenniveaus.

Armutsrisiko Erwerbsminderung

Darüber hinaus muss aber verstärkt an einer übergreifenden Strategie gearbeitet werden, um (dauerhafte) Erwerbsminderung möglichst zu vermeiden. Hierzu gehören besonders die Stärkung von Prävention – gerade auch durch besseren Arbeits- und Gesundheitsschutz – und Rehabilitation sowie Maßnahmen zur Re-Integration aus der Erwerbsminderung zurück in Beschäftigung (Welti/Groskreutz 2013a: 310). Dies ist gerade vor dem Hintergrund des Wandels der Arbeitswelt, an dessen Anfang wir gerade erst stehen, ein Gebot der Stunde. Denn schon heute gibt fast die Hälfte der Beschäftigten (46%) an, dass ihre Arbeitsbelastung im Zuge der Digitalisierung größer geworden ist. 45% spüren derzeit keine Veränderung, aber nur 9% nehmen eine Entlastung hinsichtlich ihrer Arbeitsbelastung war (DGB 2016: 8).

Auch bedarf es wirkungsvoller Maßnahmen zur Bekämpfung von Altersarmut insgesamt, von der zunehmend Beschäftigte mit brüchigen Erwerbsbiografien betroffen sein werden. Von einer Aufwertung der Beschäftigungszeit im Niedriglohnsektor, etwa durch eine Verlängerung der Rente nach Mindestentgeltpunkten, würden auch erwerbsgeminderte Menschen profitieren können.

Mit ihrer Rentenkampagne »Mehr Rente – Mehr Zukunft« will die IG Metall unter anderem erreichen, dass sich die Parteien bis zur Bundestagswahl im Herbst 2017 klar zu ihren Vorstellungen von der zukünftigen Richtung in der Rentenpolitik positionieren – was eben auch weiterhin die Frage der zukünftigen Absicherung erwerbsgeminderter Menschen einschließlich der Zugangsbedingungen in die Erwerbsminderungsrente umfasst. Dabei gehört auch die Einkommenssituation der BestandsrentnerInnen mit Erwerbsminderung auf die Tagesordnung.

Literatur

Bäcker, Gerhard (2013): Erwerbsminderungsrenten = Armutsrenten. Ein vergessenes soziales Problem?, in: WSI Mitteilungen 8, S. 572-579.
BMAS (Bundesministerium für Arbeit und Soziales) (2016): Gesamtkonzept zur Alterssicherung, Berlin.
Bundesregierung (2016): Entwurf eines Gesetzes zur Verbesserung der Leistungen bei Renten wegen verminderter Erwerbsfähigkeit und zur Änderung anderer Gesetze, Berlin.
DGB (Deutscher Gewerkschaftsbund) (2016): DGB-Index Gute Arbeit. Der Report 2016.

DRV (Deutsche Rentenversicherung) Bund (Hrsg.) (2012): Sozioökonomische Situation von Personen mit Erwerbsminderung, DRV Schriften Band 99, Oktober.
DRV (Deutsche Rentenversicherung) Bund (2016): Rentenversicherung in Zeitreihen 2016.
Geyer, Johannes (2015): Grundsicherungsbezug und Armutsrisikoquote als Indikatoren von Altersarmut, DIW Roundup 62, Berlin.
Ehlscheid, Christoph/Gerntke, Alex/Urban, Hans-Jürgen (2010): Für einen Neuen Generationenvertrag, in: Dies. (Hrsg.): Der Neue Generationenvertrag. Neuaufbau einer solidarischen Alterssicherung, Hamburg, S. 31-54.
Ehlscheid, Christoph/Neumann, Dirk/Urban, Hans-Jürgen (2016): Alterssicherung: Plädoyer für einen Strategiewechsel, in: SPW – Zeitschrift für sozialistische Politik und Wirtschaft, Heft 216 (5), S. 59-65.
Haerendel, Ulrike (2011): Die historische Entwicklung bis 1945, in: Eichenhofer, Eberhard/Schmähl, Winfried/Rische, Herbert (Hrsg.): Handbuch der gesetzlichen Rentenversicherung SGB VI, Neuwied, S. 1-32.
IG Metall (2016): Neuaufbau einer solidarischen Alterssicherung. Vorschläge der IG Metall, Frankfurt a.M.
IG Metall (2017): Gesundheitliche Auswirkungen psychischer Arbeitsbelastungen, Frankfurt a.M.
Neumann, Dirk (2011): Armutsrisiko bei Erwerbsminderung verringern, in: Soziale Sicherheit 9, S. 293-300.
Oppermann, Dagmar (2012): Abschläge auf Erwerbsminderungsrenten: Eine Diskriminierung behinderter Menschen?, in: Soziale Sicherheit 8-9, S. 314-317.
Urban, Hans-Jürgen/Ehlscheid, Christoph (2016): Gesundheit und Arbeitswelt – Perspektiven betrieblicher Präventionspolitik, in: Franz Krieps/Holger Pfaff: Gesundheit und Arbeit, BBK Gesundheitsreport, Berlin, S. 293-297.
Vogt, Peter/Ciynakli, Ufuk Deniz (2014): Die oft problematische Begutachtung im Erwerbsminderungsrentenverfahren, in: Soziale Sicherheit 1, S. 17-21.
Welti, Felix/Groskreutz, Henning (2013a): Vorschlag für eine grundlegende Reform im Erwerbsminderungsrecht, in: Soziale Sicherheit 8-9, S. 308-311.
Welti, Felix/Groskreutz, Henning (2013b): Soziales Recht zum Ausgleich von Erwerbsminderung, Düsseldorf.

Ingrid Breckner / Simon Güntner

Wenn Handlungsspielräume enger werden: Individuelle Erfahrungen mit Altersarmut in einer reichen Stadt

Altersarmut steht derzeit erneut im Fokus öffentlicher und politischer Debatten. Verhandelt werden dabei vor allem quantitative und prospektive Entwicklungen. Individuelle Erfahrungen mit Altersarmut werden vergleichsweise selten thematisiert und die aktuellen Lösungsvorschläge scheinen an den Betroffenen vorbeizugehen. Vor diesem Hintergrund und auf Anregung des Sozialverbandes SoVD Hamburg haben wir mit sechs betroffenen Menschen in Hamburg Interviews durchgeführt.[1] Dabei wurde gefragt, wie sie mit ihrer finanziell prekären Lage umgehen, welche Entbehrungen sie erleben und welche Unterstützung sie mit welcher Erwartung in Anspruch nehmen. Die Ergebnisse dieser explorativen Studie werden im Folgenden präsentiert. Ebenso diskutieren wir, welche politischen Handlungsbedarfe und -möglichkeiten sich aus den Befunden ergeben, die auch für jüngere Generationen unter Präventionsgesichtspunkten relevant sind.

1. Altersarmut: eine konzeptionelle Annäherung

Derzeit liegt die Grundsicherungsquote im Alter nach SGB XII in Hamburg bei 6,8% (deutschlandweit sind es 3%) (vgl. Bertelsmann Stiftung 2015: 27). Diese Zahl gibt einen Hinweis auf das Ausmaß der Armut, erlaubt aber weder Aussagen über die Ursachen noch darüber, was die Armut für die Betroffenen bedeutet. Die Lebenslagenforschung geht davon aus, dass sich aus einer Unterversorgung mit Ressourcen in wichtigen Lebensbereichen (u.a. Einkommen, Wohnen, Gesundheit, Bildung, sozi-

---

[1] Die Interviews wurden im Sommer 2016 von Studierenden in den Studiengängen Soziale Arbeit (HAW Hamburg) und Stadtplanung (HCU Hamburg) durchgeführt. Der Kontakt zu den GesprächspartnerInnen wurde über den SoVD Landesverband Hamburg hergestellt.

ale Beziehungen) eine Reduzierung der Handlungsspielräume und Möglichkeiten ergibt, »ein Leben führen zu können, für das sie sich mit guten Gründen entscheiden konnten und das die Grundlagen der Selbstachtung nicht in Frage stellt« (Bundesregierung 2016c: 615).

Damit ist das subjektive Erleben von Armut angesprochen. Sedmak (2012: 33) konstatiert einen Zusammenhang der Armutslage mit dem Selbstbild der betroffenen Menschen, wenn er Armut als »Deprivation von Identitätsressourcen« beschreibt. Seinen Überlegungen zufolge bezieht sich die Auffassung eines Menschen von sich selbst stets auf Leiblichkeit, Relationalität und Reflexivität. Das Erleben von Armut wird somit dann identitär wirksam, wenn es das Körperbewusstsein oder die körperliche Unversehrtheit beeinträchtigt, wenn es die Aufgabe von Bindungen bzw. den Ausschluss aus mit anderen geteilten Erfahrungsräumen bedeutet oder wenn es den Betroffenen Gelegenheiten oder Kraft raubt, innezuhalten und über sich nachzudenken (ebd.: 32). Die Deprivation von Identitätsressourcen führt zu einem »Risiko, die Kontrolle über das eigene Leben verlieren zu können« (ebd.: 23).

Ähnlich argumentiert auch die Knappheitstheorie von Mullainathan und Shafir (2013). Ihr zufolge kann die Erfahrung von Knappheit so vereinnahmend sein, dass sie anderen Gedanken keinen Raum mehr lässt, bis hin zum Verlust der Selbstkontrolle: »Knappheit ist mehr als das Unbehagen, zu wenig zu haben. Sie verändert unser Denken und reißt es an sich.« (Mullainathan/Shafir 2013: 16) Mit Daten des Sozio-oekonomischen Panels (SOEP) kann Böhnke (2009) die negativen Auswirkungen von Einkommensarmut auf das Wohlbefinden und die soziale Teilhabe belegen: »Wer verarmt, büßt an Lebenszufriedenheit ein, fühlt sich weniger gesund und nimmt Abstand von ehrenamtlichem Engagement sowie kulturellen Aktivitäten.« (Böhnke 2009: 32)[2]

Im Alter verbindet sich Armut mit den spezifischen Bedingungen dieser Lebensphase. Die Lebensqualität wird dabei von zahlreichen Faktoren beeinflusst. Unbestritten ist neben dem verfügbaren Einkommen die zentrale Bedeutung der Gesundheit, daneben sind u.a. auch der Grad der Autonomie, soziale Beziehungen und Aktivitäten sowie das häusliche Umfeld bedeutend, wobei die wechselseitigen Beziehungen dieser As-

---

[2] Ihre Analyse zeigt darüber hinaus, dass Armut keine Abnahme an politischem Interesse bewirkt (Böhnke 2009: 32). Auch unsere Gesprächspartner zeigten sich überwiegend politisch interessiert.

Individuelle Erfahrungen mit Altersarmut in einer reichen Stadt

pekte auf der Hand liegen (Weidekamp-Maicher 2013: 70f.). In einigen Dimensionen steigt mit fortschreitendem Alter das Risiko von Rückgängen und Verlust: Körperliche Erkrankungen nehmen zu und der allgemeine Gesundheitszustand verschlechtert sich (Homfeldt 2010: 317), soziale Netzwerke werden dünner (Künemund/Kohli 2010: 309f.), der Aktionsradius nimmt ab (Voges/Zinke 2010). Dass die Lebenszufriedenheit älterer Menschen empirischen Studien zufolge dennoch stabil bleibt, wird u.a. auf individuelle Anpassungsleistungen und Bewältigungsstrategien zurückgeführt (Weidekamp-Maicher 2013: 64). Allerdings sind aktuellen Umfragen zufolge gerade im Alter sowohl das Gefühl, aus der Gesellschaft ausgeschlossen zu sein, als auch der Rückzug aus sozialen Beziehungen bei Menschen mit geringem Einkommen überdurchschnittlich hoch (vgl. Bundesregierung 2016c: 451).

Beeinträchtigungen, die sich aus Armutslagen ergeben können und solche, die auf das körperliche Altern zurückzuführen sind, beziehen sich auf alle Dimensionen der Lebensqualität. Sie können sich wechselseitig verstärken, so ist z.b. der Zusammenhang zwischen (Alters-)Armut und Krankheit inzwischen belegt (vgl. FHH 2014: 40; Bundesregierung 2016c: 435ff.). Bekannt ist auch, dass viele alte Menschen mit geringem Einkommen sich zunächst in ihren Ernährungsgewohnheiten, sozialen Kontakten und Freizeitaktivitäten einschränken, bevor sie ihnen zugängliche Leistungen der lokalen Wohlfahrtspflege oder des Sozialstaates in Anspruch nehmen. Der aktuelle Armutsbericht des Paritätischen Wohlfahrtsverbandes Deutschland vermerkt hierzu: »Verschiedene Forschungsarbeiten auf unterschiedlichen Datengrundlagen verweisen übereinstimmend auf eine Nichtinanspruchnahmequote von Leistungen nach den Sozialgesetzbüchern II und XII in Höhe von etwa 40%: Zwei von fünf Berechtigten nehmen ihre Ansprüche gar nicht war.« (Rock 2017: 49) Als mögliche Gründe werden u.a. »Stolz, Scham, die Angst vor einem Unterhaltsrückgriff auf Angehörige, mangelnde Informationen« angeführt (ebd.).

Altersarmut stellt eine besonders gravierende Form der Armut dar, da mit dem (fortgeschrittenen) Alter(n) ein Rückgang der Ressourcen einhergeht, die in früheren Lebensphasen zur Bewältigung oder Überwindung von Armut mobilisiert werden konnten. Arbeitsbezogene Konzepte zur Armutsbekämpfung greifen in dieser Phase – zumindest solange das Alter als »Ruhestand« verstanden wird – nicht (vgl. Bundesregierung 2016c: 431). Zwar finden sich Maßnahmen wie Pfandsammeln oder Gelegenheitsjobs durchaus in individuellen Bewältigungs- und Überlebensstrategien, es ist jedoch nicht davon auszugehen, dass damit existenzsichernde Beträge erzielt werden können. Auch Versuche, materielle Not durch soziale Beziehungen abzufedern, gelingen nur so lange, wie die Beziehungsnetze tragfähig bleiben.

2. Altersarmut in Hamburg im Vergleich zu anderen Regionen

Der Anteil der über 65-jährigen Bevölkerung pendelte in Hamburg zwischen den Jahren 2000 und 2015 zwischen 17 und 19%. Damit gehört knapp ein Fünftel der Bevölkerung zum Personenkreis der Älteren. Das erwirtschaftete Bruttoinlandsprodukt je Einwohner in Höhe von 49.638 € kennzeichnet die Hansestadt im Vergleich zum Bundesdurchschnitt (30.566 €) und zu wirtschaftlich prosperierenden Flächenländern zwar als wirtschaftsstark (vgl. FHH 2014: 6). Dennoch verweisen Daten zur Lebenslage der Hamburger Bevölkerung auf bestehende Armutsgefährdung: Die allgemeine *Armutsgefährdungsquote*[3] (gemessen am Landesmedian) schwankte in Hamburg im Zeitraum der Jahre 2005 bis 2015 in Bezug auf die Hamburger Bevölkerung zwischen 16,1% (dem niedrigsten Wert im Jahr 2008) und 19% (dem höchstem Wert im Jahr 2015).[4] Die Hamburger Werte lagen seit dem Jahr 2005 immer über dem Bundesdurchschnitt (2015: 5,7%) und erreichten im Jahr 2015 mit 19% im Vergleich zu den anderen Bundesländern den höchsten Wert. Vergleicht man die Armutsgefährdung in deutschen Großstädten, so wird deutlich, dass alle im Jahr 2015 – mit Ausnahme von Berlin – ermittelten Werte jenseits des Bundesdurchschnittes, z.T. gar über dem Hamburger Niveau liegen. Dieser letzte Befund verweist auf eine Konzentration von Armutsgefährdung in Großstädten mit einem überdurchschnittlichen Niveau der Lebenshaltungskosten aufgrund einer erhöhten Nachfrage nach urbanen Wohnstandorten in Verbindung mit der Hoffnung auf bes-

---

[3] Anteil der Personen mit weniger als 60% des landesweiten Äquivalenzeinkommens. Das Äquivalenzeinkommen ist ein auf der Basis des Haushaltsnettoeinkommens berechnetes bedarfsgewichtetes Pro-Kopf-Einkommen je Haushaltsmitglied (vgl. Statistisches Bundesamt, www.amtliche-sozialberichterstattung.de/A1armutsgefaehrdungsquoten.html).

[4] Datengrundlage: Statistisches Bundesamt, www.amtliche-sozialberichterstattung.de/A1armutsgefaehrdungsquoten.html.

Individuelle Erfahrungen mit Altersarmut in einer reichen Stadt

sere Erwerbschancen sowie einer breiter gefächerten sozialen, kulturellen und gesundheitlichen Infrastruktur.

Die *Altersgruppe ab 65 Jahren* wies in Hamburg seit dem Jahr 2005 zwar stets *unterdurchschnittliche Armutsgefährdungsquoten* auf. Auffällig ist jedoch der kontinuierliche und deutliche Anstieg von 8,7 (2006) auf 15,8% (2015).[5] Auffällig ist in Hamburg auch eine überdurchschnittliche Grundsicherungsquote der älteren Bevölkerung: Sie stieg kontinuierlich von 5,2% im Jahr 2008 (vgl. FHH 2014: 12) über 5,7% im Jahr 2014 auf 5,9% der 65-jährigen und älteren Bevölkerung im Jahr 2015. Somit lebten in der Hansestadt in diesem Zeitraum stets ca. 20.000 Menschen im Alter über 65 Jahren von staatlichen Transferleistungen (Statistikamt Nord 2016a: 3). Knapp drei Viertel dieses Personenkreises erhält die Grundsicherung aufgrund einer unzureichenden Altersrente (vgl. ebd.). Hervorzuheben ist der überdurchschnittliche Anteil der Frauen im Bezug von Grundsicherung, der mit einer niedrigeren Erwerbsbeteiligung und entsprechend geringeren Rentenanwartschaften zu erklären ist (vgl. ebd.: 14). Zu berücksichtigen ist in diesem Zusammenhang, dass viele Menschen in Altersarmut die ihnen zustehenden Leistungen nicht in Anspruch nehmen, weshalb in der Grundsicherung von einer hohen Dunkelziffer der Anspruchsberechtigten auszugehen ist (s.o.).[6]

Die Daten zeigen, dass allgemeine wirtschaftliche Prosperität nicht alle Menschen vor Armutsrisiken schützt. Diese Annahme bestätigt auch der aktuelle Armutsbericht des Paritätischen Wohlfahrtsverbands, in dem es heißt: »Wie in den meisten der letzten zehn Jahre, schlug sich die insgesamt gute Wirtschaftsentwicklung des Jahres 2015 mit einem preisbereinigten Bruttoinlandsproduktzuwachs von 1,7% nicht in einem Abbau der Armut nieder. Vielmehr muss mit Blick auf die letzten zehn Jahre konstatiert werden, dass wirtschaftlicher Erfolg offensichtlich keinen Einfluss auf die Armutsentwicklung hat.« (Der Paritätische 2017: 9) Ältere Menschen sind von der ungleichen Einkommensverteilung und Niedrigeinkommen in hohem Maße betroffen, da sie an ihrer Situation am wenigsten ändern können, wenn ihre Alterseinkünfte durch poli-

---

[5] Datengrundlage: Statistisches Bundesamt, www.amtliche-sozialberichterstattung.de und FHH 2014: 7.

[6] Der 7. Altenbericht der Bundesregierung führt eine Schätzung auf Grundlage von Daten aus dem Jahr 2007 an, der zufolge 68% der Anspruchsberechtigten die Leistung nicht in Anspruch nehmen (Bundesregierung 2016a: 57; Becker 2012).

tische Entscheidungen gemindert werden oder der Arbeitsmarkt kontinuierliche und langjährige Erwerbsbiografien erschwert.

Eine erhebliche Belastung stellt für alle unter Armutsbedingungen lebenden Menschen in Hamburg der angespannte Wohnungsmarkt dar: Der Anteil von Sozialwohnungen hat sich aufgrund auslaufender Belegungsbindungen und langjährig vernachlässigtem Neubau von 17,8% des Wohnungsbestandes im Jahr 2000 auf 9,4% im Jahr 2015 verringert (vgl. Stehr 2014: 42; Statistikamt Nord 2016b). Hinzu kommt, dass bis zum Jahr 2020 für knapp 28.000 Sozialwohnungen die Belegungsbindung entfällt, wobei noch offen ist, ob die jeweiligen Eigentümer danach versuchen werden, die deutlich höheren Marktmieten zu realisieren. Die inzwischen geplante Erhöhung des jährlichen Neubaus von Sozialwohnungen von 2.000 auf 3.000 Wohneinheiten kann den bis 2020 prognostizierten Verlust in diesem günstigsten Wohnungsmarktsegment nicht ausgleichen, zumal die Nachfrage nach bezahlbarem Wohnraum durch zuwandernde junge Menschen in Ausbildung sowie die wohnberechtigten Flüchtlinge[7] weiter ansteigen wird. Auf dem privaten Wohnungsmarkt sind die Mieten aufgrund der hohen Nachfrage nach städtischem Wohnraum, Modernisierungsinvestitionen, die anteilig mit 11% auf die Mieter übertragen werden können, sowie infolge der Berechnung der Mietspiegel auf der Basis generell höherer Neuvermietungsmieten der vergangenen zwei Jahre kontinuierlich gestiegen.

Dies kann auch bei alten Menschen mit niedrigem Einkommen dazu führen, dass sie ihre Miete nicht mehr bezahlen können und die vertraute Wohnung sowie deren Umfeld verlassen müssen. So werden sie strukturell in periphere Wohngebiete oder sogar aus der Stadt in ländliche Räume verdrängt, wo niedrigere Wohnkosten zu erwarten sind. Dadurch gehen soziale Kontakte im Nahbereich verloren; auch räumliches Orientierungswissen wird obsolet und muss an fremden Orten neu aufgebaut werden. Schon jetzt wohnen Personen über 65 Jahren eher in Hamburger Randlagen als in den belebten zentralen Gebieten. Für Haushalte mit eingeschränkter Mobilität und/oder niedrigem Ein-

---

[7] Geflüchtete haben bis zur Anerkennung als Asylberechtigte nur das Recht auf Unterkunft. Erst nach erfolgreichem Abschluss des Asylverfahrens können sie sich um eine für sie bezahlbare Wohnung bewerben, scheitern dabei jedoch – wie andere Nachfragegruppen mit Migrationshintergrund – häufiger an Diskriminierung durch Vermieter.

kommen stellt dies eine Benachteiligung dar, wenn im näheren Wohnumfeld nicht alle wichtigen Alltagsbedürfnisse (Gesundheit, soziale Kontakte, kulturelle Teilhabe) befriedigt werden können. Allerdings zeigt das Hamburger Sozialmonitoring, dass Altersarmut gemessen an der Grundsicherungsquote derzeit auch in innerstädtischen Quartieren (St. Pauli und Wilhelmsburg) und in Räumen, in denen vergleichsweise wenige ältere Menschen leben, insbesondere jedoch in Regionen mit Anzeichen auch anderer Formen sozialer Benachteiligung, besonders ausgeprägt ist (v.a. Arbeitslosigkeit).

Untersuchungen zur Altersarmut zeigen, dass wirtschaftliche Not in armutsgeprägten Lebenslagen mit vielen anderen Belastungen einhergeht.[8] Insbesondere überdurchschnittlich betroffene Einpersonenhaushalte leiden häufig an sozialer Isolation, weil sie sich Mobilität oder kostenpflichtige Aktivitäten mit Freunden und Verwandten nicht leisten können (vgl. Bertelsmann Stiftung 2015: 46). Bei Mehrpersonenhaushalten ergibt sich das Risiko von Abhängigkeitsverhältnissen, die mit Ängsten (z.b. vor Wohnungsverlust) einhergehen, für den Fall, dass soziale Beziehungen erodieren. Auch Belastungen durch Krankheit erschweren den Alltag in Altersarmut, da medizinische Versorgung nur auf niedrigstem Niveau in Anspruch genommen werden kann und Maßnahmen zur Gesundheitsförderung aus Kostengründen oder Perspektivlosigkeit vermieden werden. Nicht zuletzt weist das Hamburger Hilfesystem für arme Menschen noch erhebliche Lücken auf oder stellt für viele Betroffene Zugangshürden dar – z.b. durch fehlende bzw. unverständliche Informationen.

---

[8] Kroh u.a. (2012: 14) kommen z.b. in ihrer Untersuchung des Zusammenhangs zwischen Einkommen und Lebenserwartung zu dem Ergebnis, dass »Personen aus wohlhabenden Haushalten (...) in Deutschland im Alter von 65 Jahren eine deutlich höhere fernere Lebenserwartung (haben) als Personen mit niedrigeren Einkommen«. Ihre »Analysen erlauben zwar keine Kausalaussagen, sie legen jedoch die Interpretation nahe, dass die geringere Lebenserwartung von Frauen aus Haushalten mit niedrigen Einkommen zu Teilen auf die psychische Belastung durch finanzielle Knappheit sowie auf fehlende soziale Netzwerke und Freizeitaktivitäten zurückgeführt werden können. Bei Männern in Haushalten mit niedrigen Einkommen scheinen sich geringe Bildung und ein physisch belastendes Arbeitsleben negativ auf die fernere Lebenserwartung auszuwirken.« (ebd.)

Betrachtet man die Befunde zu Ursachen der Altersarmut, so zeigt sich ein breites Spektrum an Risikofaktoren (vgl. Brettschneider/Klammer 2016a: 327). Brüche im Bildungs- und Ausbildungsprozess finden ebenso ihren Niederschlag in niedrigen Alterseinkommen wie diskontinuierliche Erwerbsbiografien. Arme alte Menschen blicken selten auf ein durchgängiges 45-jähriges Arbeitsleben mit sozialversicherungspflichtigen Beschäftigungsverhältnissen zurück. Gründe hierfür sind biografisch bedingte vernachlässigte Bildungsanstrengungen, Verlockungen des liberalisierten Arbeitsmarktes, der Freiheiten durch prekäre Beschäftigung verspricht, zulasten der Versicherten veränderte Umstrukturierungen der Rentenberechnung, gescheiterte familiäre Beziehungen oder gesundheitliche Schicksalsschläge. Brettschneider und Klammer (2016a: 330) gehen deshalb von einem multifaktoriellen Verursachungskontext aus: Bildungsgrad und Erwerbsverlauf spielen dabei ebenso eine Rolle wie familiäre Entwicklungen (Kindererziehung, Scheidung, Pflege), Vorsorgefähigkeit bzw. -bereitschaft, gesundheitliche Einschränkungen und/oder Auswirkungen von Migration.

Das komplexe Wirkgefüge im Bereich der Altersarmut erfordert auf allen räumlichen Ebenen sowohl eine systemische Betrachtung der wirtschaftlichen, sozialrechtlichen und sozialkulturellen Einflussfaktoren als auch Einblicke in unterschiedliche biografische Verläufe. Gleichermaßen erscheint der räumliche Kontext für das Leben in Altersarmut relevant, da die statistischen Daten auf hohe Armutsrisiken in Gebieten mit hohem Einkommen verweisen, auch wenn die empirischen Grundlagen für eine systematische Kaufkraftbereinigung regionaler Armutsquoten noch nicht ausreichen (vgl. Der Paritätische 2017: 8ff.).

Nachfolgend werden zentrale Ergebnisse einer explorativen Befragung von Personen dargestellt, die ihren Alltag in Altersarmut meistern müssen. Anhand dieser Biografien wird auch herausgearbeitet, wie der Sozialraum Hamburg ihre jeweiligen Lebensbedingungen beeinflusst und welche Bezüge zu systemischen Aspekten der Altersarmut erkennbar sind.

Individuelle Erfahrungen mit Altersarmut in einer reichen Stadt

3. Arm sein: Alltagsbewältigung mit begrenzten Ressourcen

Wege in die Altersarmut
In einer Auswertung von 49 Biografien von grundsicherungsbedürftigen Seniorinnen und Senioren konnten Brettschneider und Klammer »biografische Risikodimensionen und Risikofaktoren« (Brettschneider/ Klammer 2016a: 329f.) identifizieren. Hierzu gehören »deutlich verkürzte und/oder perforierte Versicherungsbiografien«, »unstete Familien- bzw.- Partnerschaftsbiografien«, »gesundheitliche Probleme« sowie unzureichende oder gescheiterte »individuelle Vorsorgestrategien«. Bei aller Heterogenität der Lebensläufe in unserer deutlich kleineren Stichprobe, zeigen sich diese Faktoren doch in allen Fällen. Die befragten drei Frauen und drei Männer leben in unterschiedlichen Haushaltsformen und Hamburger Stadtteilen, verfügen über niedrige und höhere Bildungsabschlüsse und blicken auf brüchige Bildungs- und Berufskarrieren zurück.

Das *geringe Einkommen* der befragten sechs Personen ist auf sehr unterschiedliche, auch persönliche Ursachen zurückzuführen: Eine 84-jährige Gesprächspartnerin (Frau A) blickt auf eine bunte Erwerbsbiografie zurück. In der unmittelbaren Nachkriegszeit schlug sie sich mit verschiedenen Jobs durch, ohne eine Ausbildung abzuschließen. Dann machte sie sich in den Bereichen Gastronomie und Fischhandel selbständig. Diesen Schritt ging sie auch, um sich aus einer gescheiterten Ehe zu befreien. Sie konnte jedoch nie Geld zur Alterssicherung anlegen und lebt heute von einer geringen Rente, die sie mit Grundsicherungsleistungen aufstockt. Ihre nach der Verrentung eingetretene Behinderung erschwert ihren Alltag zusätzlich.

Ein anderer Gesprächspartner (Herr B) ist ein ehemaliger, heute allein lebender Unternehmer, der im Alter von 50 Jahren als Selbständiger scheiterte. Scheidung und Sucht erschwerten die Stabilisierung seiner Lebenslage. Auch eine Beschäftigungsmaßnahme mit der Gelegenheit, ein Projekt zu initiieren, blieb ohne den notwendigen Erfolg, sodass er inzwischen von ALG II lebt. Dieser Gesprächspartner hatte sich in Bezug auf Alterssicherung auf seine zunächst sehr erfolgreiche Selbständigkeit verlassen und erkennt heute, dass diese Vorsorgestrategie gescheitert ist, ohne daran etwas ändern zu können.

Eine weitere Person (Frau C) ohne schulischen Abschluss arbeitete nach einer Ausbildung als Verkäuferin in wechselnden einfachen Jobs, die meiste Zeit als Objektleiterin im Reinigungsgewerbe. Sie bezieht nach einem Schlaganfall Erwerbsunfähigkeitsrente sowie ergänzende Grundsicherungsleistungen.

Ein 69-jähriger Gesprächspartner (Herr D) mit Abitur hat nach Abbruch eines Jurastudiums sein Leben lang von Gelegenheitsjobs gelebt. Er konnte zwar nach Pflege seiner Eltern auf eine Erbschaft zurückgreifen, hat aber nie Geld angespart, da er seit der Angehörigenpflege nur noch unregelmäßig arbeiten konnte. Er lebt heute von einer Alters- und Privatrente, die zusammen aber so niedrig sind, dass er diese immer noch mit einem Nebenjob aufstocken muss. Hinzu kommen gelegentliche Zuwendungen seiner Partnerin und das mietgünstige Wohnen in deren Wohnung (ohne eigenen Mietvertrag), die es ihm ermöglichen, mit seinem Einkommen knapp über dem Niveau der Grundsicherung über die Runden zu kommen. Die als negativ empfundene elterliche Prägung und Schicksalsschläge wie die Pflegebedürftigkeit der Eltern sieht er als Grund dafür an, dass er es versäumt hat, rechtzeitig einer Armut im Alter vorzubeugen.

Frau E war nach einer kaufmännischen Ausbildung und der Geburt ihrer Kinder lange Zeit Hausfrau und hat nur in geringem Umfang »ein bisschen mitgearbeitet«; nach der Scheidung im Jahr 1984 nahm sie eine Halbtagsbeschäftigung an. Für die Alterssicherung konnte sie als alleinerziehende Teilzeitbeschäftigte nichts ansparen; vielmehr wurde sie schon während der Erwerbstätigkeit einige Zeit von ihrem Sohn finanziell unterstützt. Als sie mit 65 Jahren das Rentenalter erreichte, bezog sie zunächst eine geringe Rente und aufstockende Grundsicherung. Nach Einführung der Mütterrente erhöhte sich ihre Rente, sodass die Berechtigung für die Grundsicherung wegfiel. Durch Änderungen in der Wohngeldberechnung 2016 kann sie inzwischen diese Leistung beziehen.

Herr F hat nach einem Designstudium eine Weile als Designer und Lehrer gearbeitet, dann aber gekündigt; später verlegte er sich auf handwerkliche Tätigkeiten und gründete mit einem Partner eine Tischlerei. Der Gelderwerb als Selbständiger belastete ihn – u.a. wegen hoher Unterhaltsleistungen für sechs eigene Kinder aus drei Ehen und sechs Adoptivkinder. Diese Belastungen führten zu gesundheitlichen Problemen und schließlich zur Erwerbsunfähigkeit. Einige Jahre bezog er Leistungen nach SGB II, danach Grundsicherung. Trotz zwischenzeitlicher Obdachlosigkeit, die durch ein Wohnungsangebot einer Stiftung beendet werden konnte, stabilisiert er sich u.a. durch den Kontakt zu Familien-

Individuelle Erfahrungen mit Altersarmut in einer reichen Stadt

mitgliedern und die Hoffnung, wieder als Bildhauer tätig zu sein. Die Tabelle 1 auf den nachfolgenden Seiten fasst die wichtigsten Armutsrisiken der befragten Personen zusammen. Die Kategorien sind der Systematik von Brettschneider/Klammer (2016a und b) entlehnt und wurden leicht angepasst. Deutlich wird z.b., dass Altersvorsorge für Selbständige keineswegs eine Selbstverständlichkeit ist, sondern bei schlechter Auftragslage oder in Marktsegmenten ohne hohe Renditeerwartungen zur Deckung laufender Aufwendungen und Investitionen zurückgestellt werden (muss). Es zeigt sich ebenso, dass mit Beschäftigungen im Teilzeit- oder Niedriglohnbereich oder Erwerbslücken, aufgrund von Kinderbetreuung, auskömmliche Renten kaum zu erzielen sind.

Hier bestätigt sich die Einschätzung des 7. Altenberichts, die auch von der Bundesregierung ausdrücklich geteilt wird: »Eine eigenständige Alterssicherung oberhalb des Niveaus der Armutsgrenze oder der Grundsicherung ist auf der Grundlage von Niedriglohnarbeitsverhältnissen und Minijobs kaum möglich.« (Siebte Altenberichtskommission 2016: 86)

Hervorzuheben sind auch gesundheitliche Risiken bzw. Prävalenz von Krankheit und gesundheitlich bedingter Beeinträchtigungen der Arbeitsfähigkeit, die sich dann auch auf das Einkommen auswirken. Dazu kommen Einschränkungen durch Kindererziehung oder die Pflege von Eltern und Angehörigen, die Erwerbsunterbrechungen erfordern und so ein weiteres Armutsrisiko bilden. In einigen Gesprächen findet das Elternhaus auch dahingehend Erwähnung, dass in der Rekonstruktion der eigenen Biografie die Erziehung bzw. das Aufwachsen problematisiert wird und als ein Faktor für im Nachhinein als falsch oder riskant bewertete Entscheidungen angesehen wird.

Tabelle 1: Armutsrisikofaktoren im Lebenslauf der befragten Personen

		Frau A	Herr B	Frau C	Herr D	Frau E	Herr F
Erwerbsbiografie	Langzeitarbeitslosigkeit		X		X		
	Langjähriger Nebenverdienst				X	X	
	Langjährige geringfüge Beschäftigung			X			
	(Solo-)Selbständigkeit	X	X				X
	Schwarzarbeit						
	»Stille Reserve«[1]						
Familienbiografie	Kinderbedingte Unterbrechungen					X	
	Angehörigenpflege				X		
	Trennung/Scheidung	X	X				X
	Verwitwung						
	Alleinerziehung					X	
Gesundheitsbiografie	Erwerbsminderung			X			
	Behinderung	X		X			
	Unfall/Berufskrankheit						X
	Psychische Probleme						
	Chronische Erkrankungen						
Bildungsbiografie	Fehlender Schulabschluss				X		
	Fehlender Berufsabschluss						
	Mangelnde Teilnahme an Weiterbildung						
	Dequalifikationsprozesse						

[1] Gemeint sind Personen, die »grundsätzlich erwerbsbereit sind, aber in Zeiten einer schlechten Arbeitsmarktlage aus den verschiedensten Gründen nicht mehr in offiziellen Statistiken erscheinen«, u.a. Teilnehmende in Beschäftigungsmaßnahmen oder Studierende, »die aufgrund schlechter Arbeitsmarktbedingungen ihren Abschluss hinauszögern«; diese Lage wird auch als »verdeckte Armut« bezeichnet (IAB 2005).

Individuelle Erfahrungen mit Altersarmut in einer reichen Stadt

		Frau A	Herr B	Frau C	Herr D	Frau E	Herr F
Vorsorge-biografie	Mangelnde Vorsorgefähigkeit				X		
	Mangelnde Vorsorgebereitschaft						
	Mangelndes Vorsorgewissen	X			X		
	Gescheiterte Vorsorgestrategie			X			
Migrations-biografie[2]	Später Zuzug						
	Sprachprobleme						
	Aufenthaltsrechtliche Probleme						
	Allg. Integrationsprobleme						
Sonstige Risiken	Soziale Devianz, Kriminalität						
	Sucht			X			
	Obdachlosigkeit[3]						X
	(Selbst-)Exklusionsprozesse, »Schicksalsschläge«					X	
	Als negativ empfundene elterliche Prägung				X		

[2] Einzelne GesprächspartnerInnen sind zugewandert bzw. haben einen Migrationshintergrund, der jedoch von ihnen nicht als relevant für die Entstehung der Armut angesehen wird.

[3] Brettschneider/Klammer (2016a und b) fassen Sucht und Obdachlosigkeit in einer Kategorie zusammen. Wir haben die beiden Aspekte aufgrund der Nennungen in den hier geführten Gesprächen getrennt, in denen kein Bezug zwischen ihnen hergestellt wurde, also Wohnungslosigkeit ohne Sucht erlebt wurde oder langjährige Sucht ohne Wohnungsverlust.

Quelle Brettschneider/Klammer 2016a: 330, eigene Ergänzungen

Bedeutung der Armut für die Alltagsgestaltung: Autonomieverlust und Perspektivverengung

»Altersarmut, der Weg, den ich genommen hab, den hat nicht jeder genommen, das sind ganz individuelle Geschichten, das Ergebnis ist nachher dasselbe. Und dann geht´s darum, wie geh ich damit um.« (Herr B)

Die Einkommenssituation der GesprächspartnerInnen ist auf geringem Niveau sehr unterschiedlich und wirkt sich auf das Erleben der Altersarmut aus. Auch die Altersspanne (68 Jahre bis 84 Jahre), Haushaltsstruktur (allein lebend oder mit PartnerIn) und die gesundheitliche Situation unterscheiden sich (einige sind nach Selbsteinschätzung fit und agil, andere sind chronisch krank und gesundheitlich eingeschränkt).

In den Gesprächen wurde deutlich, dass die Frage nach Altersarmut ein Nachdenken über zwei Dimensionen des Alltags evozierte: das Einkommen bzw. verfügbare finanzielle Ressourcen und damit verbundene Einschränkungen sowie das Alter(n) bzw. die körperliche und mentale Verfassung. Altersarmut wird erlebt als Prozess einer zunehmenden Verengung des Aktionsradius und als Verlust von Autonomie, die sich aus geringer werdenden Ressourcen und abnehmender Fitness ergeben. Wie sich das im Selbstbild und in der Gestaltung des Alltags zeigt, soll nun mit Gesprächspassagen illustriert werden.[9]

Altersarmut im Selbstbild der Betroffenen

Mit einem monatlichen Einkommen von ca. 970 Euro, die sich aus Rente, privater Vorsorge und einem Nebenverdienst zusammensetzen, empfindet sich Herr D nicht als arm (»... das ist keine richtige Armut«), beschreibt aber dennoch ähnliche Einschränkungen wie die befragten EmpfängerInnen von Grundsicherung. In der Alltagsgestaltung von Frau A nimmt das sorgsame Haushalten eine große Rolle ein: Über die Jahre hat sie sich damit abgefunden, »immer das Preiswerteste kaufen zu müssen, damit lernt man, umzugehen«. Ähnlich beschreibt auch Herr B seine Situation: »(...) ich gehe kritischer beim Einkaufen los, (...) essensmäßig schränke ich mich schon ein bisschen ein«. Im Leben von Frau C

---

[9] Methodisch ist anzumerken, dass die Gespräche offen geführt wurden. Die Leitfrage war: »Wie sieht Ihr gewöhnlicher Alltag aus?« Im weiteren Verlauf wurden die Wohnsituation, die finanzielle Situation, Freizeitgestaltung und das Wohlbefinden angesprochen.

hingegen nimmt die Behinderung und die mit ihr einhergehende Mobilitätseinschränkung eine so große Rolle ein, dass andere Entbehrungen sekundär erscheinen: »Ich bin den ganzen Tag zu Hause. Durch meine Behinderung komme ich nicht raus.«

Frau E beschreibt einen Verlust von Struktur: »(...) mein gewöhnlicher Alltag ist so, dass ich überhaupt keinen Rhythmus mehr habe, außer wenn ich einen Termin habe (...)«. Sie versucht, Ordnung und Alltagsorientierung z.B. durch regelmäßige Aktivitäten herzustellen: »(...) Montag nachmittags und Dienstag vormittags singen, mittwochs zum Kaffeetrinken, (...) freitags geh ich zur Tafel (...)«. Die finanziellen Engpässe machen ihr zu schaffen: »(...) alles was mit den Themen Geld zu tun hat, da reagier ich manchmal, glaube ich, ein bisschen über (...)«. Herr F thematisiert die Angewiesenheit auf Grundsicherung ambivalent: Einerseits ist er »ganz froh, dass wir einen Sozialstaat haben, wo ich hingehen kann (...)«, zum anderen ist es ihm »ziemlich peinlich, da hinzugehen und so Geschichten zu machen (...); das widerstrebt mir eigentlich, am Tropf des Sozialstaats zu hängen, (...) man fühlt sich minderwertig«.

Altersarmut in der Alltagsgestaltung:
Einschränkungen und Belastungen
In den Schilderungen ihrer alltäglichen Lebensführung stellen die Betroffenen vor allem vier Aspekte in einen direkten Zusammenhang mit der Altersarmut:

Einschränkungen im Konsum- und Essverhalten sowie in der Freizeitgestaltung, belastende Wohnsituationen und Beeinträchtigungen ihrer sozialen Beziehungen. Einschränkungen im Konsum- und Essverhalten schildern Frau A und Herr B als individuelle Sparstrategien beim Einkaufen von Lebensmitteln; Frau E und Herr F versorgen sich über die Tafel. Sie alle haben einen von Genügsamkeit geprägten Lebensstil und unterstreichen, dass sie diesen Stil über Jahre erlernt haben. »Das Geld reicht nur fürs Essen. Und Sie müssen immer das Preiswerteste kaufen, und sie müssen meistens wenn dann für zwei Tage kochen oder für drei, und dann frieren sie es ein und holen es wieder raus und so, weil's nicht anders möglich ist zu überstehen.« (Frau A) Der permanente Druck, Ausgaben abzuwägen, ist unangenehm: »(...) es ist einfach nicht schön«, sagt Frau A oder: »(...) immer dieses blöde Gefühl, wie überstehst Du den nächsten Monat«, so Herr B. In einem Fall führte der Druck zu Einsparungen zu einem riskanten Umgang mit Medikamenten: Um Zuzahlungen zu vermeiden, wurde die ärztlich vorgeschriebene Dosis nicht eingehalten und führte zu einem Organversagen. Solch fahrlässiges und irrationales Verhalten belegt die Plausibilität der verhaltenspsychologischen Knappheitstheorie, der zufolge Knappheit die Perspektive so radikal verengen kann, dass alle anderen Dinge ausgeblendet bzw. in Kauf genommen werden (Mullainathan/Shafir 2013).

Einschränkungen im Freizeitverhalten werden deutlich in finanziell und gesundheitlich bedingten Mobilitätseinschränkungen, die den Aktionsradius weitgehend auf das Wohnquartier begrenzen. So wird dessen soziale, kulturelle und technische Infrastruktur zur Schlüsselressource in der Armutsbewältigung. Alle Befragten betonen, dass sie seit Jahren nicht mehr in der Lage waren, einen Urlaub zu machen, und betonen gleichzeitig die Bedeutung strukturgebender Freizeitaktivitäten in ihrem Alltag, die sie versuchen, trotz Mühen aufrechtzuerhalten. In erster Linie sind das Singgruppen sowie regelmäßige Angebote von Seniorentreffs und Bürgerhäusern. Auch politisches Engagement wird genannt (Herr B) und Frau A nutzt kulturelle Gratisangebote, die in Hamburg über die Kulturloge organisiert werden.

Belastende Wohnsituationen werden von drei GesprächspartnerInnen als akut oder perspektivisch problematisch beschrieben. In einem Fall geht es dabei um mangelnde Barrierefreiheit. Ein jahrelanges erfolgloses Bemühen um eine Erdgeschosswohnung zehrt an den Kräften der Betroffenen. Da einer Gesprächspartnerin die Wohnumgebung viel bedeutet, war sie bislang allerdings nicht bereit, Angebote in anderen Stadtgebieten anzunehmen. Ein weiterer Gesprächspartner fühlt sich in seiner Wohnung, die er als »Wohnklo« bezeichnet, nicht wohl und ist selten zu Hause. In einem dritten Fall ergibt sich für den Gesprächspartner eine psychische Belastung aus dem Umstand, dass er ohne Mietvertrag bei seiner Partnerin wohnt und im Falle einer Trennung seiner Einschätzung nach ziemlich sicher auf der Straße landen würde. Während er seine aktuellen Lebensumstände nicht beklagt, hat er jedoch eine ihn betrübende Angst vor einem »elenden Ende«. Eine andere Gesprächspartnerin hingegen fühlt sich in ihrer Wohnung, die sie seit über zehn Jahren bewohnt, sehr wohl, zunehmend bereiten ihr allerdings die Treppenstufen im Altbau Probleme.

Beeinträchtigungen sozialer Beziehungen wurden in allen Gesprächen als soziale Nebenwirkungen der Geldknappheit beschrieben. Wenn die Möglichkeit nicht mehr besteht, andere auch mal einzuladen oder Einladungen wegen erwarteter Geschenke anzunehmen, ist man weniger gesellig. Das zeigt sich u.a. bei Geburtstagen und anderen Feiern: »Ich kann nicht sagen, komm mal her, ich will meinen Geburtstag feiern, das geht nicht.« (Frau A). Ähnlich schildert auch Frau E ihre Situation: »Ende des Monats ist mein Portemonnaie leer, dann sage ich, ich kann nicht mitgehen, ich möchte aber auch nicht, dass ihr mich einladet (...). Wenn ich mich verabrede, dann sage ich, ich möchte mich nach Möglichkeit hier im Bezirk treffen. Dann brauch ich kein Fahrgeld bezahlen. Also es ist immer wieder das dämliche Thema Geld (...). Das gebe ich lieber für andere Sachen aus. Da haben manche halt kaum Verständnis. Und das ist das, was mich nervt.« (Frau E) Ein armutsbedingter Rückzug aus Freundschaften und Bekanntschaften kann bislang indes nicht festgestellt werden. Eher scheinen sich die Treffpunkte zu verlagern hin zu kostengünstigen und nahe gelegenen Orten.

Mangel strukturiert den Alltag
Bei aller Unterschiedlichkeit der Armutserfahrungen, ihrer Deutung und der Haltung zum Bezug von staatlichen Leistungen sind alle Gespräche von einem ähnlichen Grundakkord geprägt. Aus Geldknappheit und körperlichen Einschränkungen bzw. Krankheit ergibt sich ein Verlust von Autonomie: Das Leben ist nicht mehr so selbstbestimmt, wie es früher einmal war. Das ist umso mehr eine schmerzhafte Umstellung, wenn in der Vergangenheit die Selbständigkeit das Selbstbild einiger GesprächspartnerInnen bestimmte. Der Autonomieverlust verbindet sich mit einer Reduzierung der Perspektive und einer Einschränkung des Aktivitätsradius – nicht zum Überleben notwendige Dinge und Angelegenheiten geraten zunehmend aus dem Blick.[10] Die psychologischen und gesundheitlichen Konsequenzen können drastisch sein.

Während zwar Einzelfälle geschildert werden, in denen der armutsbedingte Tunnelblick zu verhängnisvollen Fehleinschätzungen führte, überwiegt allerdings der Eindruck, dass die Knappheit zwar die Räume verengt, aber die Einschränkungen eher graduell als absolut anzusehen sind. Bemerkenswert sind die Bemühungen um Alltagsstrukturierung, die Suche nach Gemeinschaft und Geselligkeit und die Strategien zur Reduzierung von Kosten, z.B. in der Versorgung mit Lebensmitteln. In-

---
[10] Die Psychologen Mullainathan und Shafir bezeichnen diese Fokussierung als »Tunnelblick« (Mullainathan/Shafir 2013: 29f.).

teressant ist andererseits, dass Strategien zur Erweiterung des Einkommens durch Nebeneinkünfte nur in Bezug auf das Überleben und kaum zur Erweiterung der Handlungsspielräume Erwähnung finden (vgl. auch Sedmak 2012: 24).

Alle GesprächspartnerInnen begegnen der Erfahrung von Knappheit und gesundheitsbedingten Einschränkungen mit einer ähnlichen Haltung. Diese ist von Genügsamkeit und einem Überlebenswillen geprägt, in einigen Fällen gepaart mit Kritik an den gesellschaftlichen Verhältnissen oder Erinnerungen an »bessere Zeiten«, die genutzt werden, um mögliche Lebensperspektiven nicht gänzlich zu vergessen. Die Befragten zeigen dabei keine Anzeichen von Fatalismus. Sie finden sich mit ihrer Situation ab und versuchen, diese aktiv zu bewältigen. Sie sind froh über die ihnen bleibenden Möglichkeiten der Alltagsgestaltung. Zugleich sind sie allerdings – auch das wurde in allen Gesprächen deutlich – frustriert und verärgert über die soziale Ungerechtigkeit und die Bedingungen, unter denen sie ihren Alltag gestalten müssen.

4. Schlussfolgerungen und Handlungsbedarfe

In allen hier beschriebenen Lebensverläufen und -lagen basiert das Einkommen im Alter auf Leistungen aus der gesetzlichen Rentenversicherung und/oder aus staatlichen Transferleistungen, in einzelnen Fällen ergänzt um Nebeneinkünfte im geringen Umfang. Keine/r unserer GesprächspartnerInnen hat in nennenswertem Umfang privat für die Alterssicherung vorgesorgt.

Ebenso kann keine der befragten Personen auf eine durchgängige Erwerbsbiografie und damit lückenlose Einzahlungen in die Rentenversicherung zurückblicken. Vielmehr wechselten sich jeweils Phasen der Selbständigkeit mit atypischen Beschäftigungsverhältnissen und familiären Betreuungs-, Pflege- oder Sorgezeiten ab.

Für diese Gruppe lassen sich zwei Handlungsansätze ableiten, die einen Beitrag dazu leisten könnten, das Risiko der Altersarmut zukünftig zu verringern und die Lebensqualität der schon Betroffenen zu erhöhen.

Zum einen zeigt sich die Notwendigkeit einer sozialen *Lebenslaufpolitik,* mit dem Ziel, Perioden der Selbständigkeit, Beschäftigung in Niedriglohn oder Teilzeit so im Rentensystem zu erfassen, dass Menschen nach ihrem Erwerbsleben nicht auf Grundsicherungsleistungen angewiesen sind. Um eine armutsfeste Alterssicherung über die Rentenversicherung zu erreichen, müssen u.a. möglichst durchgängige Beitragszahlungen erzielt werden (vgl. Naegele/Olbermann/Bertermann 2013: 453). Besonderes Augenmerk muss u.e. auf Phasen der Selbständigkeit gelegt werden, da vormals Selbständige im Vergleich zu abhängig Beschäftigten deutlich häufiger auf Grundsicherungsleistungen angewiesen sind (Bundesregierung 2016c: 426). Wie Bode und Wilke (2013: 190) auf Grundlage der SAVE-Panel-Studie zeigen, hat zudem das soziale Umfeld einen großen Einfluss auf das private Vorsorgeverhalten: »Soziale Netzwerke, aber auch BeraterInnen/Berater, werden (...) mitentscheidend in Fragen der Altersvorsorge.« Auf dem unüberschaubaren »Markt der Möglichkeiten« der Vorsorge- und Versicherungsprodukte verzeichnen sie weit verbreitete Orientierungsprobleme – »mit entsprechenden Risiken auch für bisher gut abgesicherte Bevölkerungsteile« (ebd.: 191). Dieser Befund deckt sich sowohl mit den Ergebnissen und Empfehlungen von Brettschneider und Klammer (vgl. Brettschneider/Klammer 2016b: 391ff.) wie auch mit den Aussagen unserer GesprächspartnerInnen, die nie eine profunde Vorsorgeberatung erhalten haben. Eine soziale Lebenslaufpolitik ist auch für VertreterInnen jüngerer Generationen von herausragender Relevanz, bei denen durch (phasenweise) selbständige Beschäftigung, niedrige Entlohnung oder als Alleinerziehende »Rentenlücken« entstehen, die erst bei professioneller Beratung bewusst werden, sodass konkreten Armutsrisiken wie auch diffusen Ängsten vor Altersarmut entgegengewirkt werden kann (von Malsen 2017).

Ein zweiter Ansatz bezieht sich auf eine *altersgerechte Struktur der Daseinsvorsorge in den Wohnquartieren*: Ärzte und Gesundheitsdienste, Pflege- und Sorgestrukturen, aber auch eine angemessene erschwingliche Versorgung mit Wohnraum und Mobilitätsmöglichkeiten (siehe hierzu auch die Vorschläge von Wicher/Bettich in diesem Band). Für einen trotz Altersarmut gelingenden Alltag sind zudem günstige Möglichkeiten zur Versorgung mit Gütern des alltäglichen Bedarfs entscheidend sowie Orte, an denen man auch ohne größere Ausgaben Freunde und Bekannte treffen kann. Für unsere GesprächspartnerInnen bieten privat organisierte und weitgehend ehrenamtlich organisierte Unterstützungsdienste wie Tafeln, die Sozialberatung sowie erschwingliche und erreichbare kulturelle Angebote Ankerpunkte, die nicht nur kostengünstige Versorgungs- und Freizeitmöglichkeiten, sondern darüber hinaus einen willkommenen alltagsstrukturierenden Rhythmus anbieten. Die Verfügbarkeit solcher Angebote ist bislang stadträumlich sehr ungleich verteilt und nur selten über Sozial- oder Altenhilfeplanung gesteuert oder abgesichert. Wie auch in der Stellungnahme der Bundesregierung zum Siebten Altenbericht betont, ist es daher wichtig, »(...) dass die Kommunen im Rahmen ihrer Daseinsvorsorge Strukturen schaffen, die auf eine gezielte Sozialraumgestaltung zugunsten älterer Menschen ausgerichtet sind. Dabei kommt dem Auf- und Ausbau von Kooperations- und Netzwerkstrukturen zwischen Verwaltung, Gesundheits- und Pflegewesen und Zivilgesellschaft eine hohe Bedeutung zu. Von besonderer Relevanz sind ebenso bedarfsgerechte Angebote an sozialen Dienstleistungen, Bildungsangebote, Nachbarschaftshilfen, Angebote gemeinschaftlicher Wohnformen, die Stärkung des Quartiers und des sozialen Nahraums sowie die speziellen und generationsübergreifenden Anlaufstellen.« (Bundesregierung 2016a: XXVII)

Bei den hier angeregten Einrichtungen sollte bedacht werden, dass es nicht um die Versorgung passiver KonsumentInnen geht, sondern um Orte, die – in Abwandlung des Leitbilds des »produktiven Alter(n)s« (vgl. Wahrendorf/Siegrist 2008) – selbstbestimmte und sinnstiftende Aktivitäten ermöglichen.[11] In den Gesprächen wurden gerade jene Gelegenheiten besonders wertschätzend beschrieben, die eine aktive Mitgestaltung ermöglichen, vom Chor bis zum Stadtteilbeirat.

Literatur

Becker, Irene (2012): Finanzielle Mindestsicherung und Bedürftigkeit im Alter, in: Zeitschrift für Sozialreform 58(2), S. 123-148.
Bertelsmann Stiftung (2015) (Hrsg.): Demographie konkret – Altersarmut in Deutschland. Regionale Verteilung und Erklärungsansätze, Gütersloh.
Bode, Ingo/Wilke, Felix (2013): Alterssicherung als Erfahrungssache: Private Vorsorge und neue Verarmungsrisiken, in: Vogel, Claudia/Motel-Klingebiel, Andreas (Hrsg.): Altern im sozialen Wandel: Die Rückkehr der Altersarmut?, Wiesbaden, S. 175-192.
Böhnke, Petra (2009): Abwärtsmobilität und ihre Folgen. Die Entwicklung von Wohlbefinden und Partizipation nach Verarmung. WZB Discussion Paper SP I 2009-205, Berlin.

---

[11] Siehe hierzu auch das Plädoyer für eine Stadtentwicklungspolitik, die es auch einkommensarmen Menschen ermöglicht, »nachbarschaftlich integriert und gesellschaftlich engagiert altern« zu können, bei Nuissl u.a. 2015, S. 118.

Individuelle Erfahrungen mit Altersarmut in einer reichen Stadt

Brettschneider, Antonio/Klammer, Ute (2016a): (Lebens-)Wege in die Altersarmut: Anforderungen an die Weiterentwicklung des deutschen Arbeitsmarkt- und Alterssicherungssystems, in: Bäcker, Gerhard/Lehndorff, Steffen/Weinkopf, Claudia (Hrsg.): Den Arbeitsmarkt verstehen, um ihn zu gestalten, Wiesbaden, S. 327-339.
Brettschneider, Antonio/Klammer, Ute (2016b): Lebenswege in die Altersarmut. Biographische Analysen und sozialpolitische Perspektiven, Berlin.
Bundesregierung (Hrsg.) (2016a): Siebter Bericht zur Lage der älteren Generation in der Bundesrepublik Deutschland: Sorge und Mitverantwortung in der Kommune – Aufbau und Sicherung zukunftsfähiger Gemeinschaften und Stellungnahme der Bundesregierung, BT-Drs. 18/10210 vom 2.11.
Bundesregierung (2016b): Stellungnahme der Bundesregierung, in: Bundesregierung (Hrsg.): Siebter Bericht zur Lage der älteren Generation in der Bundesrepublik Deutschland: Sorge und Mitverantwortung in der Kommune – Aufbau und Sicherung zukunftsfähiger Gemeinschaften und Stellungnahme der Bundesregierung, BT-Drs. 18/10210 vom 2.11.
Bundesregierung (2016c): Lebenslagen in Deutschland – der fünfte Armuts- und Reichtumsbericht, Entwurfsfassung vom 13.12., Berlin.
Der Paritätische Gesamtverband (2016): Zeit zu handeln. Bericht zur Armutsentwicklung in Deutschland 2016. Online verfügbar unter: www.der-paritaetische. de/index.php?eID=tx_nawsecuredl&u=0&g=0&t=1489759639&hash=46cef2f e2e1473ec185557131b74234d68012d84&file=fileadmin/dokumente/2016_armutsbericht/ab2016_komplett_web.pdf.
Der Paritätische Gesamtverband (2017): Menschenwürde ist Menschenrecht. Bericht zur Armutsentwicklung in Deutschland 2017. Online verfügbar unter: www. der-paritaetische.de/armutsbericht/download-armutsbericht/.
FHH (Freie und Hansestadt Hamburg) (2014): Sozialbericht Hamburg, Teil 4: Seniorinnen und Senioren in Hamburg. Online verfügbar unter: www.hamburg. de/contentblob/4255228/bf44c2489374bce910297af66eec2dbc/data/sozialbericht-teil-4-senioren-transferleistungen-barrierefrei.pdf.
Homfeldt, Hans Günther (2010): Gesundheit und Krankheit im Alter, in: Aner, Kirsten/Karl, Ute (Hrsg.): Handbuch Soziale Arbeit und Alter, Wiesbaden, S. 315-320.
IAB Institut für Arbeitsmarkt- und Berufsforschung der Bundesagentur für Arbeit (2005): Die Stille Reserve gehört ins Bild vom Arbeitsmarkt, IAB Kurzbericht 21 vom 24.11., Nürnberg.
Kroh, Martin/Neiss, Hannes/Kroll, Lars/Lamper, Thomas (2012): Menschen mit hohen Einkommen leben länger, in: DIW Wochenbericht Nr. 38, S. 3-15.
Künemund, Harald/Kohli, Martin (2010): Soziale Netzwerke, in: Aner, Kirsten/Karl, Ute (Hrsg.): Handbuch Soziale Arbeit und Alter, Wiesbaden, S. 309-313.
Malsen, Franziska von (2017): Reicht's? Angst vor Altersarmut bei jungen Menschen verbreitet, in: DIE ZEIT Nr. 7 vom 9.2., S. 61.
Mullainathan, Sendhil/Shafir, Eldar (2013): Knappheit – Was es mit uns macht, wenn wir wenig haben, Frankfurt a.M.
Naegele, Gerhard/Olbermann, Elke/Bertermann, Britta (2013): Altersarmut als Herausforderung für die Lebenslaufpolitik, in: Vogel, Claudia/Motel-Klinge-

biel, Andreas (Hrsg.): Altern im sozialen Wandel: Die Rückkehr der Altersarmut?, Wiesbaden, S. 447-462.

Nuissl, Henning/Vollmer, Janko/Westenberg, David/Willing, Jan-Niklas (2015): Die Konzentration von Altersarmut in der StadtLandschaft – Probleme und Handlungsbedarfe, in: Raumforschung und Raumordnung 73, S. 107-121.

Rock, Joachim (2017): »Die im Dunkeln sieht man nicht...« Armutsrisiko Alter, in diesem Band, S. 30-46.

Sedmak, Clemens (2012): Arm zu sein, bedarf es wenig. Eine Betrachtung des Armutsdiskurses, in: Gillich, Stefan/Keicher, Rolf (Hrsg.): Bürger oder Bettler. Soziale Rechte von Menschen in Wohnungsnot, Wiesbaden, S. 21-38.

Siebte Altenberichtskommission (2016): Siebter Bericht zur Lage der älteren Generation in der Bundesrepublik Deutschland: Sorge und Mitverantwortung in der Kommune – Aufbau und Sicherung zukunftsfähiger Gemeinschaften – Bericht der Sachverständigenkommission an das Bundesministerium für Familie, Senioren, Frauen und Jugend, in: Bundesregierung (2016a): Siebter Bericht zur Lage der älteren Generation in der Bundesrepublik Deutschland: Sorge und Mitverantwortung in der Kommune – Aufbau und Sicherung zukunftsfähiger Gemeinschaften, BT-Drs. 18/10210 vom 2.11.

Statistikamt Nord (2016a): Statistischer Bericht K I 14 – j 15 SH.

Statistikamt Nord (2016b): NORD.regional, Hamburger Stadtteil-Profile 2015. Online verfügbar unter: www.statistik-nord.de/fileadmin/Dokumente/NORD.regional/NR17_Statistik-Profile_HH_2015.pdf.

Stehr, Malte (2014): Segregation und soziale Wohnraumversorgung. Master-Thesis im Studiengang Stadtplanung der HafenC ty Universität Hamburg, Hamburg.

Tobias, Gertrud/Boettner, Johannes (1992): Von der Hand in den Mund – Armut und Armutsbewältigung in einer westdeutschen Großstadt, Essen.

Voges, Wolfgang/Zinke, Melanie (2010): Wohnen im Alter, in: Aner, Kirsten/Karl, Ute (Hrsg.): Handbuch Soziale Arbeit und Alter, Wiesbaden, S. 301-308.

Wahrendorf, Morten/Siegrist, Johannes (2008): Soziale Produktivität und Wohlbefinden im höheren Lebensalter, in: Erlinghagen, Marcel/Hank, Karsten (Hrsg.) (2008): Produktives Altern und informelle Arbeit in modernen Gesellschaften. Theoretische Perspektiven und empirische Befunde, Wiesbaden, S. 51-74.

Weidekamp-Maicher, Manuela (2013): Alter(n) und Lebensqualität, in: Vogel, Claudia/Motel-Klingebiel, Andreas (Hrsg.): Altern im sozialen Wandel: Die Rückkehr der Altersarmut?, Wiesbaden, S. 53-77.

Ein Schicksal ohne Ausweg?
Mitnichten!

Klaus Michaelis
Ein Konzept zur wirksamen Bekämpfung von Altersarmut

1. Einführung und sozialpolitischer Handlungsbedarf

In der aktuellen sozialpolitischen Debatte über Handlungsoptionen zur Bekämpfung von Altersarmut wird allgemein davon ausgegangen, dass Altersarmut vorliegt, wenn die Alterseinkünfte nicht ausreichen, um ein menschenwürdiges Existenzminimum zu sichern. Bei dieser Definition von Altersarmut kommt es entscheidend darauf an, ob das Haushaltsnettoeinkommen zur Sicherung des Grundsicherungsbedarfs (Regelbedarf zur Sicherung des Lebensunterhalts, Wohnung, Heizkosten) ausreicht oder ob es unter der sogenannten Grundsicherungsschwelle liegt, die für einen Alleinstehenden im bundesdeutschen Durchschnitt derzeit ca. 800 Euro beträgt. Nach den statistischen Angaben der Deutschen Rentenversicherung Bund bezogen zum Ende des Jahres 2015 insgesamt ca. 536.000 »Ältere« (ab 65 Jahren und 4 Monaten) Leistungen der Grundsicherung im Alter; dies entspricht einem Anteil von 3,1% der »älteren« Gesamtbevölkerung. Von diesen Grundsicherungsberechtigten bezogen 415.000 zugleich eine gesetzliche Rente wegen Alters; was einem Anteil von 2,7% aller »älteren« AltersrentnerInnen entspricht. Neben diesen an der tatsächlichen Inanspruchnahme von Leistungen der Grundsicherung im Alter orientierten Zahlen wird zur Messung der Verbreitung von Altersarmut häufig auch auf die vom Statistischen Bundesamt ermittelte sogenannte Armutsrisikoschwelle in Höhe von 60% des bundesdeutschen Einkommensmedian (Nettoäquivalenzeinkommen) abgestellt, die im Jahr 2015 ca. 950 Euro betrug. Der Anteil der nach dieser Definition von Altersarmut betroffenen »Älteren« belief sich im Jahr 2015 auf ca. 15% der »älteren« Gesamtbevölkerung.

All diese Zahlen machen deutlich, dass Altersarmut schon heute weit verbreitet ist. Noch alarmierender aber ist, dass alle Altersarmutsquoten in den letzten Jahren erheblich angestiegen sind und insbesondere die Zahl der Rentnerinnen und Rentner mit einem ergänzenden Bezug von Leistungen der Grundsicherung im Alter sich in den letzten zehn Jahren

Ein Konzept zur wirksamen Bekämpfung von Altersarmut

fast verdoppelt hat. Dieser Trend zur Ausweitung von Altersarmut wird sich in Zukunft voraussichtlich noch verstärken, wenn nicht alsbald ein Kurswechsel in der Alterssicherungspolitik erfolgt.

Die Vermeidung von Altersarmut durch Leistungen zur Sicherung des Existenzminimums für »Ältere« ist zwar vorrangiges Ziel und letztlich Aufgabe der – fürsorgeorientierten – Grundsicherung im Alter; aber auch das – beitrags- und leistungsorientierte – System der gesetzlichen Rentenversicherung ist gefordert, denn durch einen Ausbau von Rentenleistungen kann es dazu beizutragen, dass sich die Zahl der Rentnerinnen und Rentner, die auf ergänzende Leistungen der Grundsicherung im Alter angewiesen sind, erheblich verringert. In der sozialpolitischen Diskussion über Maßnahmen zur wirksamen Bekämpfung von Altersarmut sollte es aber nicht nur um eine Anhebung der gesetzlichen Rentenleistungen auf das Grundsicherungsniveau gehen. Damit könnte den betroffenen Rentnern zwar der »Gang zum Sozialamt« erspart werden; eine Verbesserung der monatlichen Gesamtleistung könnte aber nicht erreicht werden, da eine Erhöhung der gesetzlichen Rente in vollem Umfang auf die Leistungen der Grundsicherung im Alter angerechnet werden würde. Die politische Debatte sollte daher auch von dem generellen Ziel geprägt sein, zu einem lebensstandardsichernden Rentenniveau zurückzukehren und durch weitere Leistungsverbesserungen in der gesetzlichen Rentenversicherung einen sozialen Abstieg im Rentenalter zu vermeiden. Als Ergebnis ist dabei anzustreben, dass die gesetzliche Rente nach einem erfüllten Arbeitsleben und langjähriger Beitragszahlung im Regelfall zumindest die Armutsrisikoschwelle erreicht und damit deutlich oberhalb der Grundsicherungsschwelle liegt.

Der Sozialverband Deutschland (SoVD) hat im August 2016 ein Konzept zur Bekämpfung von Altersarmut in die politische Diskussion eingebracht sowie ein Bündel von Leistungsverbesserungen im Recht der gesetzlichen Rentenversicherung und der Grundsicherung im Alter und bei Erwerbsminderung vorgeschlagen. Die vorgeschlagenen Maßnahmen setzen – ursachengerecht – an den Risikofaktoren für die zunehmende Altersarmut an und enthalten Lösungen, die – anders als Vorschläge zur Einführung einer generellen Mindestrente oder eines bedingungslosen Grundeinkommens – mit dem beitrags- und leistungsorientierten System der gesetzlichen Rentenversicherung vereinbar sind. Nachfolgend werden die Schwerpunkte der einzelnen Forderungen des SoVD zum Ausbau von Beitragszahlungen zur gesetzlichen Rentenversicherung

(Punkt 2), zu Leistungsverbesserungen in der gesetzlichen Rentenversicherung (Punkt 3) sowie zu einem Ausbau von Leistungen der sozialen Grundsicherung (Punkt 4) vorgestellt und auf Fragen der Finanzierung dieser Vorschläge (Punkt 5) eingegangen.

2. Ausbau von Beitragszahlungen zur gesetzlichen Rentenversicherung

Eine der zentralen Ursachen der bereits eingetretenen und künftig weiter zunehmenden Altersarmut liegt in dem seit Mitte der 90er Jahre des letzten Jahrhunderts eingeleiteten Wandel in der Arbeitswelt, der verstärkt zu Beschäftigungslücken in den individuellen Versicherungsbiografien und zu Arbeit mit Niedriglöhnen und damit zu unzureichenden Beitragszahlungen geführt hat. Nach dem Äquivalenzprinzip der gesetzlichen Rentenversicherung ist dies zwangsläufig mit künftigen Sicherungslücken in der Altersversorgung verbunden, denn die Höhe der monatlichen Altersrente bestimmt sich vor allem nach Dauer und Höhe der während des Erwerbslebens gezahlten Beiträge.

Eine wirksame Bekämpfung von Altersarmut muss daher zunächst einmal von dem präventiven Ziel geprägt sein, künftige Sicherungslücken durch verstärkte Beitragszahlungen in der Erwerbsphase zu vermeiden. Unzureichende Beitragszahlungen erfolgen derzeit insbesondere bei den weitverbreiteten prekären Beschäftigungsverhältnissen mit Niedriglöhnen, bei verfestigter Arbeitslosigkeit und infolge der Ausübung einer sozialversicherungsfreien selbständigen Tätigkeit.

Prekäre Beschäftigungen mit Niedriglöhnen
Der Abbau des arbeits- und sozialrechtlichen Schutzes für Arbeitnehmerinnen und Arbeitnehmer hat vor etwa 20 Jahren begonnen und ist insbesondere durch die sogenannten Hartz-Gesetze Anfang dieses Jahrhunderts erheblich ausgeweitet worden. Die Folge dieser Deregulierung der Arbeit ist eine ständige Zunahme von prekären Beschäftigungsverhältnissen, die im Regelfall mit unstetiger Beschäftigung und Niedriglöhnen verbunden sind. Leiharbeit, versicherungsfreie Minijobs, unfreiwillige Teilzeitarbeit, befristete Beschäftigung beim Eintritt in das Arbeitsleben und vielfältige Formen der Scheinselbständigkeit sind an die Stelle von sozialversicherungspflichtigen Vollzeitbeschäftigungen ge-

treten und führen nicht nur zu Armut während des Arbeitslebens, sondern auch zu unzureichenden Beitragszahlungen zur gesetzlichen Rentenversicherung und damit zu Armut im Rentenalter.

Eine wirksame Bekämpfung von Altersarmut erfordert daher zunächst einmal die Eindämmung von prekären Beschäftigungsverhältnissen durch eine Wiederherstellung des arbeits- und sozialrechtlichen Schutzes, insbesondere die Regulierung von Leiharbeit, die Umwandlung von Minijobs in sozialversicherungspflichtige Beschäftigungsverhältnisse, den Anspruch von Teilzeitbeschäftigten zur Rückkehr auf eine Vollzeitstelle, die Abschaffung der sachgrundlosen Befristung von Arbeitsverhältnissen sowie die Bekämpfung von Missbrauch bei Werkverträgen. Ein solcher Kurswechsel in der Arbeitsmarktpolitik wäre mit verbesserten Löhnen und damit auch mit höheren Beiträgen zur gesetzlichen Rentenversicherung verbunden. Zusätzliche Beiträge zum Aufbau einer angemessenen Altersrente könnten darüber hinaus auch durch eine generelle Anhebung des gesetzlichen Mindestlohns (2017: 8,84 Euro) erzielt werden; insoweit ist zu berücksichtigen, dass ein Vollzeitbeschäftigter 45 Jahre lang nicht nur 8,84 Euro, sondern ca. 12 Euro pro Arbeitsstunde verdienen muss, um im Alter eine Rente oberhalb der Grundsicherungsschwelle zu erhalten. Verbesserte Beitragszahlungen könnten schließlich auch durch mehr Lohngerechtigkeit zwischen Frauen und Männern erreicht werden. Durch eine Anhebung der Stundenlöhne für Frauen könnten die geschlechtsspezifischen Lohnunterschiede reduziert und zugleich ein wichtiger Beitrag zur Bekämpfung von Altersarmut geleistet werden, von der Frauen in besonderem Maße bedroht sind.

Arbeitslosigkeit
Armut im Alter beruht vielfach auch auf Zeiten der Arbeitslosigkeit in der Erwerbsphase, in denen die Bundesagentur für Arbeit für die Arbeitslosen nur unzureichende Beiträge zur gesetzlichen Rentenversicherung gezahlt hat. Beim Bezug von Arbeitslosengeld I werden die Beiträge zwar auf der Grundlage von 80% des vor der Arbeitslosigkeit erzielten Arbeitseinkommens entrichtet, allerdings ist die Zahlung von Arbeitslosengeld I grundsätzlich auf maximal 12 Monate begrenzt, was insbesondere für ältere und schwerbehinderte Arbeitslose problematisch ist, die es bei der Stellensuche besonders schwer haben. Zur Bekämpfung von Altersarmut aufgrund von Arbeitslosigkeit sollte daher die Dauer des Bezugs von Arbeitslosengeld I für diese Personengruppen erheblich

verlängert werden. Besonders hoch ist die Gefahr von Altersarmut für Langzeitarbeitslose, für die seit 2011 selbst dann keine Beiträge zur gesetzlichen Rentenversicherung gezahlt werden, wenn sie Arbeitslosengeld II beziehen. Zur Schließung dieser Sicherungslücke ist die sofortige Wiederaufnahme von Beitragszahlungen zur gesetzlichen Rentenversicherung erforderlich, wobei die Beiträge auf der Basis von 50% des Durchschnittsverdienstes bemessen sein sollten, um einen wirksamen Schutz vor Altersarmut zu ermöglichen.

Selbständige Tätigkeit
Selbständige sind nach den Angaben im 5. Armuts- und Reichtumsbericht der Bundesregierung besonders häufig von Altersarmut bedroht, denn die meisten Selbständigen sind nicht obligatorisch versichert und zahlen daher auch keine Beiträge zur gesetzlichen Rentenversicherung. Ein besonderes Schutzbedürfnis besteht bei den sogenannten Solo-Selbständigen, die als Alleinunternehmer keine Arbeitnehmer beschäftigen. Zur wirksamen Bekämpfung von Altersarmut sollte daher eine verpflichtende Einbeziehung der Selbständigen in die gesetzliche Rentenversicherung erfolgen und zugleich durch beitragsrechtliche Sonderregelungen und staatliche Zuschüsse – zumindest in der Phase der Existenzgründung – sichergestellt werden, dass den Selbständigen eine regelmäßige Beitragszahlung auch tatsächlich möglich ist. Aus Gründen der Gleichbehandlung sollten neben den Selbständigen – in einer zweiten Stufe und unter Beachtung verfassungsrechtlicher Vorgaben – auch Beamte, Politiker und die Mitglieder berufsständischer Versorgungseinrichtungen in die gesetzliche Rentenversicherung einbezogen und damit eine Erwerbstätigenversicherung geschaffen werden, die einen sozialgerechten Ausgleich zwischen Einkommensstärkeren und Einkommensschwächeren in der Alterssicherung ermöglicht.

3. Leistungsverbesserungen in der gesetzlichen Rentenversicherung

Zur wirksamen Bekämpfung von Altersarmut sind neben verbesserten Beitragszahlungen zur gesetzlichen Rentenversicherung in der Erwerbsphase auch Leistungsverbesserungen in der Rentenbezugsphase erforderlich. Denn mit dem Ausbau von Beitragszahlungen können nur künftige Lücken in den Erwerbsbiografien geschlossen werden; für Rentner und rentennahe Jahrgänge kommen diese präventiven Maßnahmen zu spät. Zum Ausgleich für bereits in der Vergangenheit eingetretene und durch die Einführung zusätzlicher Beitragszahlungspflichten nicht mehr zu schließende Sicherungslücken ist es daher erforderlich, Zeiten prekärer Beschäftigung mit Niedriglöhnen bei der Rentenberechnung im Nachhinein durch Leistungen des sozialen Ausgleichs aufzuwerten (sogenannte Rente nach Mindestentgeltpunkten). Zugleich sind im Rentenrecht verbesserte Leistungen für Familienarbeit vorzusehen (Zeiten der Kindererziehung) und die Leistungen für Erwerbsgeminderte auszubauen. Neben diesen gezielten Maßnahmen zur Armutsbekämpfung ist das Rentenniveau vor Steuern durch eine Abschaffung der Kürzungsfaktoren in der Rentenanpassungsformel und durch Zuschläge zu den jährlichen Rentenanpassungen schrittweise wieder auf ein lebensstandardsicherndes Niveau anzuheben. Auch wenn diese Maßnahme nicht nur »armen«, sondern allen Rentnerinnen und Rentnern zugutekäme, ist sie zur Flankierung der zielgenauen Armutsvermeidung erforderlich, denn ohne eine Anhebung des Rentenniveaus würden die armutsspezifischen Leistungsverbesserungen ihre armutsvermeidende Wirkung nur unzureichend entfalten können.

Verlängerung der Rente nach Mindestentgeltpunkten
Eine wirksame Bekämpfung von Altersarmut erfordert die Verlängerung der Rente nach Mindestentgeltpunkten, mit der Zeiten einer Niedriglohnbeschäftigung von langjährig Beschäftigten (35 Jahre) auf bis zu 75% des Durchschnittsverdienstes hochgewertet werden. Bislang werden von dieser Leistung des sozialen Ausgleichs nur Zeiten vor 1992 erfasst. Mit einer Verlängerung könnten auch Zeiten einer Niedriglohnbeschäftigung nach dem 31.12.1991 aufgewertet werden, was insbesondere auch alleinerziehenden Frauen zugutekäme, die aufgrund einer Teilzeitbeschäftigung nur ein geringes Arbeitsentgelt erzielen konnten. Die Verlängerung der Rente nach Mindestentgeltpunkten sollte – wie bei der Rentenreform 1992 – auch den heutigen Rentnerinnen und Rentnern (sogenannte Bestandsrentner) im Wege einer Neuberechnung ihrer Rente zugutekommen.

Zeiten der Kindererziehung

Altersarmut ist weiblich, denn fast zwei Drittel der Leistungsberechtigten der Grundsicherung im Alter sind Frauen. Auch wenn die Anerkennung eines zweiten Jahres Kindererziehungszeit im Jahr 2014 für Mütter, die ihr Kind vor dem 1.1.1992 geboren haben, deutliche Verbesserungen in der Alterssicherung von Frauen gebracht hat, ist die Gleichstellung mit Müttern, die ihr Kind ab dem Jahr 1992 geboren haben, noch nicht erreicht. Erforderlich ist hierfür die Anerkennung eines dritten Erziehungsjahres. Auszubauen ist auch die Regelung, dass Mütter zusätzliche Entgeltpunkte erhalten, wenn sie während der Kinderberücksichtigungszeit (viertes bis zehntes Lebensjahr des Kindes) nur teilzeitbeschäftigt sein konnten und daher nur geringe Beiträge zur gesetzlichen Rentenversicherung gezahlt wurden. Die derzeitige Regelung sieht für diese Zeiten nur dann eine Aufwertung von Beitragszahlungen vor, wenn die Beschäftigungszeiten nach 1991 zurückgelegt worden sind, obwohl es gerade für Mütter, die ihr Kind vor diesem Stichtag erzogen haben, besonders schwierig war, ihre Berufstätigkeit mit der Kindererziehung zu vereinbaren. Entsprechendes gilt für Mütter, die mehrere Kinder erzogen oder ihr pflegebedürftiges Kind bis zum 18. Lebensjahr durch familienhafte Pflegeleistungen betreut haben. Auch für diese Mütter ist es nicht hinnehmbar, dass eine Gutschrift von Entgeltpunkten nur für Zeiten ab 1992 erfolgt. Um eine Gleichbehandlung der Mütter in Ost und West sicherzustellen, ist es schließlich erforderlich, die Leistungen für Mütter, die ihr Kind in den neuen Bundesländern erzogen haben, nicht nur – wie von der Großen Koalition im November 2016 in Aussicht gestellt – in sieben Stufen bis 2025, sondern sofort und in vollem Umfang auf Westniveau anzuheben.

Renten wegen Erwerbsminderung

Beschäftigte, die aufgrund gesundheitlicher Einschränkungen vorzeitig aus dem Erwerbsleben ausscheiden und eine Rente wegen Erwerbsminderung in Anspruch nehmen müssen, sind in besonders hohem Maße von Armut bedroht, denn schon heute sind ca. 15% aller Erwerbsminderungsrentnerinnen und -rentner auf ergänzende Leistungen der sozialen Grundsicherung angewiesen. Zwar hat das Rentenpaket der Bundesregierung im Jahr 2014 mit der Verlängerung und günstigeren Bewertung der Zurechnungszeit nicht unerhebliche Verbesserungen für die Erwerbsgeminderten gebracht, dennoch ist ein weiterer sozialpolitischer

Ein Konzept zur wirksamen Bekämpfung von Altersarmut

Handlungsbedarf nahezu unbestritten. Dementsprechend hat die große Koalition im November 2016 in Aussicht gestellt, die Zurechnungszeit schrittweise um weitere drei Jahre bis zum 65. Lebensjahr zu verlängern. Zu kritisieren ist jedoch, dass diese Leistungsverbesserungen nur schrittweise – bis zum Jahr 2024 – eingeführt werden und nur NeurentnerInnen und nicht den sogenannten BestandsrentnerInnen, die schon heute eine Rente wegen Erwerbsminderung beziehen, zugutekommen sollen. Darüber hinaus ist es – nach wie vor – erforderlich, die Abschläge bei Erwerbsminderungsrenten abzuschaffen, die im Regelfall 10,8% der Rente betragen. Denn anders als bei Altersrenten erfolgt die vorzeitige Inanspruchnahme der Rente nicht freiwillig, sondern – schicksalhaft – aufgrund von gesundheitlichen Beeinträchtigungen. Die ersatzlose Streichung der Rentenabschläge würde eine Erhöhung der durchschnittlichen Erwerbsminderungsrente um knapp 11% bzw. ca. 80 Euro monatlich bedeuten und könnte damit einen wirksamen Beitrag zur Bekämpfung von Altersarmut leisten.

Anhebung des Rentenniveaus vor Steuern

Eine der zentralen Ursachen der bereits eingetretenen und künftig weiter zunehmenden Altersarmut liegt in der seit Anfang dieses Jahrhunderts eingeleiteten Absenkung des Rentenniveaus vor Steuern. Durch die Rentenreformen von 2001 und 2004 ist das Rentenniveau von ca. 53% im Jahr 2001 auf 48% im Jahr 2016 gesunken. Umgesetzt wurde die Niveauabsenkung im Wesentlichen durch Kürzungen bei den jährlichen Rentenanpassungen. Dies hat in den letzten 15 Jahren zu Nullrunden sowie Mini-Anpassungen und damit zu erheblichen Kaufkraftverlusten bei den Renten geführt und entscheidend dazu beigetragen, dass die Rentnerinnen und Rentner von der allgemeinen Wohlstandsentwicklung in unserer Gesellschaft abgekoppelt worden sind. Der permanente Wertverfall der Renten wird in Zukunft weiter zunehmen, denn nach den Schätzungen der Bundesregierung im Rentenversicherungsbericht 2016 wird das Rentenniveau im Jahr 2030 nur noch 44,5% betragen, und dann ist es nur noch eine Frage der Zeit, wann das Rentenniveau die gesetzliche Mindestgrenze von 43% erreicht haben wird.

Zur wirksamen Bekämpfung von Altersarmut ist daher die Rückkehr zum Ziel der Lebensstandardsicherung in der gesetzlichen Rentenversicherung erforderlich. Hierzu müssten zunächst einmal die Kürzungsfaktoren in der Anpassungsformel (Beitragssatzfaktor, Nachhaltigkeitsfaktor) gestrichen werden. Damit könnte eine weitgehende Stabilisierung des Rentenniveaus vor Steuern erreicht und ein künftiges Absinken prinzipiell vermieden werden. Eine Anhebung auf das frühere Rentenniveau in Höhe von 53% erfordert aber weitergehende Leistungsverbesserungen. So wie die Absenkung des Rentenniveaus seit dem Jahr 2002 durch stufenweise Kürzungen bei den Rentenanpassungen erfolgt ist, könnte auch die Wiederanhebung des Rentenniveaus nicht »auf einen Schlag«, sondern in Stufen erfolgen und durch Zuschläge zu den jährlichen Anpassungssätzen umgesetzt werden (umgekehrte Riester-Treppe). Darüber hinaus sollte in einem ersten Schritt die derzeitige Niveauuntergrenze von 43% auf 50% angehoben werden, um insbesondere auch den jüngeren Generationen zu signalisieren, dass die gesetzliche Rentenversicherung ein verlässliches Alterssicherungssystem ist, das nach einem erfüllten Arbeitsleben und langjähriger Beitragszahlung eine auskömmliche Rente zur Sicherung des Lebensunterhalts im Alter zur Verfügung stellen kann.

4. Ausbau von Leistungen der Grundsicherung im Alter und bei Erwerbsminderung

Zur wirksamen Bekämpfung von Altersarmut sind neben dem Ausbau von Beitragszahlungen und verbesserten Leistungen in der gesetzlichen Rentenversicherung auch Änderungen im Recht der Grundsicherung im Alter und bei Erwerbsminderung erforderlich. Denn trotz der vorgeschlagenen rentenrechtlichen Maßnahmen werden einige Bürgerinnen und Bürger zur Sicherung eines menschenwürdigen Existenzminimums auf ergänzende Leistungen der Grundsicherung angewiesen bleiben. Es bedarf daher auch eines Ausbaus von Leistungen der sozialen Grundsicherung, wobei insbesondere eine Anhebung der Regelsätze für den Lebensunterhalt und die Einführung von Freibeträgen bei der Anrechnung von Renten der gesetzlichen Rentenversicherung auf die Leistungen der Grundsicherung im Alter und bei Erwerbsminderung geboten sind.

Anhebung der Regelsätze
Die Höhe der Regelbedarfe für das Jahr 2017 ist weder sachgerecht ermittelt noch an dem tatsächlichen Bedarf der Grundsicherungsberechtigten orientiert und daher nicht geeignet, ein menschenwürdiges

Existenzminimum sicherzustellen. So werden bei den unter Berücksichtigung der Ausgaben der untersten Einkommensgruppen (Referenzhaushalte) ermittelten Bedarfspositionen einzelne Bedarfe durch willkürlich erscheinende Kürzungen und Streichungen (z.b. bei Ausgaben für Tabak, Gaststätten, Verkehr und Bildung) heruntergerechnet; und zur Deckung von einmaligen Bedarfen, die nur in großen Zeitabständen anfallen und mit hohen Anschaffungskosten verbunden sind (z.b. Kauf einer Waschmaschine), werden keine angemessenen Lösungen gefunden. Erforderlich sind daher bedarfsgerechte Leistungsverbesserungen, die nicht nur die physische Existenz, sondern auch ein Mindestmaß an Teilhabe am gesellschaftlichen und kulturellen Leben gewährleisten.

Rentenfreibeträge
Mit der Einführung von Rentenfreibeträgen in der sozialen Grundsicherung könnten Leistungsverbesserungen für Rentnerinnen und Rentner erreicht werden, die neben ihrer gesetzlichen Rente ergänzende Leistungen der Grundsicherung im Alter und bei Erwerbsminderung erhalten. Zugleich könnte damit eine Gerechtigkeitslücke geschlossen werden, denn die volle Anrechnung von Renteneinkünften auf die Leistungen der sozialen Grundsicherung wird von vielen Betroffenen – zu Recht – als ungerecht empfunden, weil sie trotz ihrer Arbeit und Beitragszahlung zur gesetzlichen Rentenversicherung nicht über höhere monatliche Gesamteinkünfte verfügen als Grundsicherungsberechtigte, die »nie in die Rentenkasse eingezahlt« haben. Insoweit ist auch zu berücksichtigen, dass zur Begründung einer monatlichen Rentenanwartschaft in Höhe von 100 Euro netto (Bruttorente abzüglich der Beiträge der RentnerInnen für ihre Kranken- und Pflegeversicherung) nach heutigen Werten ein Beitragsaufwand von knapp 25.000 Euro erforderlich ist. Wenn Beitragszahlungen in dieser Größenordnung durch die Anrechnung der Rente auf die Leistungen der sozialen Grundsicherung bei einer zunehmenden Zahl von Rentnerinnen und Rentnern letztlich ins Leere gehen, dann untergräbt dies auf Dauer auch die Legitimation der gesetzlichen Rentenversicherung.
Die Gewerkschaft ver.di und der SoVD haben daher ein Modell entwickelt, nach dem die ersten 100 Euro der Renteneinkünfte in vollem Umfang anrechnungsfrei sind und die Rentenbeträge zwischen 100 und 200 Euro zu 50% und die Rentenbeträge zwischen 200 und 300 Euro zu 25% von der Anrechnung auf die Grundsicherungsleistung freige-

stellt werden. Bei einer Rente von mindestens 300 Euro würde dieser Vorschlag zu einem Freibetrag von 175 Euro führen und damit die Gesamtleistung aus Grundsicherung und Rente um 175 Euro monatlich erhöhen. Bei der derzeitigen durchschnittlichen Grundsicherungsschwelle in Höhe von ca. 800 Euro ergäbe sich mit einer monatlichen Gesamtleistung von 975 Euro ein Betrag, der geringfügig über der aktuellen Armutsrisikoschwelle (2015: ca. 950 Euro) liegt. Beim Freibetragsmodell erfolgt die Erhöhung der Grundsicherungsleistung – anders als bei dem Vorschlag zur Einführung einer solidarischen Lebensleistungsrente – unabhängig von der Dauer und der Höhe der Beitragszahlung zur gesetzlichen Rentenversicherung und stellt damit sicher, dass sich selbst kurzzeitige und geringfügige Beitragszahlungen zur gesetzlichen Rentenversicherung lohnen und zu einer Gesamtleistung oberhalb der Grundsicherungsschwelle führen.

5. Finanzierung

Die unter Punkt 2 bis 4 vorgeschlagenen Leistungsverbesserungen in der gesetzlichen Rentenversicherung und sozialen Grundsicherung sind mit erheblichen Mehrausgaben verbunden, die sowohl Beitragszahler als auch Steuerzahler belasten. Dies gilt insbesondere auch für die sofortige Anhebung des Rentenniveaus in der gesetzlichen Rentenversicherung auf eine Niveauuntergrenze von 50%, die – in heutigen Werten – zu Mehrausgaben in einer Größenordnung von ca. 12 Milliarden Euro pro Jahr führen würde. Bei den Auswirkungen der Vorschläge auf die Finanzlage der gesetzlichen Rentenversicherung sind allerdings auch Mehreinnahmen zu berücksichtigen, die durch die Einführung einer Erwerbstätigenversicherung, den Ausbau des gesetzlichen Mindestlohns und erhöhte Beitragszahlungen für Zeiten der Arbeitslosigkeit erzielt werden. Mehreinnahmen sind auch durch eine deutliche Erhöhung des Bundeszuschusses zu erreichen, denn die Vorschläge zur Verlängerung der Rente nach Mindestentgeltpunkten, zum weiteren Ausbau von Leistungen der Kindererziehung und zur Verlängerung der Zurechnungszeit bei den Renten wegen Erwerbsminderung verbessern Leistungen des sozialen Ausgleichs und erfüllen damit gesamtgesellschaftliche Aufgaben, die nicht aus Beitragsmitteln, sondern vom Steuerzahler zu finanzieren sind. Hinzu kommt, dass der jährliche Bundeszuschuss schon heute nicht ausreicht, um die sogenannten versicherungsfremden Leistungen abzudecken, und daher zusätzlich um ca. 20 Milliarden Euro erhöht werden müsste. Erst an letzter Stelle wäre dann zu prüfen, ob es zur Finanzierung der Leistungsverbesserungen auch einer Anhebung des Beitragssatzes in der gesetzlichen Rentenversicherung bedarf.

Bei der Beurteilung der Zumutbarkeit von Beitragserhöhungen sollte auch berücksichtigt werden, dass der derzeitige Beitragssatz von 18,7 % so niedrig ist wie seit Langem nicht mehr und nach den Angaben der Bundesregierung im Rentenversicherungsbericht 2016 auch bis zum Jahr 2021 stabil bleiben soll. Damit ist die Entwicklung des Beitragssatzes in der gesetzlichen Rentenversicherung in den letzten Jahren erheblich günstiger ausgefallen als es seinerzeit im Zuge der Riester-Reform befürchtet worden ist. Denn in dem Gutachten der Rürup-Kommission aus dem Jahr 2003 ist davon ausgegangen worden, dass die Absenkung des Rentenniveaus zwingend erforderlich sei, um einen für das Jahr 2020 befürchteten Beitragssatzanstieg auf 21,5 % auf »nur« 20,2 % abzubremsen.

Mit dem nunmehr für das Jahr 2020 erwarteten Beitragssatz von 18,7 % wird das Beitragssatzziel der Riester-Reform um 1,5 Beitragssatzpunkte übererfüllt, was zugleich deutlich macht, dass die Absenkung des Rentenniveaus in den letzten Jahren überdimensioniert war und ein Kurswechsel in der Rentenpolitik dringend erforderlich ist. Letztlich stellt sich die verteilungspolitische Frage, ob die Rentnerinnen und Rentner weiterhin durch die Absenkung des Rentenniveaus und durch Kürzungen bei den Rentenanpassungen belastet werden sollen oder ob es nicht vielmehr angezeigt ist, auch die Beitragzahler (Versicherte und Arbeitgeber je zur Hälfte) und die Steuerzahler (Bundeszuschuss) angemessen zu beteiligen. Aus heutiger Sicht ist diese Frage zu bejahen, zumal eine moderate Anhebung des Beitragssatzes und eine Erhöhung des Bundeszuschusses nicht nur finanziell verkraftbar, sondern auch zur Finanzierung der vorgeschlagenen Leistungsverbesserungen gerechtfertigt wäre.

6. Ausblick

Die vorstehenden Ausführungen haben deutlich gemacht, dass zur wirksamen Bekämpfung von Altersarmut zahlreiche Leistungsverbesserungen im Recht der gesetzlichen Rentenversicherung und der sozialen Grundsicherung erforderlich sind. Die vorgeschlagenen Maßnahmen können vielfach dazu beitragen, dass nach einem erfüllten Arbeitsleben und langjähriger Beitragszahlung eine Rente oberhalb der Armutsgefährdungsschwelle (2015: ca. 950 Euro) selbst dann erreichbar ist, wenn die Erwerbsbiografie einzelne Phasen mit Beschäftigungslücken und Niedriglöhnen aufweist. Zugleich könnte mit den vorgeschlagenen Leistungsverbesserungen für viele Rentnerinnen und Rentner ein sozialer Abstieg im Rentenalter vermieden und damit das Vertrauen der Bevölkerung in die gesetzliche Rentenversicherung als verlässliches und nachhaltig finanzierbares Alterssicherungssystem wieder gestärkt werden. In diese Richtung zielt auch das »Gesamtkonzept zur Alterssicherung«, das im November 2016 von Andrea Nahles, der Bundesministerin für Arbeit und Soziales, vorgelegt worden ist. Auch wenn die dort vorgeschlagenen Maßnahmen nicht ausreichen werden, um Altersarmut wirksam zu bekämpfen, so enthält das Konzept doch viele Vorschläge, die in die richtige Richtung weisen und eine gute Grundlage für eine umfassende Diskussion der Problematik bieten. Aufgabe des SoVD ist es, seine Positionen in die Debatte einzubringen und die politischen Parteien im Wahljahr 2017 von der Notwendigkeit einer wirksamen Bekämpfung von Altersarmut zu überzeugen.

Annelie Buntenbach
Das DGB-Rentenkonzept: Altersarmut ist vermeidbar

Die großen Lebensrisiken Krankheit, Alter, Arbeitslosigkeit, Pflege kann niemand individuell schultern – es sei denn, man verfügt über ein ausgesprochen hohes Privatvermögen –, sondern sie sind nur gemeinsam zu schultern, in der Solidarität der Sozialversicherungen. Diese Sozialversicherungen müssen auf eine breite Grundlage gestellt werden. Statt weiter zuzulassen, dass immer mehr Arbeitsverhältnisse dem Sozialversicherungsschutz entzogen werden – z.b. über Minijobs, Scheinselbständigkeit, Missbrauch von Werkverträgen –, muss ihr Schutz durch die Weiterentwicklung hin zu einer Erwerbstätigen- bzw. Bürgerversicherung ausgeweitet werden.

Die Alterssicherung des mit Abstand größten Teils der Menschen in Deutschland beruht ganz wesentlich auf der gesetzlichen Rentenversicherung – innerhalb dieser großen Sozialversicherung muss Solidarität immer wieder neu austariert werden. Dabei geht es nicht, wie der Tunnelblick der letzten Jahre vermuten lassen würde, allein um die Höhe der Beiträge, sondern auch um Umfang und Qualität der Leistungen. Und die sind in den letzten Jahren in der Rentenversicherung ins Rutschen geraten. Damit es auf dieser Rutschbahn nicht weiter abwärtsgeht, fordern die Gewerkschaften den Kurswechsel in der Rentenpolitik: das Rentenniveau als Allererstes auf dem heutigen Niveau zu stabilisieren und in einem weiteren Schritt anzuheben – etwa auf 50%.

Armut vermeiden, in der Arbeit, im Alter und bei Erwerbsminderung

Die Rente ist der Spiegel des Erwerbslebens. Im Positiven wie im Negativen. Das Grundprinzip der gesetzlichen Rentenversicherung ist die Lohnersatzfunktion. In einer Erwerbsarbeitsgesellschaft ist das Einkommen der Erwerbstätigen für den Fall abzusichern, dass es aufgrund typischer Risiken entfällt. Dies gilt im Besonderen im Falle des Alters oder einer Erwerbsminderung. Abgesichert ist dabei das individuelle versicherte Einkommen. Leitbild ist: Wer von seiner Arbeit leben konnte und jahrzehntelang Beiträge gezahlt hat, muss auch von seiner Rente leben können, ohne sozialen Abstieg gewärtigen zu müssen. Ausgangspunkt war die sogenannte Lebensstandardsicherung – ein Anspruch, von dem wir uns in den letzten Jahren immer weiter entfernt haben.

Aber: Immer noch führt dieses System heute im Regelfall nach einem erfüllten Erwerbsleben zu einer Rente deutlich oberhalb der Armutsgrenze. Allerdings gelingt nicht immer und überall ein erfülltes Erwerbsleben. Dort wo dies unverschuldet nicht gelingt oder gelingen kann, greift ein System des solidarischen Ausgleichs, das diese anerkannten Lücken schließt. Die Rente wird in diesen Fällen über den eigenen Beitrag hinaus erhöht und liegt dann regelmäßig über dem Fürsorgebedarf – die sogenannte strukturelle Armutsfestigkeit, dies ist jedenfalls der Anspruch.

Die aktuelle Rentenpolitik

Die Rentenpolitik der letzten Jahrzehnte war geprägt von Leistungskürzungen. Von zentraler Bedeutung ist dabei einerseits das abgesenkte und weiter sinkende Verhältnis der Rente zu den Löhnen, das Rentenniveau. Und zum anderen der Ausgleich in der Rente für Zeiten, in denen Versicherte aus wichtigen und gewichtigen Gründen keine oder nur geringe Beiträge zahlen konnten.

Das Rentenniveau sinkt und wird weiter sinken, wenn die politischen Weichen nicht neu gestellt werden. Es ist der Maßstab für die Leistungshöhe der Rentenversicherung im Verhältnis zu den Lohneinkommen. Das Rentenniveau ist bereits um rund 9% gesunken und wird um rund 13% weiter sinken (siehe Abbildung 1). Das ist heute geltendes Recht. Damit verlieren die Rentenansprüche aller Versicherten gegenüber den maßgeblichen Löhnen und damit der Wohlstandsentwicklung permanent an Wert. Reicht das Rentenniveau nicht aus, verliert die Rentenversicherung ihre Kernfunktion als Lohnersatz für das entfallene Einkommen. Wer das Rentenniveau immer weiter absenkt, nimmt der Rente zunehmend die Fähigkeit, sozialen Abstieg oder gar Armut im Alter zu vermeiden. Neben einem sinkenden Rentenniveau wurden auch die Ausgleichselemente abgebaut, was zu geringeren individuellen Rentenansprüchen führt. Zu

Das DGB-Rentenkonzept: Altersarmut ist vermeidbar

Abbildung 1: Rentenniveau netto vor Steuern 2000 bis 2045

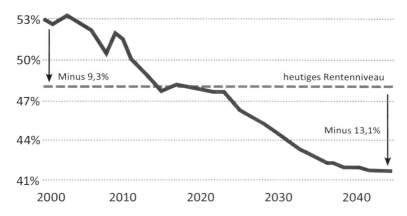

Quelle: Deutsche Rentenversicherung Bund, Rentenversicherung in Zeitreihen für die Entwicklung des Rentenniveaus netto vor Steuern vom Jahr 2000 bis 2014; ab 2015 Modellrechnungen der Bundesregierung; Gesamtkonzept Alterssicherung des BMAS von November 2016; eigene Berechnung und Darstellung

nennen sind insbesondere zusätzliche Rentenansprüche bei geringem Lohn, bei Schul- und Hochschulzeiten oder bei Langzeitarbeitslosigkeit.

Im Zusammenspiel kumulieren geringere individuelle Anwartschaften durch den abgebauten Sozialausgleich mit einem geringeren Wert dieser Anwartschaften durch das sinkende Rentenniveau. Das Ergebnis ist, dass die individuellen Renten noch stärker hinter den Löhnen zurückbleiben als alleine aufgrund des sinkenden Rentenniveaus zu erwarten wäre (siehe Abbildung 2). Dieser doppelte Effekt schlägt sich in seit Jahrzehnten praktisch stagnierenden Zahlbeträgen nieder.

Die Renten der Beschäftigten werden so von zwei Seiten politisch geschwächt. Die Folgen zeigen sich immer deutlicher. Die durchschnittlichen nominalen Zahlbeträge für Versicherte mit 35 Versicherungsjahren, die erstmals eine Altersrente bezogen, stagnierten von 2000 bis 2010. Seit 2010 bis 2015 gibt es bei den Männern nun eine nominelle Erhöhung von etwa 9% und bei den Frauen von rund 20%. Damit sind die Zahlbeträge der Rentenzugänge in 15 Jahren bei den Männern um 9% und den Frauen um 20% gestiegen. Das verfügbare Durchschnittsentgelt jedoch um über 25% – das verfügbare Haushaltseinkommen nach volkswirtschaftlicher Gesamtrechnung sogar um 35%.

Der Anstieg der durchschnittlich ausgezahlten Renten mit 35 Versicherungsjahren, insbesondere bei den Frauen, hat absurderweise mit einer weiteren »Rentenkürzung« zu tun: Bis Jahrgang 1951 bestand noch die Möglichkeit, mit 60 Jahren in Rente zu gehen, allerdings mit 18% Abschlag. Die Voraussetzungen erfüllten die Versicherten mit 35 Versicherungsjahren in aller Regel. Ab Jahrgang 1952, der im Jahr 2012 dann 60 Jahre alt wurde, gibt es diese Möglichkeit nicht mehr – regelmäßig können die ab 1952 Geborenen frühestens mit dem 63. Lebensjahr in Rente gehen – Jahrgang 1952 also 2015. Damit sind statistisch Renten mit besonders hohen Abschlägen entfallen, was den Durchschnittswert anhebt. Auch aufgrund dieses Effekts stiegen von 2011 auf 2012 die durchschnittlichen Renten mit mindestens 35 Versicherungsjahren bei den Frauen um 9% und bei den Männern um 3%. Der zweite Sprung der Zahlbeträge (5,2% bei Frauen, 2,4% bei Männern) ist im Jahr 2014 festzustellen, mit ausgelöst durch die Ausweitung der Mütterrente sowie für 2014 und 2015 durch die Vorverlegung des abschlagsfreien Rentenalters für besonders langjährig Versicherte.

Trotz dieser Sondereffekte sind die durchschnittlichen Zahlbeträge bei den Männern von 2000 bis ins Jahr 2015 um 16% und bei den Frauen um 5% hinter dem verfügbaren Durchschnittslohn zurückgeblieben (siehe Abbildung 2).

Die kumulierte Wirkung aus sinkendem Rentenniveau und dem Abbau des Solidarausgleichs zeigt sich auch in einer deutlich steigenden Zahl an Personen, die ergänzend Grundsicherung im Alter oder bei Erwerbsminderung beziehen. Ihre Zahl hat sich seit 2003 auf heute (2016) mehr als eine Million gut verdoppelt. Davon sind über 520.000 älter als 65 (bzw. die Regelaltersgrenze von 65 Jahren und 5 Monaten). Weitere rund 500.000 beziehen Grundsicherung, weil sie vor der Regelaltersgrenze dauerhaft und voll erwerbsgemindert sind. Unbeachtet sind neben der großen Dunkelziffer auch jene Personen, die aufgrund einer befristeten Erwerbsminderung bzw. einer Altersrente vor der Regelaltersgrenze keinen Anspruch auf Grundsicherung, sondern lediglich auf Sozialhilfe (Hilfe zum Lebensunterhalt) haben. Dieser doppelte Absturz zeigt sich sehr deutlich bei den Erwerbsminderungsrenten. Die durchschnittlichen Zahlbeträge sind von 2000 bis 2015 für Neurenten bei den Männern um rund 11% gesunken und bei Frauen nur um rund 11%

Das DGB-Rentenkonzept: Altersarmut ist vermeidbar

Abbildung 2: Entwicklung von Renten und Löhnen
(Entwicklung indexiert, mit 2000 = 100)

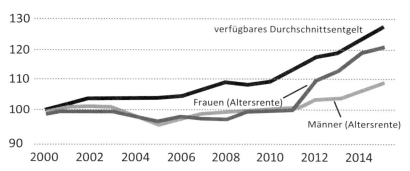

Quelle: Deutsche Rentenversicherung Bund, eigene Berechnung und Darstellung.
Durchschnittliche Zahlbeträge von Rentenzugängen in Altersrente für Versicherte mit
wenigstens 35 Versicherungsjahren sowie verfügbares Durchschnittsentgelt.
Entwicklung indexiert, mit 2000 = 100

gestiegen. Mittlerweile hat die Erwerbsminderungsrente derart ihre Schutzfunktion verloren, dass von sieben Personen, die eine Erwerbsminderungsrente aus der gesetzlichen Rentenversicherung beziehen, eine ihren Lebensunterhalt mit der Grundsicherung aufstockt.

Aber selbst bei durchgängiger Beschäftigung zum Durchschnittslohn schrumpft der Abstand der Rente zur Grundsicherung rapide. Die Standardrente (eine Rente bei 45 Jahren Arbeit zum Durchschnittslohn) war Anfang der 2000er Jahre noch fast doppelt so hoch wie die durchschnittliche Sozialhilfe (die Standardrente betrug rund 190% der Sozialhilfe). Bis 2015 hat sich der Abstand fast halbiert, auf gerade noch rund 50% über der Sozialhilfe.

Wie sehr die Rente aufgrund des sinkenden Rentenniveaus mit der Grundsicherung verschmilzt, lässt sich gut anhand der notwendigen Beitragsjahre für eine Rente in Höhe des durchschnittlichen Bruttobedarfs der Grundsicherung zeigen. Die Frage lautet also, wie viele Jahre sind bei einem Durchschnittslohn (heute etwa 3.100 Euro) nötig, um eine Rente in Höhe der durchschnittlichen Grundsicherung zu erreichen. Im Jahr 2000 waren hierfür rund 25 Jahre Beitragszahlung auf den Durchschnittslohn nötig. Heute (im Jahr 2016) sind in diesem Fall bereits rund 31 Jahre nötig – also sechs Jahre mehr als im Jahr 2000. Und bei einem Verdienst von zwei Dritteln des Durchschnitts sind heute schon über 45

Jahre Beitrag nötig, neun Jahre mehr als zu Beginn des Jahrtausends. Die private Altersvorsorge kann die entstandenen Lücken nicht schließen – trotz Zulagen durch den Staat. Das zeigt die Erfahrung der letzten 15 Jahre. Erst recht gilt dies in Zeiten niedriger Zinsen. Außerdem bleiben gerade Beschäftigte mit niedrigem Lohn auf der Strecke, da sie oftmals auch den Eigenbeitrag nicht aufbringen können: Trotz der Zulagen muss eine Person, die Brutto 1.500 Euro verdient, rund 47 Euro aus eigener Tasche zahlen. Und selbst mit einem Kind bzw. inklusive der Kinderzulage bei Riester muss die Person noch 22 Euro aus der eigenen Tasche bezahlen. Außerdem ist der privaten Rentenversicherung, von den aus Steuermitteln bezahlten Zulagen abgesehen, ein Solidarausgleich fremd.

Kurswechsel in der Rentenpolitik

Ein »Weiter so« in der Rentenpolitik ist nicht zu verantworten. Deshalb drängen die Gewerkschaften mit Nachdruck auf einen Kurswechsel in der Rentenpolitik, Schulter an Schulter mit Sozial- und Wohlfahrtsverbänden. DGB und Gewerkschaften geht es darum, die gesetzliche Rente zu stärken. Die Politik muss zu folgendem Konsens zurückkehren: Wer jahrzehntelang gearbeitet und in die Rentenversicherung eingezahlt hat, muss im Alter oder bei Erwerbsminderung vor sozialem Abstieg oder gar Altersarmut geschützt sein – die Rente muss für ein würdevolles Leben im Alter reichen.

Im Mittelpunkt der gesetzlichen Rentenversicherung muss deshalb wieder ein Leistungsversprechen stehen. Die Renten müssen wie die Löhne steigen. Dies ist das Mindeste für die kommende Wahlperiode. Dafür muss als Allererstes der Automatismus gestoppt werden, mit dem das Rentenniveau immer weiter abgesenkt wird. Das Rentenniveau muss, wie bereits erwähnt, stabilisiert und in einem weiteren Schritt angehoben werden – etwa auf 50%. Das würde für das Jahr 2045 rund 20% höhere Renten als nach geltendem Recht sicherstellen, das bis dahin das Rentenniveau nach den Berechnungen des Bundesministeriums für Arbeit und Soziales (BMAS) bis auf 41,7% abgesenkt hätte. Rentenpolitik kann sich nicht alleine an einem möglichst niedrigen Beitragssatz und dem Interesse der Arbeitgeber orientieren. Ein höheres Rentenniveau macht zwar einen höheren Beitragssatz zur gesetzlichen Rentenversicherung notwendig. Aber es ist nötig, sich das ganze Bild zu betrachten.

Die Kosten für ein sinkendes Rentenniveau sind unzureichende Renten oder die private Vorsorge. Letztere kostet nicht weniger Geld als die gesetzliche Rentenversicherung, im Gegenteil. Und die Arbeitgeber beteiligen sich an dieser regelmäßig nicht. Außerdem ist die private Vorsorge über den Kapitalmarkt erheblich riskanter als die umlagefinanzierte gesetzliche Rentenversicherung. Das sollte spätestens seit dem Finanzmarktcrash 2008/2009 bekannt sein – sonst könnte hier ein Blick in den anglo-amerikanischen Raum bei der Meinungsbildung helfen. Die Bevölkerung altert, damit wird die Alterssicherung teurer. Doch das ist nicht der entscheidende Punkt. Entscheidender ist die Frage, wer sie bezahlen soll. Wir fordern deshalb, dass sich die Arbeitgeber wieder paritätisch an der Alterssicherung beteiligen sollen. Und der Staat muss stärker als bisher Steuermittel in deren Finanzierung fließen lassen. Der demografische Wandel ist die Folge einer gesamtgesellschaftlichen Entwicklung. Dessen Bewältigung liegt damit auch in der Verantwortung der gesamten Gesellschaft. Zur Finanzierung der demografiebedingten Veränderungen müssen daher *alle* und nicht nur die Beitragszahlenden herangezogen werden.

Solidarische Rentenversicherung zielt auf Armutsvermeidung

Vor dem Hintergrund des massiv gewachsenen Niedriglohnsektors, der Zunahme prekärer und atypischer Beschäftigung, dem Rückbau des Solidarausgleichs und dem Absenken des Rentenniveaus besteht dringender Handlungsbedarf. Die Rente muss zukunftsfest aufgestellt werden – sie muss wieder vor sozialem Abstieg oder gar Armut schützen. Dabei geht es nicht nur darum, wie das Rentensystem selbst aufgestellt ist, sondern ganz wesentlich auch um den Arbeitsmarkt und die Beschäftigungssituation. Denn wer heute keinen Job hat oder von seinem Lohn nicht leben kann, hat nicht erst in der Rente ein Problem – da allerdings mit Sicherheit auch.

Wer während seines ganzen Erwerbslebens immer wieder zum Sozialamt oder Jobcenter musste, für den ändert sich bei einer zu geringen Rente im Alter nicht wirklich etwas. Das ist schlimm genug. Den Absturz erfahren jene, die es immer irgendwie geschafft haben, mit ihrem knappen Lohn über die Runden zu kommen. Diejenigen, die sich trotz jahrzehntelanger Arbeit bei schlechtem Lohn und oft schlechten Arbeitsbedingungen etwas aufgebaut, sich ein Auto oder vielleicht sogar ein kleines Eigenheim angeschafft haben, laufen Gefahr, dass sie ihren bescheidenen Wohlstand im Alter verlieren – gerade wenn der Übergang von der Arbeit in die Rente nicht gelingt und noch Abschläge auf die Rente dazukommen.

Das Wichtigste ist natürlich, dass die Menschen von ihrem Lohn gut leben können. Denn wenn sowohl der Lohn als auch die Arbeit stimmen, dann droht weder während des Erwerbslebens noch in der Rente der Gang zum Sozialamt. Gewerkschaften kämpfen für sozialversicherungspflichtige Beschäftigung, für ordentliche Bezahlung und gute Tarifverträge. Dabei müssen Beschäftigte zusammen mit starken Gewerkschaften immer wieder die gerechte Teilhabe am erwirtschafteten Reichtum erkämpfen.

Die Politik kann und muss dies durch eine umsichtige Wirtschafts- und Arbeitsmarktpolitik begleiten, die den Rahmen für gute und faire Arbeit setzt. Ergänzend dazu bedarf es der nötigen Investitionen in Bildung, Weiterbildung und Infrastruktur. Nicht zuletzt muss eine gleichberechtigte Teilhabe von Männern und Frauen an Erwerbs- und Sorgearbeit erreicht und die geschlechtsspezifische Lohnlücke geschlossen werden. Insbesondere geht es um eine Reform der Minijobs – Kleinstarbeitsverhältnisse außerhalb der Sozialversicherungspflicht, in denen heute vielfach gerade Frauen hängenbleiben –, die in ihrer jetzigen Form eine Rutschbahn direkt in die Altersarmut darstellen. Je besser es gelingt, Ungleichheit und Löcher im Erwerbsverlauf zu verhindern, desto weniger muss während des Arbeitslebens und in der Rente repariert werden.

Lücken von heute und morgen

Auch wenn es gelänge, dass morgen nur noch gute Arbeit existiert, gäbe es dennoch jene Menschen, in deren Erwerbsbiografien sich prekäre Arbeit bereits eingefressen hat. Schon aus diesem Grund müssen Elemente des Solidarausgleichs sicherstellen, dass Brüche nicht zu Löchern werden. Solche Regelungen würden dann und dort greifen, wo der Arbeitsmarkt versagt, würden gezielt da ansetzen, wo es eines Ausgleichs, einer Anerkennung bedarf. Wer jahrelang für weniger als 8,50 Euro pro Stunde arbeiten musste, bekommt den gesetzlichen Mindestlohn ja erst ab 2015 – und selbst dieser ist auch mit seinen mittlerweile 8,84 Euro

Das DGB-Rentenkonzept: Altersarmut ist vermeidbar

bekanntlich zu niedrig, um damit große Sprünge machen zu können. Aber in der Vergangenheit gab es selbst diese Untergrenze nicht – was keineswegs das Verschulden des oder der Beschäftigten war, die für einen niedrigeren Lohn arbeiten mussten. Aber sie oder er würde dafür im Alter ein zweites Mal mit einer geringen Rente bestraft. Außerdem wird es auch künftig immer Lücken und Brüche im Erwerbsleben geben – Schule, Ausbildung, Hochschule, Weiterbildung und die Erziehung von Kindern und Arbeit an und mit pflegebedürftigen Menschen. Hinzu kommen die unverschuldeten bzw. nicht freiwillig gewählten Brüche und Lücken, wie Arbeitslosigkeit, unfreiwillige Teilzeit, Krankheit bzw. dauerhafte gesundheitliche Einschränkungen oder niedrige Stundenlöhne.

Es müssen dringend alle Erwerbstätigen versichert werden. Mittlerweile gibt es drei bis vier Millionen Selbständige ohne bzw. ohne ordentliche Absicherung im Alter oder bei Erwerbsminderung. Hierbei handelt es sich oftmals um Erwerbstätige mit schwankenden oder geringen Einkünften. Diese wollen wir in den Schutz der gesetzlichen Rentenversicherung einbeziehen. Damit haben sie überhaupt die Chance, eine eigene ausreichende Alterssicherung aufzubauen. Dadurch stärken sie zudem die Solidargemeinschaft und können sich ihrerseits im Falle von Lücken und Brüchen auf die Solidargemeinschaft verlassen. Gerade weil immer öfter Menschen zwischen abhängiger und selbständiger Erwerbsarbeit hin- und herwechseln, müssen die Lücken durch eine durchgehende Versicherungspflicht geschlossen werden. Doch kann der Solidarausgleich dort, wo er nötig ist, besser greifen. Eine armutsvermeidende Rentenpolitik wird neben einem stabilen Rentenniveau und guter Arbeit auch immer einen guten Solidarausgleich brauchen. Damit die Rente am Ende vor sozialem Abstieg oder gar Armut schützt – im Alter wie auch bei Erwerbsminderung.

Solidarausgleich stärken

Am Beispiel des gesetzlichen Mindestlohns lässt sich gut zeigen, wie ein Zusammenspiel mehrerer Maßnahmen und Regelungen in der Rente und am Arbeitsmarkt zusammenspielen können, um Armut zu vermeiden. Der Mindestlohn verbietet unzureichende Löhne und vermeidet so, jedenfalls der Idee nach, dass Menschen trotz Vollzeitarbeit noch auf aufstockende Leistungen angewiesen sind. Ein Mindestlohn von 8,84 Euro kann jedoch nicht ausreichen, um eine Rente in Höhe der Fürsorgeschwelle oder gar darüber zu erreichen. Auch wenn die Idee sicherlich nicht ist, dass jemand sein ganzes Erwerbsleben lang immer nur den gesetzlichen Mindestlohn verdient, wird dies dennoch vorkommen. Schon deshalb braucht es in der Rente eine Regelung, die sicherstellt, dass die Rente nach jahrzehntelanger Arbeit zu Niedriglöhnen regelmäßig über der Grundsicherung liegt. Die sogenannte Rente nach Mindestentgeltpunkten, welche für Zeiten vor 1992 gilt und bei geringem Lohn sehr effektiv und zielgenau eine deutliche Besserstellung bewirkt, verfolgt genau dieses Ziel. Sie erhöht die Rente aus Zeiten mit niedrigem Lohn, damit nach einem langen Erwerbsleben eine Rente wenigstens über der Fürsorge möglich wird. Um im obigen Beispiel zu bleiben: Nach 45 Jahren ergäbe sich bei der Rente nach Mindestentgeltpunkten zusammen mit dem Mindestlohn eine Netto-Rente von deutlich über 900 Euro. Die Rente nach Mindestentgeltpunkten ist keine neue Erfindung. Unser Vorschlag besteht darin, die bereits existierende Regelung, die heute nur für Zeiten bis 1992 gilt, weiter gelten zu lassen, sie also auch für Zeiten ab 1992 anzuwenden. Davon würden insbesondere Frauen profitieren. Für die Gewerkschaften ist die Weiterführung dieser Regelung ein Baustein einer armutsvermeidenden Rentenpolitik.

Absichern müssen wir aber beispielsweise auch Zeiten der Langzeiterwerbslosigkeit. Seit 2011 werden hier gar keine Beiträge mehr gezahlt. Jedes Jahr im ALG II ist nicht erst seit 2011 ein tiefes Loch für die Altersrente, seitdem aber besonders tief. Jeder einzelne Monat ALG II-Bezug bedeutet damit gegenüber dem Durchschnittslohn im Westen einen um 2,54 Euro geringeren Rentenanspruch; im Osten um 2,39 Euro. Fünf Jahre mit ALG II bedeuten gegenüber dem Durchschnittsverdienst also rund 150 Euro bzw. über 140 Euro weniger Rentenanspruch im Westen bzw. Osten. Auch bei Bezug von ALG II wegen Langzeitarbeitslosigkeit muss wieder ein angemessener Rentenanspruch aufgebaut werden. Dazu gehört, dass hier wieder ausreichende Pflichtbeiträge gezahlt werden und auch Zeiten der Langzeitarbeitslosigkeit entsprechend bewertet werden.

Das DGB-Rentenkonzept: Altersarmut ist vermeidbar

Für ein lebensstandardsicherndes und armutsvermeidendes Rentensystem

In der Alterssicherung sollten weiterhin die Versicherung des Erwerbseinkommens und der Ausgleich entsprechend anerkannter Zeiten wie Arbeitslosigkeit, Kindererziehung, Pflege oder Schule und Hochschule stehen. Ein solches System folgt dem Gedanken der finanziellen Absicherung eines in der Regel deutlich über der Sozialhilfe liegenden Erwerbseinkommens. Zusammen mit den Elementen des Solidarausgleichs bei anerkannten Zeiten ohne bzw. mit geringem Lohn entsteht ein armutsvermeidendes Rentensystem. Ziel ist, auch im Alter angemessen am gesellschaftlichen Wohlstand beteiligt zu werden, sozialen Abstieg zu verhindern – und erst recht den Bezug von Fürsorgeleistungen für langjährig Versicherte strukturell zu vermeiden.

Dreh- und Angelpunkt für die Leistungsfähigkeit der gesetzlichen Rente ist das Rentenniveau. Sinkt es weiter, so wie im Gesetz vorgesehen, wird die Rente weiter an Wert verlieren – damit müsste auch jede Form des Solidarausgleichs in Zukunft noch größere Lücken schließen. Außerdem würde die betriebliche Altersvorsorge, die in einer ganzen Reihe von Branchen über Tarifverträge abgesichert ist, entwertet – sie kann ja nur (mit angemessener Beteiligung der Arbeitgeber versteht sich) für ein Plus am Lebensabend sorgen, wenn sie nicht in den Löchern verlorengeht, die in der gesetzlichen Rente gerissen werden, sondern auf einem stabilisierten, guten Niveau der gesetzlichen Rente aufsetzen kann.

Bei der Erwerbsminderungsrente zeigt sich klar, dass konkrete Maßnahmen zur Verbesserung die Stabilisierung des Rentenniveaus nicht überflüssig machen, im Gegenteil. Wenn der Gesetzgeber hier jetzt die Zurechnungszeiten um weitere drei Jahre anhebt, leider nur schrittweise, bedeutet das in der Summe dieser Schritte eine Erhöhung der EM-Rente um 7%. Die Niveausenkung bis auf 43%, die für 2030 als Sicherungsziel im Gesetzblatt stehen, entspricht jedoch einer Entwertung der EM-Renten um rund 11%. Damit wäre also die Verbesserung schnell wieder kannibalisiert. Das Rentenniveau zu stabilisieren und anzuheben, ist kein Allheilmittel. Konkrete Armutsrisiken brauchen auch konkrete zielgerichtete Antworten. Aber diese Antworten werden keine nachhaltig armutsvermeidende Wirkung entfalten können, wenn man sich nicht gleichzeitig der Niveaufrage stellt. Deshalb werden die Gewerkschaften ihre Forderung nach einem Kurswechsel zur Stärkung der gesetzlichen Rente im Bundestagswahlkampf mit Nachdruck setzen und dabei auch keine der demokratischen Parteien aus der Pflicht lassen. Nach der Bundestagswahl erwarten wir dann praktische Maßnahmen für einen Kurswechsel – da werden wir dranbleiben, versprochen.

Berthold Bose
Arbeitsmarkt – Politik mit Chancen

Der Arbeitsmarkt in Deutschland befindet sich im Aufschwung und in einem digitalen Umbruch. Deutschland ist wieder Motor des europäischen Wirtschaftswachstums. Die Gesamtzahl der Arbeitslosen nimmt stetig ab. Diese Entwicklung steht in den benachbarten südlichen europäischen Ländern noch aus. Dieses Ungleichgewicht drückt sich in der Geldmarktpolitik der europäischen Zentralbank und damit in den Zinssätzen aus. Investitionen lohnen sich stärker und das wirkt auf den Arbeitsmarkt. Handelsembargos gegen Russland haben ebenso einen direkten Einfluss auf die Arbeitsplätze in Europa wie eine Wirtschaftsschwäche Chinas oder der Brexit. Der globale Handel wirkt in beide Richtungen.

Für den Monat Dezember 2016 vermeldete die Bundesagentur für Arbeit 945.600 sozialversicherungspflichtige Jobs in Hamburg, davon 100.300 in der Industrie. Das ist ein Rekord. Aber welche Jobs zu welchen Konditionen entstehen? Die steigende Zahl sozialversicherungspflichtiger Beschäftigung ist zu relativieren, denn dahinter steht nicht allein ein Zuwachs an Arbeit, sondern eine Zunahme an Teilzeit und atypischer/prekärer Beschäftigung. Auf Bundesebene hat das Arbeitsvolumen in den letzten Jahren gerade das Niveau der ersten Hälfte der 1990er Jahre erreicht.

Die Gewinne der Konzerne steigen – werden aber tendenziell nicht in gleichem Maße in die Löhne und die Beschäftigten investiert. Das ist schädlich für das Binnenwachstum und für notwenige Investitionen. Die Zahl der prekär Beschäftigten nimmt zu. Das geschieht auch, weil Gesetze Spielräume lassen, die von Wirtschaftsunternehmen zu ihrem Vorteil und auf Kosten der Beschäftigten genutzt werden. Ein Beispiel: Bereits vor Jahren hat die Politik erkannt, dass die Möglichkeit von sachgrundlosen Befristungen zu einem Beschäftigungsmodell bei Arbeitgebern geworden ist, das das unternehmerische Risiko auf die ArbeitnehmerInnen verlagert. Allerdings hat die im Bundeswahlprogramm 2013 der SPD festgeschriebene Absicht, gesetzlich zugelassene sachgrundlose Befristungen abzuschaffen, keine Umsetzung im Koalitionsvertrag mit der CDU/CSU gefunden. Die Anforderungen an die Politik im Jahr der

Bundestagswahl 2017 steigen, das soziale Gleichgewicht wiederherzustellen. Längst fühlen sich ArbeitnehmerInnen von der wirtschaftlichen Entwicklung abgehängt, weil ihre Arbeitgeber ihre Jobs in Tochterunternehmen ausgelagert haben, um Kosten über die Löhne zu senken und Gewinne zu steigern. Daraus entstehen Löhne, von denen man sein Leben trotz Vollbeschäftigung nicht finanzieren kann. Mehrfachbeschäftigung ohne Rücksicht auf die Gesundheit und eine hohe Zahl an »Aufstockern«, durch die der Staat indirekt die Unternehmen subventioniert, sind eine weitere Folge.

Europäische Verantwortung

These: Ein gemeinsames Handeln der europäischen Länder in der Steuerpolitik hilft den Menschen in Europa und ist wichtiger Teil einer sozialen Marktwirtschaft.
Wie hoch ist der Preis, Waren zu immer günstigeren Preisen auf den Markt zu werfen und die Gewinne der Unternehmen stetig zu steigern? Weltweit aufgestellte Großunternehmen zahlen zum Teil keine oder sehr geringe Steuern in Deutschland. Und das, obwohl sie hier gute Gewinne machen. Die Europäische Gesetzgebung macht das möglich. »15,5% aller ausländischen Investitionen von US-Konzernen fließen 2015 in die Niederlande – vier Fünftel davon gehen an sogenannte Holdings, wie sie etwa das Kaffeeunternehmen Starbucks nutzt. Luxemburg mit seinen gerade mal 550.000 Einwohnern meldete 2012 ausländische Direktinvestitionen von rund 2,4 Billionen Dollar – mehr als Deutschland und Frankreich zusammen. Und allein Apple verschob zwischen 2009 und 2012 nach einem Bericht des US-Senats mehr als 74 Milliarden Dollar nach Irland, wo der Konzern dank eines Spezialabkommens weniger als 2% an Unternehmenssteuern zahlt.[1] Die ausbleibenden Steuern fehlen in einem sozialen Staat. Das Gefüge der sozialen Marktwirtschaft, zwischen den Beschäftigteninteressen und auskömmlichen Unternehmensgewinnen sowie daraus resultierenden angemessenen Steuern für den Staat, wird ausgehebelt. Erste Ansätze, diese legale Form des Steuerbetrugs auf europäischer Ebene zu beseitigen, gibt es bereits – aber sie stehen noch am Anfang und scheinen nur halbherzig betrieben zu werden. In

---

[1] *Zeit Online* in einer Reportage im Januar 2015

der Zwischenzeit fließen die gesparten Steuern in die Unternehmensgewinne von multinationalen Konzernen. Dem deutschen Staat entgehen Milliarden von Euro – jedes Jahr. Die könnten in die Stärkung der Renten, in einen stärkeren Anstieg des Mindestlohns oder mehr Personal für die Pflege in Krankenhäusern investiert werden. Von Geringverdienern wird jede Erhöhung direkt in die Deckung der Grundbedürfnisse des Lebens investiert und landet automatisch in der heimischen Wirtschaft. Diesen Investitionen für höhere Löhne fehlt allerdings die politische Durchsetzungskraft.

Arbeit im Wandel – lebensbegleitendes Lernen als Notwendigkeit

These: Fortbildung im Job wird zentrales Mittel zur Beschäftigungssicherung.

Die Lebensdauer eines »Jobs« bis zu einer wesentlichen Veränderung oder dem Wegfall ist von über 30 Jahren in der Vergangenheit auf durchschnittlich sieben Jahre gesunken und wird sich voraussichtlich in einigen Berufen noch verkürzen. Das trifft in erster Linie auf die Berufe zu, die einer starken technischen Innovation unterworfen sind. Die Veränderung ist allerdings in *allen* Berufen gegenwärtig. Wer gestern noch Preisschilder in einem Supermarkt mit der Hand geschrieben hat und heute Steckschilder austauscht, kann bei der Konkurrenz bereits elektronische Displays an den Waren finden, die tagesaktuell den Preis der Ware angeben. Diesen Teil des Berufes des/der Einzelhandelskaufmanns/frau gibt es morgen nicht mehr. Andere Aufgabengebiete dieser Tätigkeit sind in einen neuen Beruf eingeflossen: den des Warenverräumers. Hier ist ein »Job« im prekären Lohnbereich entstanden, den es in großer Zahl in den Lebensmittelläden bereits heute gibt. Gleiches gilt für intelligente Lagersysteme, die keine aktive Disponierung mehr brauchen, nur dass hier die Kasse am Ausgang in Verbindung mit einem Computer den Job übernommen hat. Es bleibt kein Beruf von einer Veränderung ausgenommen. Die Geschwindigkeit ist jedoch unterschiedlich. Von Branche zu Branche und da wieder von Unternehmen zu Unternehmen. Entscheidend für den Arbeitsmarkt ist die Bereitschaft, sich auf Veränderungen einzulassen und die richtigen Trends zu erkennen. Das gilt gleichermaßen für Unternehmen wie für Beschäftigte.

Man mag bedauern, dass heute weniger repariert und mehr ausgetauscht wird, und ressourcenschonend ist das sicher auch nicht – aber es werden von großen Unternehmen Benchmarks gesetzt in Zeiten (Produktion, Lieferung oder Reparatur) und Preisen, die den Markt bestimmen. Kleine und mittlere Unternehmen müssen versuchen, über Innovationen mitzuhalten, um im Markt bestehen zu können. Das führt zu veränderten Berufsbildern und Lerninhalten. Ein Bäcker muss heute mit Computern vertraut sein, um die Backmaschine zu bedienen, die die Kosten pro Stück verringert. Kenntnisse in den *Office*-Programmen von Windows gehören zur Grundausstattung für jeden kaufmännischen Beruf, die bereits mitgebracht werden müssen. Der Arbeitsmarkt stellt somit andere Anforderungen an unser Schulsystem, als das in der Vergangenheit der Fall war. Der Umgang mit Computern sowie das Suchen von Informationen im Netz oder das Bedienen von Anwenderprogrammen gehören heute bereits zum Bildungsangebot bei weiterführenden Schulen.

Doch Veränderungen werden »im laufenden Geschäft« mit der jeweils aktuellen Belegschaft eingeführt und fordern eine zusätzliche Lernbereitschaft der Beschäftigten – in jedem Alter. Fortbildungen werden bereits in einigen Tarifverträgen als fester Anspruch der ArbeitnehmerInnen vereinbart. Dies dient der Arbeitsplatzsicherheit und kann auch karrierefördernd wirken. Wer früher in einen Schonbereich versetzt werden konnte, weil er mit neuen Methoden nicht klarkam, dem droht heute die Entlassung. Denn solche Schonbereiche gibt es noch in den wenigsten Firmen. Pförtnertätigkeiten sind längst an Securityfirmen ausgelagert und die Post kommt elektronisch an den Arbeitsplatz. Das macht die Arbeit billiger. Verträge dieser Drittfirmen beinhalten alle Risiken und Kosten mit der Folge von Lohndumping. Die weltweite Konkurrenz in der Arbeitserbringung gehört zur heutigen Realität.

These: Arbeit folgt weltweit den besten Anbietern von Preis und Leistung und wird in Teilen zukünftig nicht mehr in Deutschland erbracht werden.
Werden die Kosten der Veränderungen als zu groß eingeschätzt, bedienen sich große Unternehmen des weltweiten Marktes an Dienstleistern. So können Entwicklungsprojekte beispielsweise komplett nach Indien verlagert werden oder die Produktion nach Bulgarien. In der globalisierten Welt ist das kein Problem mehr. Mehr noch, der Preis der Arbeit für ein Produkt konkurriert heute im weltweiten Wettbewerb. Die Lufthansa

betreibt an verschiedenen Standorten in der Welt sogenannte Werften. In diesen werden die Flugzeuge der Flotte gewartet und Spezialaufträge ausgeführt. Die Preise der Dienstleistung werden pro Arbeitskraft und Schicht berechnet. Somit ist jeder Standort in der Welt preislich vergleichbar. Zudem wird die Qualität der Arbeit gemessen. Die Beschäftigten in Hamburg konkurrieren innerhalb des eigenen Unternehmens direkt mit Standorten in Brasilien oder auch Malaysia, sogenannten Billiglohnländern. Trotz des hohen Kenntnisstandes der MitarbeiterInnen und der Qualität der Arbeit hat Lufthansa im Jahr 2016 beschlossen, aus Gründen der Gewinnmaximierung Teile der Arbeit aus Deutschland heraus ins Ausland zu verlagern (NDR 2016). Somit bleibt die Erkenntnis, dass allein Wissen nicht ausreicht, um den Arbeitsplatz zu sichern. Ein Berufsbild verschwindet somit aus der Landschaft, während andere – zumindest zeitweise – neu auftauchen.

Die Entwicklung von digitalen Spielen ist beispielsweise ein solcher sich neu gebildeter, junger Markt für Hamburg – der Erste Bürgermeister der Stadt, Olaf Scholz, spricht gar von der »Spiele-Hauptstadt Deutschlands«. So wurden in dem 2009 gegründeten Computerspiel-Unternehmen Good Games in relativ kurzer Zeit Hunderte von Arbeitsplätzen geschaffen. Aufgrund der sich inzwischen verdüsternden Marktsituation hat die in der Hansestadt ansässige Firma die einstige MitarbeiterInnenzahl von 1.200 mehr als halbiert (Hamburger Abendblatt 2017). Ein Teil der Löhne lag knapp über dem Mindestlohnniveau – aber der Pioniergeist in dieser Branche war groß genug, um diese Jobs anzunehmen. Zudem wurden Arbeitsbedingungen wie Vertrauensarbeitszeit sowie Loungemöbel und Freibier zu Feierabend als neues Anreizmodell ausprobiert. So schnell die Arbeitsplätze entstanden sind, so schnell sind sie zum Teil wieder verloren gegangen und werden ggf. irgendwo in der Welt wieder entstehen, wo Know-how vorhanden und die Arbeitskraft billiger ist.

Die neue Freiheit: Selbständig sein – ein prekäres Risiko

These: Wir brauchen stärkere Regeln für die soziale Absicherung von Selbständigen.
Immer häufiger versuchen Selbständige, sich auf dem Markt erfolgreich zu behaupten. Menschen, die bisher zum Teil abhängig beschäftigt waren, bieten ihre Arbeitskraft im Internet an. So handelt es sich beim Crowdworking um eine Arbeitsform, in der Aufgaben im Internet ausgeschrieben werden, die der Auftraggeber dem günstigsten (sprich: billigsten) Anbieter zuteilt. Auf diese Art und Weise entsteht eine neue Form der Tagelöhnerei, die jetzt auf Basis von Stunden und Projekten bemessen wird. »In den Vereinigten Staaten ist bereits von der *gig economy* die Rede, einer Ökonomie, in der Arbeitnehmer kein festes Gehalt mehr bekommen, sondern nur noch Gagen für lauter kurze Einsätze, die *gigs*. Jeder dritte Amerikaner hat Studien zufolge schon mit dieser Art des Geldverdienens Erfahrung,« so Zeit Online vom 5. Mai 2016 (Baurmann/Rudzio 2016). »Crowdworker schreiben Texte, liefern Chemikalien, testen Handys, entwerfen Verpackungen, planen Häuser, betreiben Marktforschung, entwickeln Software, gestalten Werbekampagnen oder entwickeln neue Produkte – und sie tun dies eben auch im Auftrag großer Konzerne.«

Einem Report der Internationalen Arbeitsorganisation aus Genf zufolge, sind weltweit allein bei elf großen Crowd-Plattformen schon um die 20 Millionen »Arbeiter auf Abruf« Teil dieser Ökonomie. Hierzulande gebe es 750.000 von ihnen, schätzt der Deutsche Crowdsourcing Verband.

Für den Wirtschafts- und Arbeitsmarkt besteht das Problem dieser Form der Tage-/Stundenlöhnerei unter anderem darin, dass viele der CrowdworkerInnen von dieser Arbeit nicht leben können, da der Verdienst unterhalb des Mindestlohns liegt. Geld, das ihnen zum Leben und dem Land bei der Steuererhebung fehlt. Es bleibt schlussendlich in den Kassen der Großkonzerne, die auf diese Art und Weise viel Geld sparen und ihre Gewinne steigern können. Diese Entwicklung könnte eingedämmt werden, indem in jedem Auftrag eine Sozialversicherungsabgabe eingerechnet und somit der Preis nach oben nivelliert wird. Darüber hinaus müssen auch Selbständige in die Sozialkassen integriert werden.

Arbeitsmarkt – Politik mit Chancen

Der Grad an Digitalisierung der Arbeit nimmt zu

These: Qualifizierung wird zentrales Mittel zur Beschäftigungssicherung.
Die Digitalisierung löst im Besonderen personelle Arbeit im Facharbeitersektor und im Helferbereich über digitale Medien und Roboting ab. Frey und Osborne (2013) haben herausgefunden, dass ein Beruf ein hohes Automatisierungsrisiko hat, wenn er zu mehr als 70% aus Routine-Tätigkeiten besteht. Und Brzeski/Burk (2015) sind zu dem Ergebnis gekommen, dass ca. 59% der sozialversicherungspflichtig Beschäftigten in Deutschland in den nächsten 10 bis 20 Jahren durch Computer ersetzt werden könnten. Weitere Studien mit anderen Ansätzen kommen zu Automatisierungspotenzialen, die sich zwischen 15% und 42% bewegen. Arbeiten mit einem hohen Routineanteil sind stärker betroffen als solche mit geringem Routineanteil. Das trifft insbesondere industrielle Arbeitsplätze. Wenn man die Studien verfolgt, ist der Anteil des Substituierbarkeitspotenzials, also der Menge an Arbeit, die zukünftig über Computer und Technik wie Roboting erledigt werden kann, in den Regionen am höchsten, die einen hohen Grad an industrieller Tätigkeit aufweisen. Wenn für Hamburg nach diesen Methoden ein Potenzial von 9,3% errechnet wird, bedeutet dies, dass rund 85.000 Arbeitsplätze zukünftig automatisiert werden könnten.

Es ist mit Blick auf die nächsten 10 bis 20 Jahre hinsichtlich der Umstellung auf die Automatisierung in der Produktion anzunehmen, dass es zu keinen Massenentlassungen kommen wird, da die natürliche Fluktuation ausreichen kann, um diese Umstellung zu begleiten. Allerdings geht damit ein hoher Bedarf an Fortbildung für ArbeitnehmerInnen einher. Ein weiteres, in Zukunft größer werdendes Problem besteht darin, dass weniger Beschäftigte in die Steuerkassen und Sozialsysteme einzahlen, wenn mehr Computer und Roboter die Jobs übernehmen. Dafür wird es bundesweite Lösungen geben müssen – eine davon könnte die zurzeit wieder diskutierte Einführung einer »Maschinensteuer« sein.

Der Grad an Ausgründungen und der Entwertung der Arbeit nimmt zu

Thesen:
1. Je intensiver die Produktivitäts- und Gewinnsteigerung als Ziel der Unternehmen verfolgt wird, desto geringer entwickelt sich das Durchschnittseinkommen und desto stärker steigt das Armutsrisiko für ArbeitnehmerInnen.
2. Die Gestaltung der Arbeitserbringung wird an Bedeutung gewinnen und ist zunehmend ein Entscheidungskriterium für die Berufswahl.

Das Kerngeschäft von Unternehmen wird stetig konzentriert und damit einhergehend werden immer mehr Tätigkeiten ausgelagert. Arbeitsplätze mit geringerem produktiven »Output« werden abgebaut oder auf Drittfirmen verlagert.

Das Produktivitätsziel der Unternehmen wird in vielen Unternehmen auf den einzelnen Arbeitsplatz heruntergebrochen. Mit der Konzentration von höherwertigen Tätigkeiten auf bestimmte Fachkräfte steigt der Leistungsdruck. Routinetätigkeiten werden automatisiert oder auf geringer entlohnte Beschäftigte verlagert. Das führt auf der einen Seite zu einer Entwertung von Arbeit, auf der anderen Seite aber auch zu einer Steigerung der Anforderungen an die Leistung der einzelnen ArbeitnehmerInnen.

Die Belegschaften erfahren eine stärker werdende Spaltung zwischen gut entlohnten Spezialisten einerseits und Beschäftigten mit geringer qualifizierten Tätigkeiten und damit geringerer Entlohnung andererseits. Diese Entwicklung hat deutliche Auswirkungen auf den Arbeitsmarkt und die soziale Entwicklung der Gesellschaft. Es profitieren nicht mehr alle gleichermaßen an dem Erfolg der Unternehmen. Die soziale »Schere« geht weiter somit weiter auseinander. Allein in Hamburg registriert die Bundesagentur für Arbeit rund 25.000 sogenannte Aufstocker (fast alle SGB II), also Erwerbstätige, die aufgrund des geringen Einkommens (Teilzeit, Niedrig-/Mindestlohn, Minijob) die ergänzende Grundsicherung, also SGB II bzw. Harz IV, erhalten (Stand Dezember 2016).

Arbeitsmarkt – Politik mit Chancen

Ausbildung und Berufsorientierung

These: Die Lust auf Bildung zu wecken ist eine Zukunftsaufgabe von Staat und Gesellschaft.
Gerade bei jungen Menschen ist die Berufswahl deutlich davon beeinflusst, wie genau eine private Freiheit mit dem Beruf zu verbinden ist. Die Work-Life-Balance ist wichtig geworden. Wenn mit einer guten schulischen Ausbildung oder einem Studium eine Wahlmöglichkeit im Arbeitsmarkt besteht, bekommen Faktoren wie Arbeitszeitlage, -menge, -variabilität sowie Arbeitsumgebung oder Homeoffice-Möglichkeiten eine neue Bedeutung. Allein das Entgelt ist nicht mehr entscheidend, sondern vielmehr die Attraktivität des Berufes, der Grad der Selbstverwirklichung sowie die Entwicklungsmöglichkeiten im Unternehmen. In einer Zeit des Arbeitnehmermarktes, in der Fachkräfte gesucht werden, ist ein Umdenken der Unternehmen in dieser Frage genauso wichtig wie Investitionen in Fortbildungs- und Karrieremöglichkeiten für die Bestandsbelegschaft. Zugleich gibt es eine nicht zu vernachlässigende Zahl von jungen Menschen, die mit geringer Grundbildung wenig Chancen auf dem Arbeitsmarkt haben. Es bedarf größter Anstrengungen sowohl des Staates als auch der Gesellschaft, Bildung zu fördern und jene SchülerInnen eng zu begleiten, die Gefahr laufen, ohne Abschluss die Schulpflicht zu verlassen. In Hamburg ist es beispielsweise gelungen, die Zahl der Schulabbrecher deutlich zu verringern. Dieses Konzept ist es wert, in andere Bundesländer übertragen zu werden.

Die Zahl der älteren ArbeitnehmerInnen nimmt zu

These: Ältere ArbeitnehmerInnen sind ein wichtiges Kapital für Unternehmen.
Wir werden älter. Das ist gut so – bringt aber Herausforderungen für den Arbeitsmarkt mit sich. Das Durchschnittsalter der Erwerbstätigen nimmt stetig zu. Das können Beschäftigte aus den jährlichen Berichten der Geschäftsleitungen entnehmen. Doch mit dem Älterwerden verändert sich natürlich auch unsere Leistungs- und Lernfähigkeit. Die Gefahr, mit zunehmendem Alter den Job zu verlieren, nimmt zu. Zum Ende des Arbeitslebens sind ArbeitnehmerInnen teurer als die vergleichbar jüngere Arbeitnehmergruppe. Letztere ist zudem noch körperlich belast-

barer und bringt das neueste Wissen aus der Ausbildung bereits mit. Da allerdings Fachkräfte zunehmend schwieriger auf dem Arbeitsmarkt zu finden sind, ist es ökonomisch durchaus sinnvoll und teilweise sogar zwingend notwendig, ArbeitnehmerInnen bis zur Rente an das Unternehmen zu binden. Dazu braucht es ein Umdenken der UnternehmerInnen, was das Thema der Leistungsdefinition und auch die Fortbildung sowie Qualifizierung älterer ArbeitnehmerInnen angeht. Gerade das Lernen verändert sich mit zunehmendem Alter. Lernen dauert länger – aber dafür ist das Gesamtverständnis über die gewonnenen Erfahrungen höher als bei jüngeren Beschäftigten.

Nach Renteneintritt ist Arbeit angesagt – zum Überleben

These: Ein früherer Ausstieg aus dem Erwerbsleben wird mit alternativer Arbeit finanziert.
Die Jahrgänge der Babyboomer sind jetzt in ihren 50ern und haben zum Teil schon Blickkontakt mit ihrem neuen Lebensabschnitt: der Rente. Allerdings ist das ernüchternde Ergebnis einer persönlichen Anfrage an die Bundesversicherungsanstalt und der betrieblichen Rentenkasse mit der Erkenntnis verbunden, auch in der Rentenphase arbeiten zu müssen. Die Angst der ArbeitnehmerInnen, nach dem Ende des Erwerbslebens von Ihrer Rente nicht würdevoll leben zu können, nimmt zu. Die Sorge ist nicht unberechtigt. Viele ArbeitnehmerInnen erreichen trotz lebenslangen Arbeitens und Einzahlungen in die Rentenversicherung gerade einmal das Grundsicherungsniveau von aktuell 780 €. Das gilt in Deutschland als »armutsfest«. Die Wirklichkeit sieht allerdings anders aus.

Ältere nehmen immer häufiger am Erwerbsleben teil: Die Erwerbstätigenquote der Personen zwischen 55 und unter 65 Jahren ist in den letzten zehn Jahren stärker gestiegen als die der 15- bis unter 65-Jährigen.[2] Das Heraufsetzen des Renteneinstiegsalters auf 67 Jahre hat zu einer massiven Senkung der Altersbezüge geführt. Das tatsächliche Renteneintrittsalter ist zwar gestiegen – liegt aber deutlich unter 67 Jahren. Im Jahr 2015 gingen Männer mit durchschnittlich 63,9, Frauen mit

---

[2] Bundesagentur für Arbeit, Arbeitsmarktberichterstattung, Dezember 2016

64,1 Jahren in die Regelaltersrente.[3] Eine Flucht aus dem zunehmenden Leistungsdruck in die Rente ist für viele aber mit dem »Weiterarbeiten müssen« verbunden. Passend dazu wurde 2016 ein Gesetz auf den Weg gebracht, das das Arbeiten neben der Rente erleichtern soll. Die Zahl der nach Renteneintritt auf das Grundsicherungsniveau fallenden ArbeitnehmerInnen nimmt zu.

Um nach einem Arbeitsleben ein Leben in Würde zu ermöglichen, braucht es Veränderungen in der Rentensystematik.

Prekäre Beschäftigung

These: Minijobs und Zeitarbeit unterstützen in erster Linie die Wirtschaft und nicht die Menschen.
Zu dem Kreis der Menschen ohne wirkliche Arbeitsmarktperspektive müssen auch diejenigen mit sogenannten perforierten Erwerbsbiografien gezählt werden. Also Personen, die zwischen Erwerbstätigkeit, meist befristet und schlecht bezahlt, Minijob und Erwerbslosigkeit hin- und herwechseln. Auch wenn hier eine gewisse Dynamik durch häufige Wechsel durchscheint, es ist eine Dynamik innerhalb »eines Teufelskreises«, ohne eine wirkliche Perspektive auf dauerhafte Beschäftigung inklusive akzeptabler Entlohnung.

Zu diesem unteren Segment des Arbeitsmarktes zählen auch die Minijobs. Rund 2,4 Millionen sozialversicherungspflichtige Beschäftigte hatten zum Stichtag 30.6.2016 zusätzlich einen Minijob.[4] Insgesamt sind in Deutschland 7,3 Millionen Menschen geringfügig beschäftigt. Allein in Hamburg waren dies 171.200. Für rund 104.400 Beschäftigte war dies die ausschließliche Einnahmequelle, für 66.800 ein Nebenjob.[5]

Auch wenn man bei den »ausschließlichen Minijobbern« RentnerInnen, SchülerInnen und StudentInnen herausrechnen muss, ist die Zahl dramatisch hoch und ganz offensichtlich auch ein Ausdruck atypischer bzw. prekärer Beschäftigung.

---

[3] Deutsche Rentenversicherung Bund (zuletzt 2016), Rentenversicherung in Zahlen.
[4] Bundesagentur für Arbeit im Juni 2016.
[5] Bundesagentur für Arbeit: Der Arbeitsmarkt in Hamburg. Monatsbericht: November 2016.

Auch die Zeit-/Leiharbeit zählt mit ca. 30.000 Beschäftigten in Hamburg dazu. Mittlerweile müsste sich auch bei der Bundesagentur für Arbeit und im Jobcenter die Erkenntnis durchgesetzt haben, dass die sogenannte Brückenfunktion, also die Funktion der Zeitarbeit als Einstieg oder Wiedereinstieg in eine feste Beschäftigung, eher nur partiell funktioniert. Insofern muss die besondere und bevorzugte Behandlung der Zeitarbeitsunternehmen Schritt für Schritt zurückgefahren werden.

Für eine sozialstaatliche Arbeitsmarktpolitik

These: Es braucht kluge, neue Konzepte, um das erfolglose Modell von Hartz IV abzulösen.
Ende 2014 zog der Deutsche Gewerkschaftsbund (DGB) nach zehn Jahren Hartz IV-Gesetzgebung mit der Analyse »Zehn Jahre Hartz IV: Ein Grund zum Feiern?« (DGB 2014) Bilanz – und diese fiel nicht positiv aus. Zu Recht! Trotz guter wirtschaftlicher Entwicklung gelingt es bis heute kaum, die Zahl der auf Fürsorgeleistungen angewiesenen Menschen deutlich zu reduzieren. »Auch 10 Jahre nach Errichtung dieses Systems im Jahr 2005 sind immer noch mehr als 6 Millionen Menschen auf Hilfen zur Sicherung des Existenzminimums angewiesen« (DGB 2014: 2), so die Analyse des DGB. Weiter heißt es: »Hartz IV wurde nicht nur schlecht gemacht, sondern hat zentrale Eckpfeiler und die Grundarchitektur des bundesdeutschen Sozialsystems massiv verschoben.« (DGB 2014: 9) Als Fazit kann gelten: Die Ziele waren hoch gesteckt, wurden aber weitgehend verfehlt. Zehn Jahre nach Errichtung dieses Systems sind immer noch mehr als sechs Millionen Menschen auf Hilfen zur Sicherung des Existenzminimums angewiesen. Die Zahl der erwerbstätigen Armen ist auf rund 1,3 Mio. Menschen leicht gestiegen. Wie stark sich Armutslagen verfestigen, zeigt die Zahl der Langzeitbezieher. Zwei Drittel aller Hilfebezieher erhielten im Sommer 2014 bereits 24 Monate oder länger Hartz-IV-Leistungen und rund die Hälfte seit mehr als vier Jahren. Die Betroffenen sind meist nicht durchgehend arbeitslos. Vielmehr spielt sich ihr Leben oft zwischen Leiharbeit, befristeten Stellen sowie geringfügiger Beschäftigung und Arbeitslosigkeit bzw. Arbeitsförderung ab, ohne dass Hartz IV überwunden und ein Sprung über die Schwelle hin zu stabiler Normalarbeit gelingt. Aber auch jene, die Hartz IV beenden können, fallen oftmals nach kurzer Zeit wieder darauf zurück.

Flüchtlingspolitik als Chance für den Arbeitsmarkt

These: Mit Blick auf einen Fachkräftemangel und den demografischen Trend sind Flüchtlinge als Chance für eine sozialstaatliche Stabilisierung zu sehen – wenn die Integration gelingt.
Der Bundesagentur für Arbeit und den Jobcentern ist deutlich, dass ihnen bei der Integration der Flüchtlinge neben dem Spracherwerb (der aber primär über das Bundesamt für Migration und Flüchtlinge (BAMF) administriert wird) eine Schlüsselaufgabe zukommt. Dem entsprechend werden seit Herbst 2015 zahlreiche Initiativen auf den Weg gebracht. Die Bildungsträger müssen diese Maßnahmen umsetzen und profitieren von der unerwarteten deutlichen Ausweitung des Weiterbildungsmarktes. Aber es muss auch eine Kontrolle erfolgen, ob die entsprechenden Bildungsträger ihrerseits keine prekären Beschäftigungsverhältnisse schaffen.

Seit Sommer 2015 sind in Hamburg rund 10.000 Flüchtlinge/Migranten/Schutzbedürftige im Jobcenter angekommen. Bis zum Jahresende 2017 wird mit weiteren 8.000 gerechnet. Damit wird die Dimension der Aufgabe deutlich. Allerdings liegt darin auch die Chance, speziell nach den Bedürfnissen des Arbeitsmarktes auszubilden.

Zudem ist in diesem Zusammenhang auch die Notwendigkeit einer Stärkung der Allgemeinverbindlichkeitserklärungen von Tarifverträgen als Schutz vor Lohndumping und Ausbeutung zu sehen. Bisher gibt es große Schwierigkeiten, diese zu vereinbaren, da regelmäßig die gesetzlich erforderliche Zustimmung der Arbeitgeber in den Branchen verweigert wird.

Literatur

Baurmann, Jana Gioia/Rudzio, Kolja (2016): Crowdworking. Die neuen Heimwerker, in: Zeit Online vom 5.5., www.zeit.de/2016/18/crowdworking-freelancer-digital-arbeitsmarkt (zuletzt aufgerufen am 8.5.17).
Brzeski, Carsten/Burk, Inga (2015): Die Roboter kommen. Folgen der Automatisierung für den deutschen Arbeitsmarkt. INGDiBaEconomicResearch, Frankfurt a.M.
DGB (Deutscher Gewerkschaftsbund) (2014): DGB-Analyse. Zehn Jahre Hartz IV: Ein Grund zum Feiern?, Berlin.
Frey, Carl B./Osborne, Michael A. (2013): The Future of Employment: How Susceptible are Jobs to Computerisation?, Oxford.

Klaus Wicher / Jan-Martin Bettich
Der Hamburger Senat ist zur Hilfe verpflichtet

1. Armut verhindern – Armut bekämpfen

Es ist nicht hinnehmbar, dass gegen die hohe und steigende Armut in Hamburg vom Senat zu wenig wirksame Gegenmaßnahmen ergriffen werden und kein geschlossenes Konzept zur Gegensteuerung existiert. Die Politik und insbesondere der Senat und die Bürgerschaft sind nachhaltig aufgefordert, Maßnahmen zur wirksamen Armutsbekämpfung auf den Weg zu bringen und dafür zu sorgen, dass alle Bürgerinnen und Bürger Hamburgs angemessen an der Gesellschaft teilhaben können (SoVD Hamburg 2013: 12ff.).

In der Präambel zur Hamburgischen Verfassung ist niedergelegt, dass »die Allgemeinheit (...) in Fällen der Not den wirtschaftlich Schwachen (hilft)...« (Landeszentrale für politische Bildung 2015: 10). Der Senat der Freien und Hansestadt Hamburg hat somit eine Selbstverpflichtung zur Hilfe und Unterstützung der wirtschaftlich Schwachen. Die Armutsentwicklung zeigt, dass der Senat dieser sich aus der Landesverfassung ergebenden Verpflichtung nur unzureichend nachkommt. Auch aus dem Sozialstaatsgebot in Art. 20 I Grundgesetz und den europäischen Normen und Rechten leitet sich eine Verpflichtung der Hamburgischen Bürgerschaft und des Senats hierfür ab. Die Generalnorm aus Artikel 1 des Grundgesetzes (»Die Würde des Menschen ist unantastbar. Sie zu achten und zu schützen ist Verpflichtung aller staatlichen Gewalt.«) verpflichtet ohnehin den Hamburger Senat zur aktiven Armutsbekämpfung.

In diesem Beitrag soll dargelegt werden, dass vor dem Hintergrund zunehmender Armut bei älteren Menschen der Hamburger Senat eine Reihe von Möglichkeiten hat, um den betroffenen Menschen Unterstützungen zu gewähren und diese auch zu finanzieren. Die Armutsentwicklung und Handlungsbeispiele für den Hamburger Senat werden im Folgenden beschrieben.

Die nebenstehenden Tabellen verdeutlichen, dass eine immer größer werdende Zahl an Menschen in der Stadt von der allgemeinen Entwicklung abgekoppelt ist und dass dies insbesondere für ältere Menschen

Tabelle 1: Armutsgefährdungsquote* (in %) in Hamburg, gemessen am Landesmedian

2005	2006	2007	2008	2009	2010	2011	2012	2013	2014	2015
17,4	16,7	16,8	16,1	18,0	17,4	17,9	17,6	18,7	18,0	19,0

Tabelle 2: Armutsgefährdungsquote* von Menschen ab 65 Jahren und älter (in %) in Hamburg, gemessen am Landesmedian

2005	2006	2007	2008	2009	2010	2011	2012	2013	2014	2015
9,5	8,7	9,2	9,6	11,1	11,4	12,7	13,4	14,1	14,7	15,8

* Anteil der Personen mit einem Äquivalenzeinkommen von weniger als 60% des Medians der Äquivalenzeinkommen der Bevölkerung in Privathaushalten am Ort der Hauptwohnung. Das Äquivalenzeinkommen wird auf Basis der neuen OECD-Skala berechnet. Quelle: Statistische Ämter des Bundes und der Länder (2016)

gilt. Auch wenn die Armutsgefährdungsquote der Menschen über 65 Jahren niedriger ist als die der Hamburger Gesamtbevölkerung (siehe Tabelle 1), ist die Zunahme der Ersteren (siehe Tabelle 2) doch gravierend. Der Handlungsbedarf ist also unmittelbar ablesbar und wird sich verstärkt fortsetzen, wenn die Politik nicht schnell Änderungen einleitet. So geht die Europäische Union in ihrem aktuellen Gutachten von rund sechs Millionen Menschen aus, die heute schon in Deutschland von Altersarmut betroffen sind (Statistikbehörde Eurostat v. 13.2.2017). Das übertrifft frühere Schätzungen um Einiges, was auch deutlich macht, dass sich die Entwicklung beschleunigt (Wicher 2011: 151).

2. Der Hamburger Senat verfügt über die notwendigen finanziellen Ressourcen

Der SoVD-Landesverband Hamburg fordert eine Sozialpolitik für die Menschen in der Freien und Hansestadt Hamburg, die die soziale Lage benachteiligter Gruppen deutlich verbessert und ihnen Chancengleichheit eröffnet. Wir brauchen eine nachhaltige Politik, die Daseinsvorsorge und Grundsicherung für alle Bürgerinnen und Bürger der Stadt sichert, sodass allen ein guter Zugang zu den Angeboten in der Stadt möglich ist. Das Credo des SoVD Hamburg lautet: Sozialpolitik muss allen Menschen ein würdevolles Leben ermöglichen und entsprechend darf auch niemand von der Teilhabe an der Gesellschaft ausgeschlossen sein.

Es stellt sich die Frage, ob Hamburg die notwendigen Finanzen dafür aufbringen kann. Die laufenden Steuereinnahmen der Freien und Hansestadt Hamburg ermöglichen deutlich mehr Ausgaben für soziale Leistungen. Dabei ist davon auszugehen, dass diese Situation so noch längere Zeit Bestand haben wird. Ab 2020 muss die Stadt zudem nicht mehr in den Länderfinanzhaushalt einzahlen. Stattdessen erhält Hamburg ab 2020 jährlich 176 Mio. zusätzlich (Balasko 2016), womit dann auch mehr laufende Ausgaben finanziert werden können. Die Steuerschätzung (Hamburger Mai-Steuerschätzung 2016) zeigt, dass gegenüber der aktuellen Haushalts- und Finanzplanung mit einer Zunahme von 478 Mio. (2016), 324 Mio. (2017), 486 (2018) und 634 Mio. (2019) gerechnet wird. Zudem liegt die prognostizierte Entwicklung des Wirtschaftswachstums für Hamburg bis zum Jahr 2030 selbst im Negativszenario immer deutlich über den für Deutschland prognostizierten Wachstumswerten (Biermann u.a. 2013: 17 und 26). Dies zieht nach sich, dass es die Einnahmen Hamburgs erlauben würden – auch vor dem Hintergrund der Schuldenbremse –, deutlich mehr Ausgaben für soziale Leistungen und die soziale Infrastruktur der Stadt bereitzustellen. Bei den Investitionen in die soziale Infrastruktur ist der Spielraum sogar noch höher, weil es sich in der Regel zunächst um einmalige Ausgaben handelt.

Eine bessere Sozialpolitik und damit mehr Unterstützung für arme und von Armut bedrohte ältere Menschen ist möglich und hängt allein vom politischen Willen des Senats und der ihn tragenden Parteien ab.

Die Sozialpolitik ist jedoch nicht nur Landespolitik. Hamburg braucht deshalb eine starke soziale Stimme im Bund. Vom Hamburger Senat wird daher mehr als bisher erwartet, dass er Gesetzesinitiativen im Bundesrat zu den drängenden sozialpolitischen Aufgaben der nächsten Jahre auf den Weg bringt.

Seniorinnen und Senioren Aufmerksamkeit schenken
In Hamburg leben heute mehr als 426.000 Menschen, die 60 Jahre und älter sind. Sie machen fast 24% der Bevölkerung aus. Im Jahr 2025 werden Prognosen zufolge rund 483.000 Hamburgerinnen und Hamburger, also 27% (2030: 30%) der Bevölkerung, dieses Alter erreicht haben. Wachsen wird vor allem der Anteil der Hochbetagten. Damit sind die »Älteren« eine bedeutende Gruppe in Hamburg, der wir Aufmerk-

Tabelle 3: Empfängerinnen und Empfänger von Grundsicherung im Alter in Hamburg

Jahr	Insges.	Frauen	Männer	Deutsche	Nichtdeutsche
2005	13.194	k.A.	k.A.	k.A.	k.A.
2006	15.267	9.352	5.915	11.231	4.036
2007	16.427	9.910	6.517	12.133	4.294
2008	17.487	10.442	7.045	12.929	4.558
2009	17.763	10.407	7.356	13.037	4.726
2010	18.588	10.790	7.798	13.636	4.952
2011	19.730	11.387	8.343	14.501	5.229
2012	20.925	11.978	8.547	15.375	5.550
2013	22.310	12.759	9.551	16.464	5.846
2014	23.273	13.156	10.252	17.158	6.250
2015	24.689	13.788	10.901	17.948	6.741

Quelle: Statistisches Amt für Hamburg und Schleswig-Holstein (2017)

samkeit schenken müssen. Ebenfalls wird die Zahl der Rentnerinnen und Rentner anwachsen. Im Gleichschritt wird die Zahl derjenigen ansteigen, die von ihrer Rente nicht leben können und daher auf Grundsicherung angewiesen sind (zum Anstieg der Zahlen zwischen 2005 und 2015 siehe Tabelle 3).

Ältere Menschen hegen den Wunsch, in ihrem angestammten Wohnquartier zu bleiben. Deshalb muss es ihnen ermöglicht werden, am gesellschaftlichen, sozialen, wirtschaftlichen und kulturellen Leben in den Quartieren und in der Stadt teilzuhaben und dieses mitzugestalten (Wicher 2014: 94ff.). Dabei geht es um Lebensqualität, Aktivität und Sinnstiftung für ältere Menschen ebenso wie um die notwendige Infrastruktur in den Stadtteilen. Für eine qualitativ hochwertige Unterstützung und Pflege bei entsprechender Hilfsbedürftigkeit muss gesorgt werden. Dafür müssen die Voraussetzungen geschaffen werden.

3. Unterstützungsmöglichkeiten für Menschen, die in Altersarmut leben oder davon bedroht sind

Im Folgenden werden nun Möglichkeiten des Hamburger Senats zur Unterstützung von älteren Menschen aufgezeigt, die in bescheidenen Verhältnissen bzw. in Armut leben oder von Armut bedroht sind (Wicher 2014: 100ff.).

Auf Teilhabe ausgerichtete, aufsuchende Seniorenarbeit
Die Bezirklichen Seniorenberatungsstellen leisten bereits heute einen Beitrag, um älteren Menschen das Leben in der gewohnten Umgebung zu erleichtern und ihre Selbständigkeit zu erhalten. Daher können wir in Hamburg gut auf diese Erfahrungen aufbauen. Diesen Vorteil sollten wir nutzen, denn so muss diese Arbeit nicht neu aufgesetzt werden.

Insbesondere die auf Teilhabe ausgerichtete, aufsuchende Arbeit wird an Bedeutung zunehmen. Diesem Umstand hat die Koalition in Hamburg Rechnung getragen, in dem sie diesen Aspekt in den Koalitionsvertrag von Rot-Grün aufgenommen hat (SPD u.a. 2015: 91). Wenn allerdings die zusätzliche Aufgabe durch die bezirkliche Seniorenberatung übernommen werden soll, dann muss sie nicht nur mit entsprechendem Personal und sachlichen Ressourcen ausgestattet, sondern auch ihr Bekanntheitsgrad deutlich verbessert werden, um den Seniorinnen und Senioren dieses Angebot besser bzw. überhaupt zugänglich zu machen. Hierzu gehört eine aktive Öffentlichkeitsarbeit vor Ort. Darauf hat der SoVD Hamburg schon vor Jahren u.a. auch in Gesprächen mit den Sozialdezernenten der Bezirke hingewiesen.

Angesichts der hohen Zahl älterer Menschen in der Stadt und der zu erwartenden Steigerungen hat sich Hamburg diesem drängenden Problem sehr spät zugewandt. Immerhin hat die Fragestellung in den Koalitionsvertrag (auch auf Betreiben des SoVD Hamburg) Eingang gefunden und Ergebnisse eines Expertengespräches dazu liegen seit Mitte 2016 in Hamburg vor. Im Vorwort des Expertengespräches wird dazu ausgeführt: »Die beste Investition in die Gesundheit älterer Menschen ist die Förderung des aktiven Alterns. Wie zahlreiche Forschungen zeigen, wird Gesundheit nur zu einem gewissen Teil durch Maßnahmen des Gesundheitssystems erzeugt. Vielmehr sind Gesundheit und Wohlbefinden im Alter in hohem Ausmaß von einer aktiven und selbstbestimmten Lebensführung abhängig. Voraussetzung für eine Förderung des aktiven

Alterns ist es, Hindernisse, die einer Verwirklichung von individuellen Bedürfnissen im Wege stehen, zu erkennen und zu überwinden. Der präventive Hausbesuch kann hierzu einen Beitrag leisten.« (Gruhl 2016: 4)

In Wien gibt es seit fast 40 Jahren einen sogenannten Kontaktbesuchsdienst und er ist zudem in der Wiener Stadtverfassung verankert. Ausführlich wird in dem Expertengespräch auf Ansätze aus Wien, München und Hamburg eingegangen, die Anregungen für die weitere Entwicklung in Hamburg geben können (Kienzl-Plochberger 2016: 18). Auf Ansätze und Ergebnisse aus Skandinavien soll an dieser Stelle nur verwiesen werden. Wer soll erreicht werden? Über ein Mindestalter und die Personengruppen sollte man sich verständigen (z.B. alle Personen ab 70 Jahren). So geht es um allein und isoliert lebende ältere Menschen, ältere Migrantinnen und Migranten, ältere Menschen mit Behinderungen sowie schweren Erkrankungen und Menschen, die in Altersarmut leben bzw. von Altersarmut bedroht sind.

Die Zielsetzung ist Folgende: »Wie kann Autonomie, Freiheit, ein selbstbestimmtes Leben ermöglicht und auch im Alter erhalten werden? ... Dafür die Rahmenbedingungen zu schaffen, ist unser Anliegen.« (Schmidt-Deckert 2016: 7) Hierzu wird u.a. in Wien ein Gesprächsleitfaden (Fragebogen) eingesetzt. Dabei wäre es sicherlich nützlich, zu ermitteln, wo die Hilfen räumlich angegliedert werden könnten (sozialräumlicher Bezug), um ein Höchstmaß an Effektivität und Erreichbarkeit für ältere Menschen zu erzielen. »Die Alten- und Service-Zentren (in München) decken mit ihrem deutschlandweit einmaligen Konzept ein großes Leistungsspektrum im Altenhilfesystem ab, von der niedrigschwelligen Cafeteria bis zu komplizierten Fragestellungen in der Beratung.« (Ebd.: 8) In einem Netzwerk sind den Service-Zentren weitere Dienste angeschlossen (z.B. gerontopsychiatrische Dienste, Pflegebörse, Betreuungsvereine und Betreuungsdienste).

Die aufsuchende Seniorenarbeit ist auch deswegen unverzichtbar, weil es einen Personenkreis von alten Menschen gibt, der durch die bestehenden Angebote nicht erreicht wird. Darüber hinaus ist es erforderlich, eine systematische Öffentlichkeitsarbeit durch Flyer, Medien, Plakate, Litfaßsäulen und z.B. Presseartikel zu betreiben, um Aufmerksamkeit zu erzielen. (Ebd.: 10) Der Nutzen besteht auch darin, dass der Besuchte in Zukunft weiß, wohin er sich wenden kann, wenn er Hilfe benötigt. »Wir versuchen mit unserer Arbeit etwas ganz Wichtiges zu erreichen, nämlich, dass ältere Menschen jenseits der Erwerbsarbeit sich als aktives und akzeptiertes Mitglied, als wertvoller Teil der Gesellschaft begreifen und teilnehmen.« (Ebd.: 11) Ein erprobtes Konzept für die aufsuchende Seniorenarbeit finden wir in der bezirklichen Seniorenberatung in Hamburg, sodass Hamburg mit dieser dringlichen Aufgabe schnellstmöglich beginnen kann.

Pflege muss auch ein würdevolles Leben ermöglichen – Ausbau gesundheitlicher Versorgung

Zunehmende Pflegebedürftigkeit wird schon heute bestehende Probleme weiter verschärfen. Zudem nimmt die Pflegebedürftigkeit im Alter zu. Im Jahr 2015 waren in Hamburg 52.649 Menschen pflegebedürftig (Gesundheitsberichterstattung des Bundes 2017). Bis zum Jahr 2030 wird sich ihre Zahl auf 60.000 erhöhen (Statista 2017). In diesem Zusammenhang hat die Wohn- und Pflegeaufsicht der Bezirke in Hamburg eine erhebliche Bedeutung gewonnen, die allerdings politisch nicht in ausreichendem Maße unterstützt wird. So kann aus dem Protokoll vom 11.1.2016 des Sozialausschusses des Bezirkes Hamburg-Wandsbek entnommen werden, dass im Jahr 2015 von 103 zu prüfenden stationären Einrichtungen nur 28 geprüft worden sind, was einen eindeutigen Rechtsverstoß darstellt. Ambulante Dienste werden nur zu 5% geprüft, was bedeutet, dass ambulante Dienste nur alle 20 Jahre überprüft werden. Dies ist alles andere als ausreichend. Der SoVD Hamburg weiß aus Gesprächen in allen Bezirken Hamburgs, dass auch dort kaum bessere Ergebnisse vorliegen.

Die Überprüfungen werden derzeit immer noch nicht nach einem einheitlichen System durchgeführt (es befindet sich allerdings in Planung). So kann es sein, dass eine Einrichtung im Norden Hamburgs nach anderen Kriterien geprüft wird als im Süden. In einem langsamen Tempo hat sich die zuständige Behörde für Gesundheit und Verbraucherschutz in Hamburg diesem Problem angenommen. Das Gesetz trat zum Jahresbeginn 2010 in Kraft. Eine erste Anhörung zur Vereinheitlichung eines Prüfkataloges hat im Jahr 2014 stattgefunden. Der SoVD Hamburg hat dazu mehrere Stellungnahmen verfasst und auf eine schnellere Bearbeitung bestanden. Für Menschen, die pflegerische Unterstützung benötigen, ist die Qualität der Leistungen von ausschlaggebender Bedeutung. Daher sind auf diesem Gebiet Leistungsverbesserungen erforderlich. Neben einem einheitlichen Prüfverfahren und einer am Verbraucherschutz orientierten Veröffentlichung der Ergebnisse sind die Mängel in der Personalausstattung und den sachlichen Ressourcen schnell zu beheben. Für pflegende Angehörige muss zudem der Aufbau einer verbesserten gesetzlichen Alterssicherung ermöglicht werden, zumal sie oftmals über Jahre diese gesellschaftlich wichtige Aufgabe übernehmen, die insbesondere für die Pflegebedürftigen von besonderer Bedeutung ist. Notwendig ist die Umsetzung der Kontrollen der stationären und ambulanten Einrichtungen in Hamburg, so wie sie im Hamburgischen Wohn- und Betreuungsgesetz (HmbWBG) beschrieben sind, um eine würdevolle Pflege sicherzustellen. Hamburg hat darüber hinaus den Auftrag, Menschen vor dem Absinken in die Grundsicherung zu bewahren, wenn dies allein durch die Pflegebedürftigkeit verursacht ist.

Auch aus dem Experten-Gespräch zum Präventiven Hausbesuch ist zu entnehmen, dass insbesondere eine gelungene Teilhabe an der Gesellschaft einen erheblichen Beitrag zur Gesundheit und Gesundheitsvorsorge älterer Menschen leistet. Wir wissen, dass Menschen, die in Armut leben müssen, ein deutlich erhöhtes Krankheitsrisiko haben und ihre Lebenserwartung sehr viel niedriger ist als bei anderen alten Menschen (Lampert/Rosenbrock 2017: 98). Warum dann so lange gezögert wird, die aufsuchende Seniorenarbeit umzusetzen bzw. zu verbessern, ist nicht nachvollziehbar. Hamburg muss zudem in mehrere Niederlassungsgebiete für Ärzte aufgeteilt werden, um die ärztliche Versorgung wohnortnah zu verbessern. So gibt es beispielsweise im Hamburger Stadtteil Finkenwerder nur einen Facharzt, was bedeutet, dass stets längere und zum Teil beschwerliche Wege vor allem für hochbetagte Menschen zu machen sind, um an eine angemessene ärztliche Versorgung zu gelangen.

Bedürftige Menschen bedürfen kostenfreier wohnortnaher Dienstleistungen

Der Wunsch sehr vieler Menschen ist es, ein solange wie möglich selbständiges und selbstbestimmtes Leben in den eigenen vier Wänden und in der vertrauten Wohnumgebung führen zu können, auch wenn sie aufgrund ihres Alters, Krankheit, Pflegebedürftigkeit oder Behinderung auf Hilfe angewiesen sind. Diese Menschen sind öfter auf Unterstützung bei kleinen und großen Problemen im Alltag angewiesen – beispielsweise bei der Strukturierung des Haushalts, beim Einkaufen, Sauberhalten der Wohnung und der Erledigung von Behördenangelegenheiten, wozu es eines Begleitdienstes und einer Mobilitätsunterstützung bedarf. Es müssen neben den pflegerischen Versorgungsangeboten für die Unterstützung der Menschen zu Hause weitere Hilfestrukturen in Form sozialer Dienstleistungen vorhanden sein, die auch soziale Kontakte und Möglichkeiten zum Austausch als Mittel gegen Einsamkeit bieten. Dazu gehören auch öffentliche Dienstleistungen im erreichbaren Wohnumfeld. Viele Rentner sind auf Treffpunkte (Seniorentreffs und vergleichbare Einrichtungen) ohne Verzehrzwang angewiesen. Diese Einrichtungen sind zu erhalten und weiter auszubauen. Die notwendige Weiterentwicklung des Konzepts der Seniorentreffs muss den Gedanken der Teilhabe an der Gesellschaft weiterverfolgen. Insbesondere ist es erforderlich, ausreichend Ressourcen für Personalkosten bereitzustellen – sowohl um das derzeitige Angebot zu erhalten als auch zeitgemäß weiterzuentwickeln.

Eine bürgerfreundliche Verwaltung gehört in die Nähe der Bürger. Kundenzentren benötigen ausreichend Personal und Infrastruktur, um ihren Aufgaben gerecht zu werden. Dafür hat die Politik in Hamburg zu sorgen. Zu einem dichten Netz von Kundenzentren gehört zusätzlich auch ein mobiler Service. Angebote der Nahversorgung und der sozialen Versorgung (Post, Einkaufsmöglichkeiten, Kultur) sowie kostenfreie haushaltsnahe Dienstleistungen sind bei allen städtebaulichen Planungen zu berücksichtigen und in jedem Bezirk bereitzustellen. Barrierefreie Zuwegungen und in ausreichender Zahl auffindbare öffentliche Toiletten gehören in Wohnortnähe. Seniorinnen und Senioren mit Behinderung müssen einen barrierefreien Zugang zur Eingliederungshilfe haben. Weder dürfen Maßnahmen beschnitten noch durch Zugangshemmnisse verweigert werden. Der SoVD Hamburg fordert einheitlich von allen Bezirksversammlungen die Einrichtung eines Sozialausschusses mit der eindeutigen Zuständigkeit für die Seniorenarbeit.

Wohnungspolitik und Wohnungslosenhilfe stärken
In Hamburg leben etwa 10.000 Menschen in Wohnunterkünften des sozialen Hamburger Dienstleistungsunternehmens »fördern & wohnen«, davon gehören 2.012 zu den wohnberechtigten Zuwanderern und 2.572 zum Personenkreis der Wohnungslosen (Stand: Juli 2014). Schätzungsweise weitere 1.500 bis 2.000 Menschen leben obdachlos auf der Straße. Bei der Suche nach Wohnraum sind diese Menschen auf dem angespannten Hamburger Mietmarkt praktisch chancenlos. Sie verbleiben in der öffentlichen Unterbringung, deren Kapazitäten längst ausgeschöpft sind und beständig erweitert werden müssen. Um das Problem grundsätzlich

zu lösen, muss mehr Wohnraum geschaffen werden – insbesondere Sozialwohnungen und vor allem auch solche Wohnungen, die vordringlich Wohnungssuchenden zugänglich sind. Die Anstrengungen Hamburgs, mehr Sozialwohnungen zu schaffen, die anerkannt werden, müssen dennoch deutlich erhöht werden, wenn es gelingen soll, den Mietpreisanstieg zu verringern (Wicher 2014: 100ff.). Den jährlich geplanten 3.000 Sozialwohnungen stehen deutlich mehr solche gegenüber, die aus der Bindung fallen. Zum Jahresbeginn 2016 standen nur noch 81.632 Sozialwohnungen zur Verfügung (Bürgerschaft der Freien und Hansestadt Hamburg 2017: 2), deren Zahl weiter abnehmen wird. Zudem wird immer bedeutsamer, dass deutlich mehr seniorengerechte Wohnungen (barrierefreier Wohnraum) und alternative Wohnformen bereitgestellt werden müssen, damit älteren Menschen ein Leben in den eigenen vier Wänden ermöglicht werden kann. Hinzu kommt, dass Ältere überwiegend Altenheime ablehnen. Sie wollen ihren Lebensabend in ihrem Zuhause, in dem gewohnten und bekannten Umfeld, verbringen. Die Möglichkeiten der Wohnungslosenhilfe, eine neue Wohnung zu finden, hängen auch von der dafür zur Verfügung stehenden Zahl der Wohnungen ab. Diese muss angesichts der hohen Zahl von Wohnungslosen schnell und deutlich erhöht werden.

**Entwicklung eines öffentlichen *und*
sozialen Personennahverkehrs**
Ohne öffentlichen Personennahverkehr (ÖPNV) sind die meisten Menschen in der Stadt nur eingeschränkt mobil. Mobilität gehört zu den unverzichtbaren Rechten. Der SoVD fordert daher die Stärkung des ÖPNV, der jeden Stadtteil erreicht und für alle bezahlbar ist (Wicher 2014: 106). Günstige Fahrpreise sind ebenso erforderlich wie ein kostenfreier Sozialtarif für Bedürftige bzw. eine Seniorenkarte ohne Uhrzeitbarriere. Der Ausbau des schienengebundenen Nahverkehrs muss Vorrang genießen. Für behinderte Menschen ist der barrierefreie Ausbau des ÖPNV schnell weiter voranzutreiben. Es ist anzuerkennen, dass der Senat hier Beachtliches voranbringt. Zu nennen sind der zugesagte barrierefreie Ausbau der U-Bahn bis 2024 sowie die Erweiterung der U- oder S-Bahn in den Hamburger Westen, die vielen Menschen gegenüber den Busverbindungen einen besseren Anschluss bringen wird.

Strom gehört zur Lebensgrundlage
Im Zeitraum des 4. Quartal 2015 bis zum 3. Quartal 2016 wurde 10.135 Privathaushalten in Hamburg die Stromversorgung gesperrt (Bürgerschaft der Freien und Hansestadt Hamburg 2016: 1). Für SeniorInnen kann das zu großen Problemen führen, weil sie häufig auf strombetriebene Geräte angewiesen sind. Hier handelt es sich oftmals um für die Gesunderhaltung notwendige Geräte. Deren Ausfall kann dann zu erheblicher Lebensbeeinträchtigung führen. Der Grundsicherungsbetrag ist deutlich zu niedrig angesetzt. Daher kommt es schon durch die normale Lebensführung zu Engpässen, insbesondere dann, wenn z.B. Elektrogeräte kaputtgehen und das Geld zur Wiederbeschaffung fehlt. Der im Grundsicherungsbetrag vorgesehene Betrag für Strom ist zu niedrig. Deswegen ist der Senat aufgefordert, hier eine Ausgleichszahlung bereitzustellen. Für den Fall, dass der Stromanbieter den Strom abschalten möchte, schlagen wir vor, dass er zunächst eine Clearingstelle in der Hamburger Verwaltung informieren muss. Diese veranlasst zunächst die Weiterzahlung der Stromgebühren und verabredet mit den Betroffenen, wie sie aus ihrer Problemsituation herauskommen können.

Sicherung einer unabhängigen Sozial(rechts)beratung
Unabhängige, niedrigschwellige Beratungsangebote für unterschiedliche Zielgruppen müssen den bedürftigen Ratsuchenden vorbehaltlos und in vollem Umfang zur Verfügung stehen. Insbesondere ist es wichtig, dass die Beratung ohne Furcht vor Sanktionen in Anspruch genommen werden kann. Der SoVD Hamburg hat mehrfach angeboten, dies für die Stadt zu übernehmen, wenn dafür eine Finanzierung bereitstünde. Der Vorteil wäre, dass diese Beratung in ein funktionierendes Beratungssystem des SoVD nahtlos eingebunden werden könnte. Denkbar ist auch – in Anlehnung an eine Regelung mit dem Mieterverein Hamburg –, dass für ratsuchende Bedürftige der Mitgliedsbeitrag übernommen wird. Eine Regelung ist angesichts der großen Zahl Ratsuchender erforderlich.

4. Kürzungen bei den sozialen Leistungen verhindern

Die unzureichende Übernahme von Tariferhöhungen sowie zu geringe Zuwendungen für soziale Projekte trocknen unseren Sozialstaat in Hamburg aus und lassen den Kitt bröckeln, der für den Zusammenhalt unserer

Gesellschaft unerlässlich ist (Steinmeier 2017: 1). Die bisherige Sparpolitik des Senats setzt bereits Träger der freien Wohlfahrtspflege so unter Druck, dass dies zu einer substanziellen Gefährdung von Einrichtungen führt. Die Stadt finanziert die tariflich bedingten Personalkosten und in Teilen auch die Kosten für eine betriebliche Altersvorsorge nur unzureichend. Die Träger sind dadurch gezwungen, Personalstellen zu bewirtschaften und ihr Leistungsangebot einzuschränken. Dies führt unweigerlich zu Absenkungen des Leistungsangebotes. Ähnliches gilt für den öffentlichen Sektor. Hier muss auch angesichts der günstigen Haushaltslage erwartet werden, dass der Senat umsteuert und entsprechende Ressourcen zur Verfügung stellt.

5. Schluss

Hamburg kann mehr dafür tun, dass ältere Menschen einen ungehinderten Zugang zur Teilhabe an der Gesellschaft haben. Die finanziellen Rahmenbedingungen sind gegeben und werden auch zukünftig zur Verfügung stehen. Es liegt allein am Senat, sich hier mehr zu engagieren. Altersarmut kann allerdings allein mit Mitteln der Hansestadt Hamburg nicht beseitigt werden. Möglichkeiten zur Verhinderung bzw. zur Beseitigung der Altersarmut werden in diesem Buch ausführlich dargelegt.

Literatur

Balasko, Sascha (2016): Olaf Scholz schlägt 176 Millionen Euro für Hamburg heraus. Hamburger Abendblatt, www.abendblatt.de/nachrichten/article208426979/Olaf-Scholz-schlaegt-176-Millionen-Euro-fuer-Hamburg-heraus.html (zuletzt aufgerufen am 24.2.17).
Biermann, Franziska/Bräuninger, Michael/Rossen, Anja/Schlitte, Friso (2013): Prognose der wirtschaftlichen Entwicklung bis 2030 in Bayern und Deutschland. Hrsg. von: Hamburgisches WeltWirtschafts Institut (HWWI).
Bürgerschaft der Freien und Hansestadt Hamburg (2016): Schriftliche Kleine Anfrage, Drucksache 21/6341, Energiearmut und Wasserabsperrungen in Hamburg.
Bürgerschaft der Freien und Hansestadt Hamburg (2017): Schriftliche Kleine Anfrage, Drucksache 21/7447, Bestand an Sozialwohnungen.
Gesundheitsberichterstattung des Bundes (2017): Pflegebedürftige, www.gbe-bund.de (zuletzt aufgerufen am 10.3.17).

Gruhl, Matthias (2016): Vorwort, in: Freie und Hansestadt Hamburg, Behörde für Gesundheit und Verbraucherschutz (Hrsg.): Experten-Gespräch zum Präventiven Hausbesuch. 17. Juni 2016 in Hamburg, S. 4. Online abrufbar unter: www.hamburg.de/senioren/fachinformationen/.

Hamburger Mai-Steuerschätzung 2016 vom 17. Mai 2016, www.hamburg.de/pressearchiv-fhh/6096224/2016-05-17-fb-pm-steuerschaetzung-mai-2016/ (zuletzt aufgerufen am 27.4.17).

Kienzl-Plochberger, Karin (2016): Der Kontaktbesuchsdienst in Wien, in: Freie und Hansestadt Hamburg, Behörde für Gesundheit und Verbraucherschutz (Hrsg.): Experten-Gespräch zum Präventiven Hausbesuch. 17. Juni 2016 in Hamburg, S. 18-29. Online abrufbar unter: www.hamburg.de/senioren/fachinformationen/

Lampert, Thomas/Rosenbrock, Rolf (2017): Armut und Gesundheit, in: Der Paritätische Gesamtverband (Hrsg.): Bericht zur Armutsentwicklung in Deutschland 2017, S. 98-108.

Landeszentrale für politische Bildung (2015): Verfassung der Freien und Hansestadt Hamburg.

Schmidt-Deckert, Birgit (2016): Der Präventive Hausbesuch in München, in: Freie und Hansestadt Hamburg, Behörde für Gesundheit und Verbraucherschutz (Hrsg.): Experten-Gespräch zum Präventiven Hausbesuch. 17. Juni 2016 in Hamburg, S. 7-17. Online abrufbar unter: www.hamburg.de/senioren/fachinformationen/.

Statista (2017): Pflegebedürftige in Hamburg – Anzahl 2009-2030, https://de.statista.com/statistik/daten/studie/259197/umfrage/anzahl-der-pflegebeduerftigen-in-hamburg/ (zuletzt aufgerufen am 10.3.17).

Statistische Ämter des Bundes und der Länder (2016): Sozialberichterstattung der amtlichen Statistik, www.amtliche-sozialberichterstattung.de (zuletzt aufgerufen am 24.2.17).

Statistisches Amt für Hamburg und Schleswig-Holstein (2017): Grundsicherung im Alter und bei Erwerbsminderung in Hamburg, www.statistik-nord.de/zahlen-fakten/soziales/sozialleistungen/dokumentenansicht/grundsicherung-im-alter-und-bei-erwerbsminderung-in-hamburg-1/ (zuletzt aufgerufen am 9.3.17).

Steinmeier, Frank-Walter (2017): Rede vor der Bundesversammlung am 12.2.2017. Online abrufbar unter: www.bundestag.de/dokumente/textarchiv/2017.

SPD, Landesorganisation Hamburg und Bündnis 90/Die Grünen, Landesverband Hamburg (2015): Zusammen schaffen wir das moderne Hamburg, Koalitionsvertrag über die Zusammenarbeit in der 21. Legislaturperiode der Hamburgischen Bürgerschaft.

SoVD Hamburg (2013): Programmatische Leitlinien des SoVD Hamburg, Hamburg.

Wicher, Klaus (2011): Altersarmut nimmt zu. Konzepte für eine Umkehr, in: Pohl, Gerd/Wicher, Klaus (Hrsg.): Armes Reiches Hamburg. Metropole zwischen Wohlstand und Armut, Hamburg, S. 146-159.

Wicher, Klaus (2014): Auf dem Weg zur seniorengerechten Stadt?, in: Pohl, Gerd/Wicher, Klaus (Hrsg.): Hamburg: Gespaltene Stadt? Soziale Entwicklungen in der Metropole, Hamburg, S. 94-110.

Joachim Bischoff
Soziale Ungleichheit zurückdrängen – aber wie?

In einem beträchtlichen Teil der Bevölkerung in Deutschland hat sich eine immense Wut auf die gesellschaftliche Ordnung, deren Institutionen und ihre leitenden Akteure aufgestaut. Strittig ist in der gesellschaftlich-politischen Diskussion, inwieweit dieses Ressentiment des »Abgehängtseins« einen materiellen Hintergrund hat. In etlichen Analysen wird darauf verwiesen, »dass es weniger die de facto prekäre soziale Lage ist, die rechtspopulistische Einstellungen hervorruft, als vielmehr die subjektive Einschätzung der eigenen Lage, vor allem im Vergleich zu anderen, und subjektive Bedrohungsgefühle – diese sind längst nicht immer identisch und Ausdruck der vorhandenen sozialen Lage ... Vielleicht wird schlicht ein verbreitetes und auch bequemes ›Negativ-Narrativ‹ über die eigene Lage, angeblich abgehobene Politiker_innen und Einwanderer wiederholt, was dann aber zu rechtspopulistischen Mustern gefriert.« (Küpper 2016) Diese Entgegensetzung von objektiver sozialer Lage und bloß subjektiver Einschätzung ist m.E. problematisch.

Es gibt aktuell keine manifeste Krise mit hoher Arbeitslosigkeit. Auch persönlich unterstreicht ein Großteil der BürgerInnen, dass ihre wirtschaftliche Position passabel und die Lebensqualität hoch sei. Und doch hat sich im gegenwärtigen Kapitalismus eine soziale Spaltung verstärkt und verfestigt, die den Hintergrund für Zukunftsängste und Krisensymptome abgibt.

Ein Großteil der BürgerInnen sehnt sich danach, den aktuellen Kontrollverlust zu überwinden. Globalisierung und technischer Fortschritt lassen Jobs unsicherer werden. Die Löhne vieler Beschäftigter stagnieren, die Mittelschicht schrumpft. Und die unterschiedliche Beteiligung am gesellschaftlichen Wohlstand wird als nicht leistungsgerecht empfunden. Wie kann es sein, dass die meisten Deutschen in ihrem harten Berufsleben auf keinen grünen Zweig kommen und viele sich vor Altersarmut fürchten? Zu den großen Zukunftssorgen der ArbeitnehmerInnen in Deutschland gehört die berechtigte Angst vor sozialem Abstieg und Armut im Alter. Der Wiedereinstieg in den ersten Arbeitsmarkt im Falle eines Arbeitsplatzverlustes ist besonders für ältere Arbeitssu-

Abbildung 1: Armuts und Wirtschaftsentwicklung 2005 bis 2015*

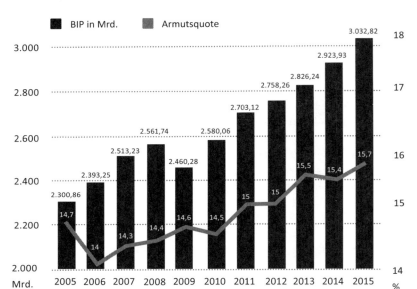

* Ab 2011: Ergebnisse des Mikrozensus mit Hochrechnungsrahmen auf Grundlage des Zensus 2011, davor auf Grundlage der Volkszählung 1987 (Westen) bzw. 1990 (Osten).

Quelle: Statistische Ämter des Bundes und der Länder, Bundesbank

chende sehr schwer. Auch ist eine Vielzahl von Tätigkeiten den älteren Menschen unserer Gesellschaft körperlich nicht zumutbar.

Entkoppelung von Armuts- und Wirtschaftsentwicklung

Die Zahlen aus 2015 zeigen, dass sich der langjährige Aufwärtstrend bei den von Armut betroffenen BürgerInnen weiter fortsetzt. Wie in den meisten der letzten zehn Jahre schlug sich die insgesamt gute Wirtschaftslage des Jahres 2015 mit einem preisbereinigten Bruttoinlandsproduktzuwachs von 1,7% nicht in einem Abbau der Armut nieder. Mit Blick auf die letzten zehn Jahre und die passable Wirtschaftsentwicklung seit der globalen Wirtschafts- und Finanzkrise 2008 kann konsta-

Abbildung 2: Armutsquote, SGB-II-Quote und Arbeitslosenquote 2005 bis 2015 (in %)*

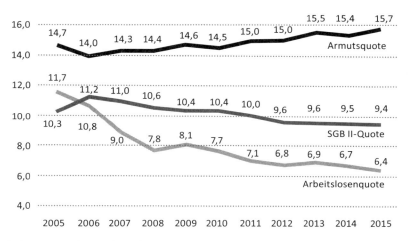

* Ab 2011: Ergebnisse des Mikrozensus mit Hochrechnungsrahmen auf Grundlage des Zensus 2011, davor auf Grundlage der Volkszählung 1987 (Westen) bzw. 1990 (Osten).

Quelle: Statistische Ämter des Bundes und der Länder, Bundesagentur für Arbeit

tiert werden, dass wirtschaftlicher Erfolg offensichtlich keinen Einfluss auf die Armutsentwicklung hat (siehe Abbildung 1).

Ganz im Gegenteil: Gemessen an der Armutsquote geht der zunehmende gesamtgesellschaftliche Reichtum mit zunehmender Ungleichheit und der Abkopplung einer immer größeren Zahl von Menschen vom allgemeinen Wohlstand einher. Dazu passt, dass der Anstieg der Armutsquote in 2015 mit einem weiteren Rückgang der Arbeitslosen- und Hartz-IV-Quote verbunden ist (siehe Abbildung 2). Dies zeigt, dass höhere Beschäftigungszahlen allein nicht für einen stärkeren Zusammenhalt der Gesellschaft sorgen oder auch nur eine weitere Spaltung verhindern. Der Hintergrund ist die zunehmende Prekarisierung der Lohnarbeit[1] mit einem deutlich ausgeweiteten Niedriglohnsektor und vielen unsicheren, prekären Arbeitsverhältnissen. Ohne verteilungspolitische Korrekturen,

---

[1] Siehe dazu das Kapitel »Atypische Beschäftigung« im Armuts- und Reichtumsbericht der Bundesregierung (BMAS 2017) sowie Bischoff/Müller 2017a.

Abbildung 3: Wahrgenommene Entwicklung von Armut und Reichtum zwischen den Jahren 2010 und 2015
Frage: »Was würden Sie sagen, wie hat sich der Anteil armer/reicher Menschen in Deutschland in den vergangenen 5 Jahren entwickelt?«

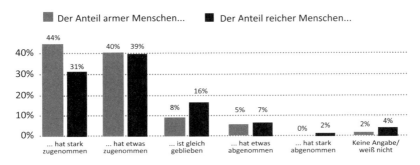

Quelle: BMAS 2017: 112

sei es durch eine deutliche Anhebung von unteren Löhnen und insbesondere des Mindestlohnes oder aber bessere Transferleistungen für das untere Einkommenssegment, wird sich an dieser Grundkonstellation nichts ändern. Außerdem müssten die Bundesländer und Kommunen die Zurückdrängung der Armut in ihre Agenda aufnehmen.

Auch im Armuts- und Reichtumsbericht der Bundesregierung wird festgestellt, dass sich in »der Wahrnehmung der Bevölkerung (...) die Schere zwischen armen und reichen Menschen in Deutschland in den vergangenen fünf Jahren deutlich gespreizt (hat). 44% der Befragten sind der Meinung, der Anteil armer Menschen sei in den letzten fünf Jahren stark gestiegen. 31% sagen dies auch für den Anteil reicher Menschen in Deutschland.« (BMAS 2017: 101) (Siehe auch Abbildung 3) Diese Wahrnehmung einer stark gestiegenen Armut wie auch eines stark angestiegenen Reichtums – so die vorherrschende Auffassung – könne allerdings »anhand empirisch messbarer Daten« nicht bestätigt werden. Diese zeigten vielmehr, dass sich die Schere zwischen Arm und Reich vor 2005, als die Arbeitslosigkeit hoch war und das Land als kranker Mann Europas galt, deutlich geöffnet habe. Seither gebe es aber »keine statistisch signifikante Veränderung der Einkommensungleichheit«. Das Unbehagen verbreitere sich also ausgerechnet in einer Zeit, in der die Einkommensunterschiede nicht weiter gewachsen seien.

Soziale Ungleichheit zurückdrängen – aber wie?

Abbildung 4: Einkommensarmut und -reichtum im Zeitverlauf
Anteil der Personen über 200% (Reichtum) bzw. unter 60% (Armut) des Medians aller Nettoäquivalenzeinkommen

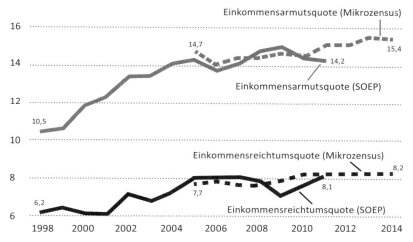

Quelle: Statistisches Bundesamt; Bundesministerium für Arbeit und Soziales (BMAS); Deutsches Institut für Wirtschaftsforschung (DIW)

In das gleiche Horn stößt auch das Institut der deutschen Wirtschaft: »Etwa ab der Jahrtausendwende öffnet sich die Einkommensschere: Die Reichen profitieren von deutlich höheren relativen Einkommenszuwächsen gegenüber den mittleren und unteren Einkommensbereichen. Im Zeitraum 1994 bis 2005 steigt das Realeinkommen der Reichen um rund 20%, die anderen Einkommensgruppen können im gleichen Zeitraum nur Zuwächse zwischen 5 und 6% verbuchen. Ein anderes Bild ergibt sich, wenn der Zeitraum ab 2005 betrachtet wird. In diesem Zeitraum stagnieren die realen Nettoeinkommen der Reichen, die unteren und mittleren Einkommensbereiche können hingegen leichte Zuwächse verbuchen. Vor allem zwischen 2013 und 2014 deuten die SOEP-Daten auf einen deutlichen Rückgang der Einkommen in der obersten Einkommensgruppe hin. ... Die (Einkommens-)Mittelschicht konnte im Zeitraum seit der Wiedervereinigung einen durchschnittlichen Realeinkommenszuwachs von etwas mehr als 10% verbuchen.« (Niehues 2017: 9)

Dieser Befund einer »Stabilisierung der Verteilung« ist in der Gesellschaft äußerst strittig. So kommt das Deutsche Institut für Wirtschaftsforschung (DIW) in einer aktuellen Analyse zu einem ganz anderen Befund: »Das Bruttoinlandsprodukt ist in Deutschland im Zeitraum von 1991 bis 2014 real um 22% gestiegen. Von diesem Anstieg der Wirtschaftsleistung profitierten aber nicht alle gleichermaßen: Während die real verfügbaren Haushaltseinkommen in den mittleren Einkommensgruppen seit 1991 um 8% gestiegen sind und in den oberen Einkommensgruppen noch mehr, mussten die einkommensschwächsten Gruppen reale Einkommensverluste hinnehmen. Folglich hat die Einkommensungleichheit zugenommen.« (Grabka/Goebel 2017)[2] (siehe auch Abbildung 4)

Armut steigt weiter

Trotz guter konjunktureller Rahmenbedingungen nimmt auch die Armut weiter zu. So lag der Anteil der Bevölkerung mit Armutsrisiko in den 1990er Jahren noch bei rund 11%, im Jahr 2014 waren es dann knapp 16%. Damit ist die Armutsrisikoquote seit der Jahrtausendwende nahezu kontinuierlich gestiegen (siehe Abbildung 5). Der Trend wurde nur kurz unterbrochen in den Jahren 2010 und 2011. Im Jahr 2014 waren 12,7 Mio. Personen in Deutschland armutsgefährdet. Die Ergebnisse aus dem Mikrozensus des Statistischen Bundesamtes weisen auf einen ähnlich hohen Anteil hin. Zieht man alternativ Daten der European Union Statistics on Income and Living Conditions (EU-SILC) heran, ergibt sich mit 16,7% ein noch höherer Wert. Alle drei Datenquellen zeigen für die vergangenen Jahre den gleichen leicht steigenden Trend an.

---

[2] Auch Prof. Peter Bofinger, Mitglied des Sachverständigenrates, bezweifelt die Schönrednerei: Die »breite Teilhabe am Wirtschaftserfolg« gibt es nicht. »So ist in Deutschland der gesamtwirtschaftliche Wohlstand, gemessen am BIP je Einwohner, von 1991 bis 2013 preisbereinigt um 29% gestiegen. Das Median-Nettoeinkommen für Personen in Haushalten mit mindestens einem Erwerbsfähigen hat in der gleichen Zeit jedoch nur um 8% zugenommen. Besonders problematisch ist die Entwicklung im unteren Bereich der Einkommensverteilung. Für die unteren 10% und 20% der Einkommensbezieher sind die realen Nettoeinkommen um 10% beziehungsweise 4% gesunken. Bis zum dritten Dezil stagnieren die Einkommen. Die Einkommen der unteren 20% der Verteilung waren im Jahr 2013 nicht höher als im Rezessionsjahr 2005 mit über 5 Millionen Arbeitslosen.« (Bofinger 2016: 71)

Soziale Ungleichheit zurückdrängen – aber wie?

Abbildung 4: Armutsrisikoquote

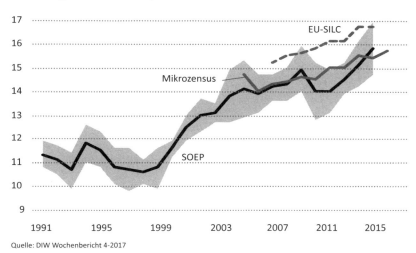

Quelle: DIW Wochenbericht 4-2017

Von Armut besonders betroffene Gruppen

2015 ist die Armutsquote bei allen bekannten Risikogruppen ein weiteres Jahr in Folge angestiegen. Dies waren:
- Alleinerziehende[3] mit einer Quote von 43,8%,
- Familien mit drei und mehr Kindern (25,2%),
- Menschen mit niedrigem Qualifikationsniveau (31,5%) sowie Ausländer (33,7%)
- oder Menschen mit Migrationshintergrund generell (27,7%).

Im Zehn-Jahres-Vergleich ist die Armut bei Familien mit drei und mehr Kindern (von 26,3 auf 25,2%) sowie bei Migrantinnen ohne deutschen Pass (-0,6%) und MigrantInnen mit deutschem Pass (-0,5%) leicht zurückgegangen. Bei den anderen Risikogruppen nahm die Armut seit 2005 umso deutlicher zu: Stieg die allgemeine Armutsquote in diesem Zeitraum um einen Prozentpunkt (+6,8%), waren es bei den Alleinerziehenden 4,5 Prozentpunkte (+11,5%), bei den Erwerbslosen 9,4 Prozentpunkte (+19,0%) und bei den schlecht Qualifizierten 8,4 Prozentpunkte (+36,4%).

---

[3] Siehe dazu: Asmus/Pabst 2017: 22ff.

»Zwei Gruppen fallen darüber hinaus im längerfristigen Vergleich auf: Es sind Erwerbstätige und Rentner. Der Prozentsatz derjenigen, die trotz Erwerbstätigkeit unter der Einkommensarmutsgrenze leben, stieg seit 2005 von 7,3 auf 7,8%, ein klarer Fingerzeig Richtung Niedriglohnsektor, erzwungener Teilzeitbeschäftigung oder auch eines nicht ausreichenden Familienlastenausgleichs.«

Bei den RentnerInnen stieg die Armut innerhalb von zehn Jahren von 10,7 auf 15,9% (siehe Abbildung 6). Das ist ein Zuwachs um 49%. Lag die Armutsquote von RentnerInnen vor zehn Jahren noch weit unterhalb der durchschnittlichen Armutsquote, liegt sie nun seit zwei Jahren bereits darüber. RentnerInnen entwickeln sich, mit Blick auf den statistischen Trend, zu einer besonderen Risikogruppe für Armut. Man kann davon ausgehen, dass von den rund drei Mio. altersarmen RentnerInnen etwas über eine halbe Million von Altersgrundsicherung leben und dass rund 2,5 Mio. mit ihrem Einkommen nur knapp darüber liegen oder aber zu denjenigen gehören, die zwar einen Anspruch auf staatliche Fürsorge hätten, ihn aber aus unterschiedlichen Gründen nicht geltend machen.»Irene Becker kommt in ihren Berechnungen, die sich aus methodischen Gründen allerdings auf das Jahr 2007 beziehen, auf eine Dunkelzifferquote von 68%. Das heißt, von einer Million älterer Menschen, denen diese Leistung in 2007 zugestanden hätte, nahmen sie nur 336.000 in Anspruch.«

Die Zahl derer, die auf Grundsicherung im Alter angewiesen sind, hat sich seit Einführung dieser Leistung 2003 mehr als verdoppelt. Die Grundsicherungsquote ist von 1,7 auf 3,1% gestiegen. Wenn sie damit auch noch klar unter der Gesamtmindestsicherungsquote (Hartz IV und Grundsicherung für alte und erwerbsgeminderte Menschen) von 9,3% liegt, ist angesichts der Dynamik dieser Entwicklung kein Anlass zur Entwarnung gegeben.

Vielmehr werden in den nächsten 10 bis 20 Jahren zunehmend Menschen mit gebrochenen Erwerbsverläufen ins Rentenalter kommen und auf eine Rente stoßen, deren Niveau politisch gewollt sinkt. Nicht nur die relativen Armutsquoten bei Rentnerhaushalten werden damit weiter ganz stark überproportional ansteigen, sehr zügig werden sich auch die Zahlen der BezieherInnen von Grundsicherung im Alter nicht mehr wenig von denjenigen bei Hartz IV unterscheiden.Auch bei den SeniorInnen wiederholt sich das Bild von der gesellschaftlichen Spaltung: Eine Mehrheit der älteren Menschen in Deutschland blickt nach einer neuen

Soziale Ungleichheit zurückdrängen – aber wie?

Abbildung 6: Entwicklung Armutsquote der über 65-Jährigen und der Rentner (in %)

Quelle: Statistische Ämter des Bundes und der Länder

Studie[4] zufrieden auf das eigene Leben und sieht auch die persönliche wirtschaftliche Lage positiv. Eine deutliche Mehrheit von 85% der Befragten ist mit ihrem Leben zufrieden. Mit Blick auf die eigene Generation wendet sich das Bild. Rund die Hälfte der Befragten schätzt, dass die materielle Situation von SeniorInnen nur mäßig ist. Ein Drittel vermutet sogar, dass es ihnen schlecht geht. Fakt ist also auch in dieser Gruppierung: Die Mehrheit partizipiert an der Entwicklung des gesellschaftlichen Wohlstands. Ein wachsender Teil der Älteren ist aber von diesem Trend abgekoppelt. Wer den armen Alten wirklich helfen will, muss die Grundsicherung im Alter weiterentwickeln, statt sie zu diskreditieren. Wie der Regelsatz bei Hartz IV ist die Grundsicherung auf Kante genäht. Etwas mehr Großzügigkeit würde den armen Alten unmittelbar zugutekommen.

Unbestreitbar ist für die Bundesrepublik also, dass Erwerbstätigkeit nicht immer vor Armut schützt. Der Anteil an Erwerbstätigen, die trotz Arbeit arm sind – die sogenannten Working Poor –, stieg in den Jahren zwischen 2006 und 2015 zwar nur geringfügig, dafür aber kontinuier-

---

[4] Generali Deutschland AG (Hrsg.) (2017); siehe dazu: Mehrheit der Senioren sieht Leben positiv, in: FAZ 1.3.2017, www.faz.net/aktuell/finanzen/meine-finanzen/aelter-werden/generation-gluecklich-mehrheit-der-senioren-sieht-leben-positiv-14904121.html (zuletzt aufgerufen am 3.5.2017).

Abbildung 7: Entwicklung von Nettolöhnen und Renten

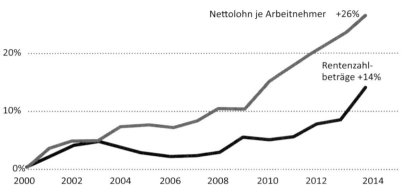

Quelle: Hans Böckler Stiftung

lich. Noch krasser ist die Abkoppelung vom gesellschaftlichen Wohlstand bei den Alterseinkommen. Im Jahr 2000 entsprachen die Leistungen der Rentenversicherung noch 10,3% des Bruttoinlandsprodukts (BIP), 2015 waren es nur noch 9,3%. Der Rückgang des Anteils an der gesamtwirtschaftlichen Leistung ist umso verstörender, weil die Zahl der Rentenfälle gegenüber dem Jahr 2000 um gut 14% gestiegen ist.

Lange Jahre stiegen die Renten im Einklang mit der allgemeinen Lohnentwicklung. Seit den Rentenreformen der frühen 2000er Jahre ist dieser Zusammenhang zerstört. »Nicht der Gleichschritt der Renten der gesetzlichen Rentenversicherung mit den Löhnen, sondern die Höhe des Rentenversicherungsbeitrages wurde Zielgröße«, so der Wissenschaftler Volker Meinhardt. Die nominalen Nettolöhne stiegen je Arbeitnehmer seit 2000 um 26%, die durchschnittliche Rente legte jedoch nur halb so viel zu (siehe Abbildung 7). Da die Verbraucherpreise in diesem Zeitraum um rund 20% zunahmen, haben die RentnerInnen real verloren. Hinzukommt, dass die steuerliche Belastung in dieser Betrachtung noch gar nicht berücksichtigt ist. Diese Entwicklung schlägt sich auch darin nieder, dass das Armutsrisiko der BezieherInnen von Altersruhegeld nach den Daten aus dem Mikrozensus inzwischen im Durchschnitt der Bevölkerung liegt,[5] nachdem es lange Zeit unterdurchschnittlich war

---

[5] Bei Grabka/Goebel 2017 liegt der Anteil der Personen im Rentenalter, die von Armut bedroht sind, »weiterhin unter dem Durchschnitt der Gesamtbe-

Soziale Ungleichheit zurückdrängen – aber wie?

Abbildung 8: Altersarmut

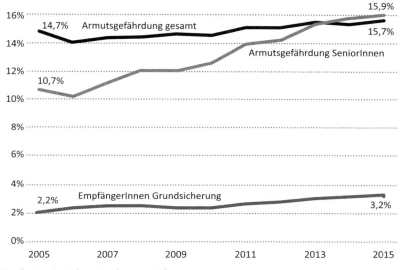

Quelle: Statistisches Bundesamt, Mikrozensus

(siehe Abbildung 8). Ohne politische Korrekturen wird sich dieser Trend in der Zukunft ungebremst fortsetzen.

Herausforderung Altersarmut

Dass Altersarmut ein zentrales gesellschaftliches Problem in der Berliner Republik ist und bei großen Teilen der Bevölkerung zu Zukunftsängsten führt, ist jetzt nicht zuletzt durch den Druck der neuen rechtspopulistischen Herausforderung auch bei den bürgerlichen Parteien und der Sozialdemokratie angekommen, die ankündigen, die Frage der Alterssicherung mit ins Zentrum der Wahlkampfauseinandersetzung rücken zu wollen.

---

völkerung«, aber die Entwicklungstendenz ist die gleiche. »Je nach Region zeigen sich aber deutliche Unterschiede. In der Gruppe der 65- bis unter 75-Jährigen hat das Armutsrisiko in Ostdeutschland zwischen 2002 und 2014 um acht Prozentpunkte auf zuletzt 15% zugenommen, während es in Westdeutschland nur leicht zwischen zwölf und 14% schwankte.«

Faktum ist: Immer mehr Menschen können schon heute nicht von ihrer Rente leben. Auch wenn die Zahl der EmpfängerInnen von Grundsicherung im Alter massiv ansteigt, viele ExpertInnen weisen entwarnend darauf hin, dass die Armutsquote bezogen auf die Gesamtbevölkerung immer noch auf einem niedrigen Wert liegen würde.

Die gesamten Rentenreformen der vergangenen Jahre hatten ein großes Ziel: eine dritte Säule immer stärker auszubauen. Denn die Deutschen sollten zusätzlich privat vorsorgen. Das gesetzliche Rentenniveau hingegen wurde über die Jahre hinweg immer weiter abgesenkt. Mehr und mehr BürgerInnen ist es kaum möglich, mit ihrem niedrigen Gehalt privat vorzusorgen. So bringt eine wachsende Anzahl von privat Krankenversicherten über 65 Jahre nicht einmal mehr die Kosten für ihre Gesundheitsvorsorge auf. Sie rutschen in sogenannte Basis- oder sogar Notlagentarife, die nur noch für Akutbehandlungen aufkommen. Arm sind mittlerweile immer mehr jene, die nicht in der Lage sind, Geld für das Alter zurückzulegen. Auch die politisch gewünschte betriebliche Altersvorsorge scheitert für immer mehr Menschen an der Realität auf dem deutschen Arbeitsmarkt, da viele sich von einer befristeten Beschäftigung zur nächsten hangeln und gar nicht erst in den Genuss einer betrieblichen Vorsorge kommen.

Sozialverbände und Gewerkschaften sehen auch in der wachsenden Erwerbstätigkeit im Alter eine Konsequenz der desaströsen Rentenpolitik: Die aktuellen Zahlen von RentnerInnen mit Minijob sind ein klares Warnsignal, dass die Rentenpolitik in die falsche Richtung läuft. Immer mehr Ältere müssen arbeiten, um ihren Lebensunterhalt oder -standard zu sichern. Die neoliberalen Vordenker sehen darin bloße Panikmache: So hätten die Leute eine deutlich höhere Lebenserwartung und wollten daher aus freien Stücken länger am Erwerbsleben teilhaben. In der Rentendebatte wird mit Verweis auf die vermeintliche Teilhabe-Bereitschaft aktuell auch ein späterer Renteneintritt erörtert. Finanzminister Wolfgang Schäuble (CDU) ist für eine Koppelung der Lebensarbeitszeit an die steigende Lebenserwartung. Die Junge Union hält längerfristig eine Anhebung des Rentenalters auf 70 Jahre für angemessen. Gesetzlich geregelt ist die Anhebung der Altersgrenze vom 65. auf das 67. Lebensjahr bis 2029. Dass schon heute ein beträchtlicher Teil vor Eintritt in die Altersrente stirbt, wird bei dieser Diskussion ausgeblendet.

Zum Thema Altersarmut gehört also, dass immer mehr RentnerInnen arbeiten gehen, um ihre schmale Rente aufzubessern. Ende Juni vergangenen Jahres hatten 994.000 SeniorInnen ab 65 Jahren eine geringfügige Beschäftigung. Die Zahl der RentnerInnen mit Minijob stieg seit 2010 um 210.000 oder 22%. Einen besonders großen Zuwachs gibt es den Angaben zufolge bei den RentnerInnen ab 75 Jahren. Ende 2015 waren mit knapp 176.000 SeniorInnen dieser Altersgruppe mehr als doppelt so viele in einem sogenannten 450 Euro-Job beschäftigt als im Jahr 2005. Während in der Gesamtbevölkerung die Zahl der ausschließlich geringfügig Beschäftigten (Minijobs) seit 2005 rückläufig ist, verkehrt sich diese Entwicklung im Alter also ins Gegenteil. Die Quote der ausschließlich geringfügig Beschäftigten sinkt bei den 15- bis 64-Jährigen (2005: 8,0% auf 2014: 7,8%) und steigt aber bei den 65-Jährigen und Älteren (2005: von 4,4% auf 2014: 5,5%) an.

Auch die Zahl der sozialversicherungspflichtig arbeitenden SeniorInnen hat deutlich zugenommen. Ende Juni letzten Jahres waren 255.000 sozialversicherungspflichtige Lohnabhängige älter als 65 Jahre. Rechnet man diejenigen heraus, die die Altersgrenze noch nicht erreicht haben, waren das immer noch 252.000 SeniorInnen. 2003 gingen lediglich 93.000 RentnerInnen noch einer sozialversicherungspflichtigen Beschäftigung nach.

Ursachen

Durch die Ausbreitung prekärer Beschäftigungsverhältnisse, hohe Massenarbeitslosigkeit, aber auch durch stagnierende oder gar rückläufige Lohneinkommen sind viele Lohnabhängige nicht mehr in der Lage, ausreichende Rentenansprüche aufzubauen – weder in der gesetzlichen Rentenversicherung noch in den ergänzenden Systemen. Das Sicherungsniveau der gesetzlichen Rente ist in den vergangenen 15 Jahren durch diverse »Reformen« (Beitragssenkungen und Rentenkürzungen; zuletzt Rente mit 67) beständig abgesenkt worden. Durch die Sicherung der Lohneinkommen und den Ausbau der Beteiligung der Unternehmen an der Finanzierung hätte die umlagefinanzierte Altersrente auch krisenfest gestaltet werden können.

Faktisch wurde mit der Präferenz für kapitalgedeckte Renten der Abschied vom Ziel der Lebensstandardsicherung eingeleitet, wie sie seit der Reform 1957 prägend für die Rentenpolitik war. Die Eingriffe in die Rentenformel hatten zur Folge, dass die Bestands- wie die Zugangsrenten in ihrer Höhe nicht mehr dem allgemeinen Einkommenstrend der aktiven Lohnabhängigen folgen, sondern einen zunehmend großen Abstand haben.

Die seit 2001 in die Rentenanpassungsformel eingefügten zusätzlichen Faktoren – insbesondere der Riester-Faktor und der Nachhaltigkeitsfaktor – führen dazu, dass die Rentenanpassung der Lohnentwicklung nur noch abgebremst folgt. Die Untergrenze dieser Abflachung ist per Gesetz (Niveausicherungsklausel) für das Jahr 2030 auf 43% beziffert.

Eine Konsequenz aus wachsender Altersarmut ist die immer stärkere Inanspruchnahme der Grundsicherung im Alter und bei Erwerbsminderung.[6] Als bedarfsorientierte Sozialleistung für hilfsbedürftige Personen ist sie das letzte Netz der sozialen Sicherung in Deutschland für ältere Menschen und Menschen, die aus gesundheitlichen Gründen nicht mehr arbeiten können. Eine ausreichende gesellschaftliche Teilhabe ist damit nicht gewährleistet, da in der Regelsatzberechnung wie bei den Hartz IV-Leistungen viele Bedürfnisse nicht berücksichtigt werden.

Die gesellschaftlichen Kosten von Erwerbsminderungs- und Altersarmut sind enorm. 2014 mussten dafür 5,8 Mrd. Euro aufgebracht werden. Das waren 400 Mio. Euro mehr als 2013 und 2,7 Mrd. Euro mehr als noch 2006. Und es ist keine gewagte Prognose, dass die Ausgaben für diese Mindestsicherungsleistung in den nächsten Jahren weiter sprunghaft zunehmen werden.

Bei knapp vier Fünftel der GrundsicherungsempfängerInnen im Alter wird eigenes Einkommen angerechnet. Zumeist ist das eine nicht ausreichende Altersrente. Und immer mehr RentnerInnen sind seit 2003 unter die Bedürftigkeitsschwelle gerutscht. Denn die Anzahl der GrundsicherungsempfängerInnen, bei denen eine Altersrente angerechnet wird, ist seit 2003 um 71,7% gestiegen. Bezieht man die GrundsicherungsempfängerInnen auf die jeweilige Gesamtbevölkerung, zeigt sich, dass

---

[6] Auf die »Grundsicherung im Alter und bei Erwerbsminderung« (seit 2003 gesetzlich geregelt im SGB XII) haben Personen ab Erreichen der Regelaltersgrenze der gesetzlichen Rentenversicherung sowie Volljährige, die dauerhaft voll erwerbsgemindert sind, einen Anspruch. Bedürftigkeit liegt dann vor, wenn eigenes Einkommen und Vermögen sowie Einkommen und Vermögen des (Ehe-)Partners nicht zur Bedarfsdeckung ausreichen. Wer also im Alter keine ausreichend hohe Rente hat und dem auch keine anderen Einkommen im Kontext des Haushaltes zur Verfügung stehen, hat Anspruch auf eine Aufstockung der Rente bis auf das Niveau des Grundsicherungsbedarfs.

die Grundsicherungsquote mit 3,0 % (Regelaltersgrenze und älter) und 0,8 % (18 Jahre bis unter der Regelaltersgrenze) zwar noch recht niedrig liegt, allerdings kontinuierlich steigt.

Dafür verantwortlich sind in erster Linie die Leistungsverschlechterungen im Bereich der gesetzlichen Rentenversicherung: Vor allem die Absenkung des Rentenniveaus, die Anrechnung von Abschlägen bei einem vorzeitigen Rentenbezug sowie die unzureichende Absicherung in Phasen der Arbeitslosigkeit haben dazu beigetragen, dass seit der Jahrtausendwende die durchschnittlichen Zahlbeträge bei den neu zugehenden Altersrenten nur schwach angestiegen und bei den neu zugehenden Erwerbsminderungsrenten sogar gesunken sind. Zugleich haben sich die Bedarfssätze der Grundsicherung erhöht, sodass es zu einer zunehmenden Überschneidung von Renten und Grundsicherungsniveau kommt (siehe auch Abbildung 9).

Diese Überschneidung wird sich durch die vorgesehene weitere Absenkung des Rentenniveaus ausweiten. Niedrigverdiener werden selbst bei langjähriger Beitragszahlung keine Rente mehr erhalten, die oberhalb des Grundsicherungsbedarfs liegt. Da bei der Bedürftigkeitsprüfung, die mit der Grundsicherung verbunden ist, alle Einkommen im Haushalt angerechnet werden, führt dies jedoch nicht automatisch dazu, dass auch eine Anspruchsberechtigung besteht. Aber die Legitimation der gesetzlichen Rentenversicherung wird infrage gestellt, wenn die Rente nach einem langen Arbeits- und Versicherungsleben noch nicht einmal das Niveau der vorleistungsunabhängigen Grundsicherung erreicht.

Die Quote der GrundsicherungsbezieherInnen unterzeichnet dabei noch das Niveau der Altersarmut in Deutschland. Nimmt man nämlich für die Alterseinkünfte den Median des Äquvialenzeinkommens der Bevölkerung in Privathaushalten als Bezugspunkt, zeigt sich, dass 2015 15,9 % der RentnerInnen mit weniger als 60 % des Medians leben müssen, also arm sind. Die sogenannte Armutsgefährdungssschwelle betrug 2015 für einen Einpersonenhaushalt 942 Euro und für einen Haushalt mit zwei Erwachsenen und zwei Kindern unter 14 Jahren 1.978 Euro. Lange Zeit lag die sogenannte Armutsgefährdungsquote für RentnerInnen unter dem Durchschnitt. 2005 betrug der Abstand noch 4 %. Durch die anhaltende Senkung des Rentenniveaus liegt die Armut von RentnerInnen 2015 mit 15,9 % bereits leicht über dem Gesamtdurchschnitt von 15,7 %. Daran haben auch Mütterrente und Rente mit 63 Jahren für langjährig Versicherte kaum etwas geändert.

Abbildung 9: Grundsicherungsbedarf und Höhe der Zugangsrenten 2005-2014
Modellrechnung: Durchschnittliche Zahlbeträge von Altersrenten und Erwerbsminderungsrenten, bundesdurchschnittlicher Grundsicherungsbedarf, alte Bundesländer, Männer und Frauen

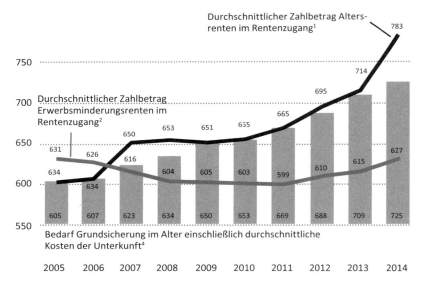

[1] Renten wegen Alters insgesamt
[2] Vollrenten und Teilrenten wegen Erwerbsminderung
[3] Kosten der Unterkunft für 2014 geschätzt
[4] Am Jahresende, jeweils ohne Berücksichtigung der regionalen Abweichungen.

Quelle: Sozialpolitik-aktuell.de

Und die Tendenz zur wachsenden Altersarmut wird ohne Politikwechsel weiter anhalten. Es geht um mehr als kosmetische Korrekturen, um das Rentenniveau wieder zu erhöhen und die Grundsicherungsleistungen schrittweise auf ein armutsfestes Niveau anzuheben. Es muss klar ausgesprochen werden: Allein eine Korrektur der Rentenformel mit der Absicht, ein höheres Rentenniveau durchzusetzen, wird nicht ausreichen. Eine wirksame und umfassende Bekämpfung der Altersarmut erfordert mehrere Handlungsoptionen:

Soziale Ungleichheit zurückdrängen – aber wie?

1. Zentrales Ziel muss also sein, jede weitere Absenkung des Rentenniveaus zu verhindern und zügig eine deutliche Anhebung der gesetzlichen Renten zu erreichen. Die solidarische, generationen- und geschlechtergerechte gesetzliche Rentenversicherung muss dauerhaft gestärkt werden. Die Lohnabhängigen sehen sich von immer größer werdenden Sicherungslücken bei der gesetzlichen Rente bedroht, die durch eine zusätzliche Altersvorsorge nicht ausreichend kompensiert werden kann. Vor allem kann sich eine große Zahl der ArbeitnehmerInnen im Niedriglohnsektor und mit unterbrochenen Erwerbsbiografien keine zusätzliche Altersvorsorge leisten. Kurzum: Viele ArbeitnehmerInnen können privat nicht vorsorgen, da ihnen schlichtweg die finanziellen Ressourcen fehlen.
2. Der Ansatz zur Stärkung der gesetzlichen Renten bedingt eine deutliche Erweiterung der gesetzlichen Regularien auf dem Arbeitsmarkt. Mit dem Anfang 2015 eingeführten gesetzlichen Mindestlohn in Höhe von 8,50 Euro pro Stunde ist ein erster kleiner Schritt gegen die Aushöhlung des Werts der Arbeitskraft durchgesetzt worden. Die von der Mindestlohnkommission festgesetzte Erhöhung auf 8,84 Euro ab dem 1.1.2017 beseitigt die vorhandenen Mängel nicht. Um wieder zu ausgewogenen Beziehungen am Arbeitsmarkt zurückzukehren und am unteren Ende der Lohnskala dem Prinzip zum Durchbruch zu verhelfen, dass der Mindestwert der Arbeitskraft bezahlt wird und der Arbeitslohn ein auskömmliches Leben ermöglicht, sind weitere gesetzliche Maßnahmen unverzichtbar:
   - Begrenzung der Leiharbeit auf konjunkturelle und saisonale Spitzenbedarfe;
   - Gleiche Bezahlung von Leiharbeitern und Stammbeschäftigten in einem Unternehmen vom ersten Tag an;
   - Verbot des Werkvertragswesens;
   - Ausweitung der Allgemeinverbindlichkeit von Tarifverträgen;
   - Equal Pay für Männer und Frauen bei vergleichbaren Arbeiten;
   - Bindung öffentlicher Auftragsvergabe an flächentarifgebundene Unternehmen;
   - Erhöhung des gesetzlichen Mindestlohns auf mind. 10 Euro pro Std.;
   - Abschaffung der Midi-Jobs und Erhöhung der Verdienstgrenze von Mini-Jobs als Mittel zum Zuverdienst auf 500 Euro pro Monat;
   - Beseitigung erzwungener Teilzeitarbeit – namentlich von Frauen – durch flächendeckende Angebote für Kinderbetreuung durch öf-

fentliche Einrichtungen sowie als bindende Vorgabe für Betriebe oberhalb von 300 Beschäftigten.
3. Für eine Übergangsfrist – bis die Stärkung der gesetzlichen Rente greift – müssen die Grundsicherungsleistungen armutsfest gestaltet werden, sodass den Betroffenen ein sozial-kulturelles Minimum garantiert und ihre Teilhabe am gesellschaftlichen Leben sichergestellt ist. Mit diesem Schritt werden weitere Reformen unverzichtbar. In der »Berliner Republik« sind viele BürgerInnen auf Transferleistungen der sozialen Mindestsicherungssysteme angewiesen, um ihren grundlegenden Lebensunterhalt bestreiten zu können.

Die Grundsicherung im Alter kann ohne schwerwiegende Beschädigung des Gesichtspunktes sozialer Gerechtigkeit nicht isoliert verbessert werden. Zu Recht appellieren die sozialpolitischen Verbände an die Bundesregierung, beispielsweise die Hartz-IV-Sätze, die zum Kern der Transferleistungen gehören, deutlich zu erhöhen. Die Regelsätze werden willkürlich und unsachgemäß berechnet und decken bei Weitem nicht das soziokulturelle Existenzminimum. Eine Erhöhung der monatlichen Hilfen auf 560 Euro für Alleinstehende ist kurzfristig überfällig. Neben der Grundsicherung im Rahmen der Hartz-Gesetze werden folgende Leistungen zu den Mindestsicherungsleistungen gezählt:

- Arbeitslosengeld II/Sozialgeld nach dem Sozialgesetzbuch Zweites Buch (SGB II) »Grundsicherung für Arbeitsuchende«;
- Laufende Hilfe zum Lebensunterhalt außerhalb von Einrichtungen im Rahmen der »Sozialhilfe« nach dem SGB XII;
- Laufende Leistungen der Grundsicherung im Alter und bei Erwerbsminderung im Rahmen der »Sozialhilfe« nach dem SGB XII;
- Regelleistungen nach dem Asylbewerberleistungsgesetz (AsylbLG);
- Leistungen der Kriegsopferfürsorge nach dem Bundesversorgungsgesetz (BVG).

4. Zur Vermeidung von Altersarmut innerhalb der gesetzlichen Rentenversicherung müssen gezielt die Elemente des sozialen Ausgleichs, wie Rente nach Mindesteinkommen, Bewertung von Zeiten der Arbeitslosigkeit und Anrechnung von Zeiten der Kindererziehung und Pflege von Familienangehörigen, überprüft, modifiziert und ausgebaut werden. Notwendig ist insbesondere die volle rentenrechtliche Anerkennung von drei Jahren Kindererziehungszeit auch für vor 1992 geborene Kinder. Die Finanzierung dieser Leistungen muss aus Steu-

Soziale Ungleichheit zurückdrängen – aber wie?

ermitteln erfolgen, da es sich um eine gesamtgesellschaftliche Aufgabe handelt.
5. Wegen der Heraufsetzung der Regelaltersgrenze auf 67 müssen für diejenigen Menschen Regelungen geschaffen werden, die aus gesundheitlichen oder behinderungsbedingten Gründen nicht bis 67 arbeiten können.
6. Die Erwerbsminderungsrenten müssen angehoben werden, damit Krankheit nicht zur Armutsfalle wird. Die Abschläge von bis zu 10,8% müssen abgeschafft werden, auch für BestandsrentnerInnen.
7. Die gesetzliche Rentenversicherung muss langfristig zu einer Erwerbstätigenversicherung ausgebaut werden. Das erfordert, alle Selbständigen und Beamte in die Versicherungspflicht einzubeziehen. So wird die Einnahmesituation der Rentenversicherung verbessert und die Pensionslasten werden verringert.
8. Das Ziel der Eingriffe in die marktbestimmte Einkommensverteilung ist die Wiederstellung des Leistungsprinzips, das auf dem Zusammenwirken der jeweiligen Gesamtbelegschaften aufbaut, die Kooperation der einzelnen Mitglieder des gesellschaftlichen Gesamtarbeiters stärkt und daher auch das Entgeltgefüge dieses gesellschaftlichen Gesamtarbeiters entsprechend den wechselseitigen Synergien zwischen seinen einzelnen Arbeitskräften ausbalanciert. Daher ist auch eine gesetzliche Beschränkung in den oberen Bereichen der Entgeltskala unverzichtbar, um die Spreizung bei den Arbeitseinkommen in vertretbaren Bahnen zu halten und der Verschärfung der Ungleichheit entgegenzutreten.

Die Umsetzung von Maßnahmen gegen Altersarmut unterstellt mithin Schritte einer umfassenden Gesellschaftsreform. Die Zurückdrängung der Altersarmut ist ein wichtiges Segment zur Bekämpfung der sozialen Spaltung. Die soziale Ungleichheit kann nur bekämpft werden, wenn auf weiteren Feldern Reformen umgesetzt werden, d.h. ein solcher Politikwechsel wird nur im Rahmen eines Gesamtkonzepts für eine alternative Wirtschafts- und Sozialpolitik zu haben sein.

Damit stellt sich die Frage nach einer Neugestaltung der Verteilungsverhältnisse insgesamt. Basis einer modernen Gestaltungskonzeption muss ein deutlich verbesserter Steuervollzug sein. Selbstverständlich ist eine umfassende Reform des Steuer- und Abgabensystems überfällig. Aber selbst die ausgefuchsteste Version einer Einkommens- und Vermögenssteuer kann nur dann einen Beitrag zu mehr Steuer- und Verteilungsgerechtigkeit in Deutschland leisten, wenn der bisherige Steuervollzug massiv verbessert wird.

Literatur

Asmus, Antje/Pabst, Franziska (2017): Armut Alleinerziehender, in: Der Paritätische Gesamtverband, Menschenwürde ist Menschenrecht. Bericht zur Armutsentwicklung in Deutschland, Berlin, S. 22-29.
Bischoff, Joachim/Müller, Bernhard (2017a): Soziale Ungleichheit als Nährboden von »politischer Wut«. Die Ungleichheit von Einkommen und Vermögen im Armuts- und Reichtumsbericht, in: Sozialismus 2, S. 26-31.
Bischoff, Joachim/Müller, Bernhard (2017b): Marktschreier der Armut?, in: SozialismusAktuell vom 3.3.2017, www.sozialismus.de/kommentare_analysen/detail/artikel/marktschreier-der-armut/ (zuletzt aufgerufen am 3.5.17).
BMAS (Bundesministerium für Arbeit und Soziales) (Hrsg.) (2017): Der Fünfte Armuts- und Reichtumsbericht der Bundesregierung, Berlin, www.armuts-und-reichtumsbericht.de/SharedDocs/Downloads/Berichte/5-arb-langfassung.pdf?__blob=publicationFile&v=1.
Bofinger, Peter (2016): Eine andere Meinung, in: Jahresgutachten 2016/17 des Sachverständigenrates zur Begutachtung der gesamtwirtschaftlichen Entwicklung, »Zeit für Reformen«, S. 41-44, https://www.sachverstaendigenrat-wirtschaft.de/fileadmin/dateiablage/gutachten/jg201617/ges_jg16_17.pdf.
Der Paritätische Gesamtverband (2017): Menschenwürde ist Menschenrecht. Bericht zur Armutsentwicklung in Deutschland, Berlin.
Generali Deutschland AG (Hrsg.) (2017): Generali Altersstudie 2017. Wie ältere Menschen in Deutschland denken und leben. Studie des Instituts für Demoskopie Allensbach, Wiesbaden.
Grabka, Markus M./Goebel, Jan (2017): Realeinkommen sind von 1991 bis 2014 im Durchschnitt gestiegen – erste Anzeichen für wieder zunehmende Einkommensungleichheit, DIW-Wochenbericht 4.
Küpper, Beate (2016): Das Denken der Nichtwählerinnen und Nichtwähler. Einstellungsmuster und politische Präferenzen, Friedrich-Ebert-Stiftung, Berlin.
Niehues, Judith (2017): Die Mittelschicht in Deutschland – vielschichtig und stabil, IW-Trends 1.

Autorinnen und Autoren

Jan-Martin Bettich ist Diplom-Sozialwirt und Mitarbeiter für Sozialpolitik im SoVD-Landesverband Hamburg.

Joachim Bischoff ist Ökonom und Publizist in Hamburg, Mitherausgeber der Zeitschrift Sozialismus.

Berthold Bose war von 2002 bis 2014 Leiter des ver.di-Landesfachbereichs Finanzdienstleistungen und ist seit 2014 Leiter des ver.di-Landesbezirks Hamburg.

Prof. Dr. Ingrid Breckner leitet das Arbeitsgebiet Stadt- und Regionalsoziologie an der HafenCity Universität Hamburg. Sie lehrt zu soziologischen Fragen der Stadtentwicklung und wissenschaftliche Forschungsmethoden und forscht u.a. zu den Themen soziale Ungleichheit, (sub-)urbanes Wohnen und demografischer Wandel.

Prof. Dr. Christoph Butterwegge lehrte von 1998 bis 2016 Politikwissenschaft an der Universität Köln und ist Mitglied der Forschungsstelle für interkulturelle Studien (FiSt).

Annelie Buntenbach ist Mitglied im Geschäftsführenden Bundesvorstand des Deutschen Gewerkschaftsbunds (DGB), zuständig für Arbeitsmarkt- und Sozialpolitik.

Deniz Celik ist stellvertretender Vorsitzender der Fraktion DIE LINKE in der Hamburgischen Bürgerschaft und Sprecher für Gesundheits-, Pflege- und Seniorenpolitik.

Christoph Ehlscheid leitet den Bereich Sozialpolitik beim Vorstand der IG Metall.

Prof. Dr. Ursula Engelen-Kefer war von 1990 bis 2006 stellvertretende Vorsitzende des Deutschen Gewerkschaftsbunds (DGB) und ist Mitglied im SoVD-Bundesvorstand.

Prof. Dr. Simon Güntner ist Professor für Sozialwissenschaften an der Hochschule für Angewandte Wissenschaften (HAW) Hamburg, seine Arbeitsschwerpunkte sind Armut, Migration, Stadtentwicklung und Sozialpolitik.

Ragnar Hoenig ist Volljurist und Leiter der Abteilung Arbeit, Soziales, Europa beim AWO Bundesverband e.V.

Katja Karger ist Vorsitzende des DGB Hamburg.

Klaus Michaelis ist ehrenamtlich für den Sozialverband Deutschland (SoVD) tätig und seit 2008 Vorsitzender des Sozialpolitischen Ausschusses des SoVD-Bundesvorstands.

Dirk Neumann ist als politischer Sekretär beim Vorstand der IG Metall für die Rentenpolitik zuständig.

Cansu Özdemir ist Ko-Vorsitzende der Fraktion DIE LINKE in der Hamburgischen Bürgerschaft und Sprecherin für Sozial-, Frauen- und Inklusionspolitik.

Joachim Rock leitet die Abteilung Arbeit, Soziales und Europa im Paritätischen Gesamtverband.

Klaus Wicher ist Diplom-Betriebswirt und Diplom-Handelslehrer, 1. Landesvorsitzender des SoVD-Landesverbandes Hamburg und Mitglied im Bundesvorstand SoVD.

100 Jahre an Ihrer Seite.

Soziale Härte kann jeden treffen ...

Ob Pflegefall, Rente, Behinderung oder Arbeitslosigkeit: der SoVD steht Ihnen als kompetenter **Partner in sozialen Fragen** mit Rat und Tat zur Seite.

Mehr noch: In Politik und Öffentlichkeit kämpft der Sozialverband SoVD bundesweit für **soziale Gerechtigkeit** und verschafft benachteiligten oder in Not geratenen Menschen Gehör.

Werden auch Sie Mitglied unserer starken **Interessenvertretung** und profitieren Sie von unserem **Rundum-Sorglos-Paket** rund um alle Sozialleistungen. Unsere erfahrenen Jurist*innen helfen Ihnen sicher durch den Behörden- und Paragraphendschungel, klären Sie über Ihre Ansprüche auf und streiten für Ihr gutes Recht – wenn nötig, bis zur Klage vor den Sozialgerichten.

040 / 611 60 70
info@sovd-hh.de
www.sovd-hh.de
JETZT MITGLIED WERDEN!

100 Jahre SoVD
Sozialverband Deutschland
Landesverband Hamburg

VSA: Armut gefährdet Demokratie

Joachim Rock
Störfaktor Armut
Ausgrenzung und Ungleichheit
im neuen Sozialstaat
224 Seiten | € 19.80
ISBN 978-3-89965-719-7
Armut nervt. Nicht nur die, die arm sind, sondern offenbar auch diejenigen, die am weitesten von Armut entfernt sind. Wie lässt sich der Teufelskreis von Armutsverleugnung, Abwertung der Armen und Verschärfung der Ungleichheit durchbrechen? Joachim Rock bietet einen komprimierten, aktuellen Überblick über Armut, Ungleichheit und ihre Ursachen.

Andreas Fisahn
**Hinter verschlossenen Türen:
Halbierte Demokratie**
Autoritären Staat verhindern |
Beteiligung erweitern
128 Seiten | € 9.00
ISBN 978-3-89965-756-2
Demokratie wird gefeiert und missbraucht. Sie befindet sich gleichzeitig in einer tiefen Krise.
Aber was ist eigentlich Demokratie? Der Text gibt einen Überblick über Ansprüche an die Demokratie und kontrastiert sie mit der Wirklichkeit der Repräsentation in den »westlichen« kapitalistischen Ländern.

Prospekte anfordern!

VSA: Verlag
St. Georgs Kirchhof 6
20099 Hamburg
Tel. 040/28 09 52 77-10
Fax 040/28 09 52 77-50
Mail: info@vsa-verlag.de

www.vsa-verlag.de

VSA: Gesundheit & Soziales für alle

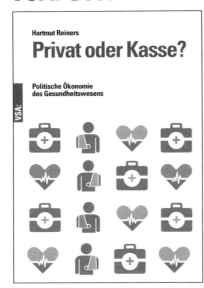

Hartmut Reiners
Privat oder Kasse?
Politische Ökonomie des Gesundheitswesens
144 Seiten I € 11.80
ISBN 978-3-89965-760-9
Das Gesundheitswesen in Deutschland wird aus guten Gründen nicht über den Markt gesteuert, sondern über Politik, Rechtsnormen und kollektive Vertragssysteme.
Deshalb stoßen hier wirtschaftliche Interessen auf ethische Normen sowie politische Vorgaben und werfen Fragen auf, die in diesem Buch beantwortet werden

Prospekte anfordern!

VSA: Verlag
St. Georgs Kirchhof 6
20099 Hamburg
Tel. 040/28 09 52 77-10
Fax 040/28 09 52 77-50
Mail: info@vsa-verlag.de

Ingrid Artus/Peter Birke/
Stefan Kerber-Clasen/
Wolfgang Menz (Hrsg.)
Sorge-Kämpfe
Auseinandersetzungen um Arbeit in sozialen Dienstleistungen
256 Seiten I € 22.80
ISBN 978-3-89965-766-1
Soziale Dienstleistungen galten lange Zeit als wenig konfliktgeprägt. Dies hat sich nachhaltig geändert – in der Pflege, im Gesundheitswesen, in der frühkindlichen Erziehung und Bildung, in der Sozialen Arbeit.
Der Band beleuchtet die Konflikte aus der Perspektive betrieblicher und gewerkschaftlicher Aktivist_innen sowie aus der Sicht kritischer Sozialwissenschaft.

www.vsa-verlag.de